跨文化背景下的大学英语教学

杨 敏 著

图书在版编目（CIP）数据

跨文化背景下的大学英语教学 / 杨敏著. -- 北京：中国原子能出版社，2020.8（2021.9重印）

ISBN 978-7-5221-0842-1

Ⅰ. ①跨… Ⅱ. ①杨… Ⅲ. ①英语－教学研究－高等学校 Ⅳ. ①H319.3

中国版本图书馆 CIP 数据核字（2020）第 168934 号

跨文化背景下的大学英语教学

出版发行 中国原子能出版社（北京海淀区阜成路 43 号 100048）

责任编辑 杨晓宇

责任印制 潘玉玲

印　　刷 三河市南阳印刷有限公司

经　　销 全国各地新华书店

开　　本 787 毫米 ×1092 毫米　1/16

印　　张 9.875　　**字　　数** 216 千字

版　　次 2020 年 8 月第 1 版

印　　次 2021 年 9 月第 2 次印刷

标准书号 ISBN 978-7-5221-0842-1　　**定　　价** 58.00 元

网　　址： http://www.aep.com.cn　　E-mail: atomep123@126.com

发行电话： 010-68452845

前　言

QIAN YAN

随着时代的发展，特别是科技与经济的飞速发展，面对全球一体化态势，任何一个国家与民族都不可避免地进入世界范围内的交流与合作中。全球范围内的交流与合作频繁发生在每一个国家。尤其是随着中国综合国力的不断增强，无论是政治、还是经济和科技等层面，中国在世界中具有越来越重要的位置。因此，语言的顺畅沟通与交流，就成为我国在国际交流中十分重要的纽带与桥梁。作为具有世界普通话之称的英语以及以英语为媒介中心的跨文化交际，成为时代对我国当前大学英语教学提出的紧迫要求。

《国家中长期教学改革和发展规划纲要（2010—2020 年）》提出，要“适应国家经济社会对外开放的要求，培养大批具有国际视野、通晓国际规则、能够参与国际事务和竞争的国际化人才”。大学英语教学作为高等教学的有机组成部分，应紧跟时代发展步伐，发挥英语这一国际语言“交际工具”和“文化载体”的功能，将语言基础强化、语言能力应用、文化知识积累和交际技能训练有效地结合在一起，从而实现跨文化视角下的大学英语教育的跨越式发展。

跨文化交际是文化间的互动、交流、冲突和融合，成为地球村时代不可或缺的生活方式。语言是文化的载体和表征，文化是语言的内涵和本质，掌握语言技能和提高文化素质是外语教学的主题和根本目标；大学英语教育是拓展文化知识的平台，娴熟的语言技能、深厚的语言修养是洞悉文化差异、跨越文化沟壑的关键。

本书在编写过程中，作者参考和引用了一些专家、学者的研究成果，并尽可能地在参考文献中一一列出，在此向各位作者表示感谢。同时，囿于时间和水平有限，疏漏之处在所难免，请广大读者不吝指正。

作　者

目 录

MU LU

第一章　大学英语教学理论基础

第一节　大学英语教学的基本关系

英语教学是一项复杂的系统工程，其中涉及教师、学生、家长、管理者等各方面的人，对于英语教学的研究涉及语言学、应用语言学、心理语言学、教育学等多种学科的内容。这一系统工程中包含着多种相互作用的组成部分和构成要素，它们之间相互影响、相互作用，具有密切的、错综复杂的关系，其中有些关系是基本的，渗透到英语教学的各个环节，如何认识与处理这些关系还涉及与语言教学相关学科的研究成果，需要我们对此做出正确的、全面的考察。

一、英语与汉语的关系

汉语是中国人的母语，学生在开始学习英语时已经能够比较好地使用汉语进行交际，也就是说，他们已经掌握了大量的汉语词汇和基本语法，具备了使用汉语进行听说和读写的能力。而英语是他们作为一门外语来学习的目标语。在谈到母语和目标语之间的关系时，人们经常谈到的是“迁移”（transfer）的问题。迁移本来是一个心理学术语，指学习过程中学习者已有的知识或技能会对新知识或技能的获得产生影响。20 世纪 50 年代，语言教学研究吸纳了迁移理论，认为母语迁移会影响外语学习。在外语学习中，迁移指“一种语言对学习另一种语言产生的影响”。（Richards 等，1992）。迁移是外语学习者经常采用的一种学习策略，它指学习者利用已知的语言知识，去理解新的语言，这种现象在英语学习的初级阶段出现得最为频繁，因为学习者对英语的语法规则还不熟悉，此时只有汉语可以依赖，汉语的内容就很容易被迁移到英语之中。如果母语对目标语的学习起到了正面的影响，这种现象被称为正迁移。反之，如果母语对于目标语的学习起到了负面的影响，则被称为负迁移。并在迁移现象的研究中，有三种主要的理论，包括对比分析假说（contrastive analysis hypothesis）、标记理论（marked theory）和认知理论。对比分析学派认为母语和目标语的差异会导致负迁移的发生。Weinreich（1953）指出：“两种语言（母语和目标语）相似引起正迁移；两种语言相异引起负迁移。”Lado（1957）也指出：“学生在接触一门外语时会发现该语言的有些特征相当容易掌握，而另外一些特征则极其困难。

其中，与其母语相似的成分简单，而相异的成分困难。”除了母语和目标语的异同之外，在考察语言的迁移问题时，还要考虑母语在什么阶段、在什么条件下影响目标语的学习。Ellis（1985）指出，有两个重要的非语言因素对母语知识何时会干扰第二语言习得的过程起着决定性作用：一是环境，二是学习阶段。

从学习阶段来看，在初学阶段，学习者由于缺乏足够的目标语知识，在表达中往往更多地依赖母语，因此这一一阶段有可能较多地出现母语知识的负迁移。中国学生在学习英语的过程中，语言迁移表现在语音、词汇和语法等各个层次上。

（一）语音迁移（phonological transfer）

语音迁移是语言迁移中最为明显也是最为持久的现象。Ellis（1985）指出：“人们普遍认为第一语言对第二语言习得具有很强的影响，最为明显的证据就是第二语言学习者的外国口音。”英语和汉语分别属于不同的语系，两者在教语音方面存在很大的差异。第一，汉语是一种声调语言（tone language），用四声辨别不同的意义，而在英语中，语调（intonation）起着非常重要的作用。第二，英语和汉语的音素体系差别较大，两种语言中几乎没有发音完全一样的音素，有些音素虽然类似，但是发音部位也有细微的差别，很容易导致负迁移的产生。第三，英语和汉语音节结构的差异也容易导致语音的负迁移。

（二）词汇迁移（lexical transfer）

初学英语的人很容易认为英汉语的词汇存在着一一对应的关系，每个汉语词汇都可以在英语中找到相应的单词。其实，一个单词在另一种语言中的对应词可以有几种不同的意义，因为它们的语义场不相吻合，呈现重叠、交叉和空缺等形式。例如，汉语中的“重”一词在英语里有 heavy 与之对应，但是 heavy 的意义与“重”一词并不是完全吻合的，在英语中，我们可以发现诸如 a heavy box、a heavy smoker、heavy rain、heavy traffic 等表达方法，并不是汉语中的一个“重”字所能解决的。初学英语的人往往会把汉语的搭配习惯错误地移植到英语之中，于是出现了 big rain、busy traffic 等不合乎英语表达习惯的句子。英汉两种语言文化的差异也会导致两种语言词汇意义的差异。除少量的科技术语、专有名词在两种语言中意义相当之外，其他词汇的含义在两种语言中都或多或少存在着差异，这些差异都有可能导致负迁移现象的发生。

（三）句法迁移（syntactical transfer）

句法就是组词造句的规则，也就是传统所说的语法。英汉两种语言在句法方面有一些相同之处，同时也存在着很大的差异。首先，汉语是一种分析性语言（analytic language），没有严格意义上的形态变化，主要通过词序和虚词的使用来表达各种句法关系。而英语则具有许多综合语（synthetic language）的特征，与汉语相比，英语的语序比较灵活，形态变化较多。英语和汉语的这种差异很容易导致中国英语学习者的困难，尤其是对于初学者来说，他们很容易受到汉语的影响，在使用英语时忘记词汇形态的变化，例如，名词的单复数、代词的主格与宾格形式、动词的时态变化等。其次，英语重形合（hypotaxis），句子中的词语和分句之间常通过语言形式手段（如关联词）来表达意义和逻辑关系。而汉语重意合（parataxis），其意义和逻辑关系往往通过词语和分句的意义表达。例如，“If you don’t go, I won’t go either.”这一英语句子中使用了连词 if，而相对应的汉语连词“如果”则可以不用，直接说“你不去，我也不去。”在口语和非正式的文体中，汉语通常不像英语那样频繁使用连词。受此影响，中国学生在使用英语时常按照汉语的习惯仅将一连串的单句罗列在一起，不用或者很少使用连词。另外，英语和汉语在静态（stative）和动态（dynamic）方面也呈现出一定的差异。英语倾向于多用名词，因而叙述呈静态，而汉语多用动词，其叙述呈动态，例如，“He is a good eater and a good sleeper.”这个句子中只用了 eater 和 sleeper 两个名词，而相对应的汉语应该是“他能吃能睡”。如果要求学生把这个汉语句子译成英语，他们首先想到是“He eats and sleeps well.”。英语名词化的特点使许多中国学生感到不适应，在写作中这一点表现得最为突出。迁移并非总是坏事，有时候，由于英汉两种语言之间存在着很多相似或者吻合的地方，中国学生在学习英语时可以利用已有的汉语知识，促进英语的学习。

与汉语和英语的关系这一问题相关的还有语言的社会功能问题。一个民族的母语是其民族的特征之一，母语教学对于培养学生的爱国主义情感具有重要的意义。如果因为外语学习而忽视了母语的学习，会导致严重的后果。2002 年 9 月 5 日的《环球时报》刊登了题为《面对不争气的年轻人，吴作栋总理提出警示：新加坡能否富过三代》的文章，指出：“新加坡年轻一代似乎不那么爱国，因为有不少青年人想出国，而且是一走了之，这种现象越来越普遍。”这种现象在很大程度上与新加坡面向英文的教育体制有关。在新加坡，许多有识之士指出，新加坡 20 年来母语教育失败是造成社会凝聚力低的问题之所在。在处理汉语和英语的关系方面应该注意以下两个问题：

第一，在全社会重视英语教学的同时，不要忽视汉语的学习。经济的全球化和科学技术的国际化正在成为新的时代特征，英语作为国际交往中最为重要的交流与沟通的工具，其重要性已经为越来越多的人所认识。英语教育也是教育主管部门和学校领导所关注的重点问题之一。与此同时，剑桥少儿英语考试，全国公共英语等级考试，全国英语四、六级考试等国内外各个层次的考试也为英语学习的热潮推波助澜。另外，为了满足人们英语学习的需求，各种各样的教学方法，丰富多彩的学习用书、音像制品和软件也应运而生。这无疑是一件好事情。但是，这样的环境很容易给人造成一种错觉，认为英语比汉语还重要，从而忽视汉语的学习。不重视英语是错误的，而因为重视英语而忽视了对自己母语的学习也同样是不正确的。

第二，尽可能使用英语，但是不刻意回避汉语。在对待汉语和英语之间的关系方面，有两种极端的态度。一种是依靠汉语来教授英语，这显然是不可取的。使用英语进行教学具有以下几个方面的益处：①创造英语的氛围。②增加英语的输入，减少汉语的负向迁移。

对于中国的英语学习者来说，汉语是他们的母语，学生在学习英语时会自觉或不自觉地与汉语进行比较。如果在教学过程中过多地采用汉语，学生就会很难摆脱对汉语的依赖，养成一种以汉语作“中介”的不良习惯，在听说读写等语言活动中会不断地把听到的、读到的以及需要表达的英语先转换成汉语，这样就很难流利地使用英语，也不可能写出或讲出地道的英语。另外一种是完全摆脱汉语，刻意地回避汉语，这不仅难以做到，而且也是不可取的。在英语课堂上使用汉语要注意以下几点：①汉语作为教学手段，使用方便，易于理解，但是不能过分。在解释某些意义抽象的单词或复杂的句子时，如果没有已经学过的词汇可以利用，可以使用汉语进行解释，另外也可以对发音要领、语法等难以用英语解释的内容使用汉语进行简要的说明。②利用英语和汉语之间的比较，可以提高教学的预见性和针对性。对于英汉两种语言相同的内容，学生学起来比较容易，教师只要稍加提示，学生就很容易掌握。某些内容为英语所特有，学生学起来就比较困难，教师应该有针对性地将其作为教学的重点，适当增加练习量。对于两种语言中相似但是又不相同的内容，学生很容易受到汉语的干扰，教师在教学过程中要多加注意。

二、外国文化与中国文化的关系

语言与文化密不可分，语言具有丰富的文化内涵，英语学习中有许多跨文化交际的因素，这些因素在很大程度上影响英语的学习和使用。

文化是指所学语言国家的历史地理、风土人情、传统习俗、生活方式、文学艺术、行为规范、价值观念等。它不仅包括城市、组织、学校等物质的东西，而且包括思想、习惯、家庭模式、语言等非物质的东西。语言与文化具有密切的关系，这主要表现在三个方面：第一，语言是文化的重要组成部分。从文化的内涵来看，文化包括一个民族在长期的历史进程中创造的物质财富和精神财富两个方面，而语言正是精神财富的一个部分。第二，语言是文化的载体，因此它也是反映文化的一面镜子。语言反映一个民族的文化，解释该民族文化的内容；透过一个民族的语言，我们可以对该民族的文化具有全面的了解。第三，语言与文化相互影响、相互作用。基于此，理解语言必须了解文化，理解文化必须了解语言。英汉两种语言文化的差异也可以导致文化迁移现象的产生。文化迁移是指由于文化差异而引起的文化干扰，它表现在跨文化交际中，或外语学习时，人们下意识地用自己的文化准则和价值观来指导自己的言语和思想，并以此为标准来判断他人的言行和思想。文化迁移往往会导致交际困难、误解、甚至冲突。胡文仲和高一虹（1997）把文化的内涵分为三个层次：“第一个层次是物质文化，它是经过人的主观意志加工改造过的。第二个层次是制度文化，主要包括政治及经济制度、法律、文艺作品、人际关系、习惯行为等。第三个层次是心理层次，或称观念文化，包括人的价值观念、思维方式、审美情趣、道德情操、宗教感情和民族心理等。”根据这一分类，戴炜栋和张红玲（2000）把文化迁移分为表层文化迁移（surface-structure transfer）和深层文化迁移（deep-structure transfer）两种。第一和第二层次的文化迁移大体属于表层文化迁移，因为这些文化要素是容易观察到的，人们稍加注意就可以感觉到不同文化在这些方面的差异。深层文化迁移是指第三层次中的文化要素的迁移，由于它属于心理层次，涉及人们的观念和思想，所以在跨文化交际中不容易被注意到。与前面所说的语言迁移相比，文化迁移更容易给学生造成交际的障碍，因为本族文化根深蒂固，人一生下来就受到本族语文化的熏陶，其言行无一不受到本族语文化的影响与制约。

与语言迁移类似，文化迁移也有正负迁移之区别。刘正光和何素秀（2000）指出："以往关于外语学习中的迁移理论在对待母语以及母语文化的干扰问题时，对负干扰研究得较多、较透彻，同时，对负迁移的作用也有夸大之嫌。近年来随着人们对母语迁移理论的重新认识和深入研究发现，母语和母语文化对外语学习和外语交际能力的培养也同时存在相当大的正迁移。"因此，外语文化教学中也不能忽视母语文化的教学。首先，教授和发现影响传递信息的各种文化因素（包括语言的和非语言的）必须以英语学习者的母语文化即汉语文化为比较对象，只有通过两种文化差异的比较才能找到影响交际的各种因素。通过比较我们可以发现和确定哪些目标语文化知识是教学的重点、难点，从而在教学中做到有的放矢，避免眉毛胡子一把抓，提高单位时间内的教学效率。其次，英语教学不仅仅是培养介绍和引进国外文化、知识、技术、科学等的人才，同时也担负着中国文化输出的任务。王宗炎教授（1998）指出："跨文化交际是双方的交流，而不是单方向一方面学习。"在进行西方文化知识教学的同时，如果忽视中国文化的教学，甚至还有可能造成自卑、媚外的心理，以至于不能以平等的心态与对方进行交际，造成跨文化交际的心理障碍，从而影响跨文化交际能力的培养。另外，充分掌握汉语与汉语文化也是英语学习和英语交际能力不可分割的重要组成部分。我国外语界和翻译界的老前辈们的治学经历就很好地说明了这一点。王佐良、许国璋、周珏良、李赋宁、王宗炎、戴镏龄等英语界泰斗的成绩在很大程度上得益于他们深厚的汉语与汉语文化的根底。许多著名的翻译家如钱钟书、巴金、鲁迅、叶君健、杨宪益、萧乾等，他们本身就是作家，他们的译作水平也达到了很高的境界，这在很大程度上也是因为他们本身就是中国文化专家。

基于上述讨论，我们在处理外国文化与中国文化之间的关系方面，要注意以下几个问题：

第一，传授文化知识。首先从培养学生的英语交际能力来看，英语教学不能是单纯的语言教学，还应扩大学生的视野，了解英语国家的文化和社会风俗习惯。学外语而不懂其文化，等于记住了一连串没有实际意义的符号，很难有效地加以运用，会经常用错，而语言课堂就是联系语言和文化的场所。在中国尤其如此，因为课堂是学外语的主要场所。因此，在英语教学中需要渗透有关文化知识的教育。但是，文化知识的教育必须适度，应该渗透在英语教学之中，应该与英语教学相结合，不能为了传授文化而传授文化。在英语教学中，文化知识的传授主要通过在英语教学中导入文化的内容，主要方法包括注释、比较、融入和体验四种。注释是指对教材中具有文化内涵的内容进行注释和讲解，这种方法的优点在于它具有很强的针对性，缺点在于它比较零散，缺乏系统性。比较是指在教学中对中国文化和外国文化进行比较，从而发现两种文化中的异同，它可以有效地加深学生对于两种文化的理解，有效地培养文化意识。融入是指直接把外国文化或中国文化的内容作为英语教学的材料，例如，一篇介绍英国风土人情的文章或者介绍中国茶文化的文章，这样可以把语言学习与文化学习有效地结合起来。体验是指通过具体的语言实践学习和了解外国文化，例如看英语原版的电影、阅读英语文学作品等。

第二，在传授外国文化知识的同时，不要忽视对于本国文化知识的传授。目前，我国的英语教学实践中还存在着对汉语文化知识的教学不够重视的问题。绝大多数的英语学习者在通过了四级、六级考试甚至英语专业毕业之后，都不知道《红楼梦》《水浒传》《三国演义》《聊斋志异》等中国古典文学名著在英语中该怎样翻译。许多有相当英文程度的中国青年学者，在与西方人交往过程中，始终显示不出来自古文化大国的学者所应具有的深厚文化素养和独立的文化人格。

第三，培养学生的跨文化意识。跨文化意识是指学生对于外国文化和中国文化异同的敏感程度，以及在语言交际过程中根据外国文化调整自己语言行为的自觉性。传授文化知识的目的在于培养学生的跨文化意识，使他们能够自觉地按照英语的文化习惯使用英语进行交际。在培养学生跨文化意识的同时，还要注意培养学生的文化平等意识。一方面不要有民族自大的心理，应注意吸收西方先进的文化，另一方面也不要产生自卑心理，盲目崇洋。在这一方面，王宗炎先生的告诫可谓语重心长："对自己的文化、语言和人家的文化、语言该怎么看待，这是一个复杂的问题。强国或强大的民族倾向于自高自大，认为人家什么都不如自己，这是民族中心主义；弱国或弱小民族自卑，认为人家什么东西都比自己好，这是惧外心理。"王先生认为这两种观点都不正确，不应提倡。

第四，培养学生的文化鉴赏能力。大学生思想活跃，易于接受新鲜事物，但是又缺乏一定的鉴别能力。在学习异国文化的过程中，如果不善加引导，他们很容易会盲目地接受西方文化中的行为规范、价值观和道德观，很容易疏远甚至忘记自己民族的文化传统。胡文仲和高一虹（1997）于 1991 年对全国 26 名"最佳外语学习者"的调查与分析结果表明，"调查对象在学习外语和外国文化的过程中逐渐培养了自己突出的扬弃能力。这种能力不仅有助于他们的语言和交际能力，而且对于整个英语教学中的基本关系格的完善也有着积极的作用。对待母语、母语文化的态度与对待外语、外国文化的态度是互动的；对于母语、母语文化和对于外语、外语文化的掌握是相互促进、相得益彰的。"

三、语言知识与语言技能的关系

语言知识包括语音、词汇、语法三个方面的内容，是综合运用英语能力的有机组成部分，是发展语言技能的重要基础。语言技能（language skills）指运用语言的能力，包括听、说、读、写四个方面，其中说和写被称为产出性技能（productive skills），而读和听被称为接受性技能（receptive skills）。语言知识和语言技能都是语言能力的组成部分，两者之间相互影响，相互促进。首先，语言知识是发展语言技能的基础，不具备一定的语音知识，不掌握足够的词汇，不了解英语的语法，就不可能发展任何的语言技能，而语言知识的学习往往可以通过听、说、读、写活动的过程来感知、体验和获得。在英语教学中，处理语言知识和语言技能这二者之间的关系时，应该注意以下几点：首先，语言知识与语言技能同时兼顾，防止厚此薄彼。语言知识和语言技能都是语言能力的组成部分，都是英语教学的基本目标。交际教学法是在批判传统的语法翻译教学法的基础上建立起来的，其中一个主要的原因在于传统的教学方法过分地强调语言知识（主要指语法）的传授，而忽视了语言技能的培养。但是，当交际教学法在我国被广泛采用的时候，却出现了在课堂上不敢传授语言知识的现象。笔者曾经参加了一些听课等教研活动，发现讲课的老师在课堂上不敢讲授语法等语言知识，害怕那样做就会被指责为没有采用交际教学法。这种把语言知识和语言技能对立起来的看法是错误的。

语言知识是能力的基础，认为强调语言能力就可以忽视语言知识的看法是不对的。语言的综合能力是多方面的，除了语法知识外，还有社会语言学能力（如在完成某些言语行为时如何才算得体）、语篇能力（如观察和使用各种衔接手段和照应手段等）和策略能力（也是交际策略，如在交际遇到困难时使用某些手段回避等）。这就意味着：①语法还要学，不懂语法，语言能力无从谈起；②学习语法不是为了掌握某种理论体系，而是为了正确地使用语言，而且不仅要保证语言的语法规范，还要保证其社会文化规范；③语言能力不仅是关于单个句子的，也是关于语篇的。当然，英语教学不能停留在知识的传授和学习上，要把语言知识的学习与语言技能的培养有机地结合起来，语言知识的学习要有利于提高语言技能的质量，而在发展语言技能的同时，又不能忽视语言知识的学习。

第二，语言知识的教学要立足于语言实践活动。传授语言知识并不意味着要单纯传授讲解语言知识，尤其是在基础英语教学阶段，主要通过听、说、读、写等实践活动来学习英语，因此，语言技能的训练是教授语言知识的基本途径。语言知识的教学可以采用提示、注意和观察、发现、分析、归纳、对比、总结等方式进行，要有意识地使学生参与到上述过程之中，使学生在学到语言知识的同时，还受到科学的思维方法的训练。

第三，听、说、读、写四项技能协调发展，不能截然分开。对于英语学习者来说可以从听说开始，但是读写很快要跟上。在处理四项技能之间的关系时，我们应该注意防止两种错误的倾向。一方面不让学生接触书面材料的纯“听说法”是不可取的，也不符合中国人学外语的国情。因为中国人学外语最容易创造的还是阅读的输入环境；但另一方面一味强调客观条件，片面夸大读写的重要性，容易导致“哑巴英语”和“聋子英语”。

第四，在培养学生语言技能的过程中，要注意充分利用四项技能之间的关系。如上文所述，听、说、读、写四项技能之间存在着密切的关系。首先，听力和口语都属于口语体，而阅读和写作都属于书面语体。其次，听力和阅读都属于接受型的技能，而口语和写作都属于产出型的技能。在教学实践过程中，我们要注意充分利用各种技能之间的相互关系，做到听说结合、读写结合、听读结合、说写结合，开展丰富多彩的语言实践活动，达到培养学生综合语言运用能力的目标。

四、教师与学生的关系

教师与学生都是英语教学活动的实践者，正确地处理好两者之间的关系，对于英语学习的成败起着重要的作用。如果把英语教学比作一场戏剧，那么教师就是导演，学生就是演员。两者之间要密切地协调配合，教学质量才能有保证。

学生是学习的主体，英语教学要以学生为中心。教师的主要职责是引导和帮助学生学习英语，因此，教师要善于根据学生的生理和心理发展的特点认真研究教学方法，排除学生在学习上的心理障碍，调动学生学习的主动性和积极性。教师还要面向全体学生，因材施教，发挥不同学生的特长。而且，教师还要耐心地帮助学生克服学习上的困难，对学生在语言实践过程中出现的失误要采取宽容的态度，鼓励他们的进步，使他们树立学习英语的自信心。另外，教师还要帮助学生养成良好的学习习惯，培养自学的能力。在尊重学生的主体性，强调以学生为中心的理念时，要充分地考虑学生的个体差异，与英语学习相关的个体差异主要包括动机与学习态度、性格和认知方式等。

学习态度与动机是影响英语学习的重要情感因素，英语学习的成功在很大程度上依赖于强烈的动机和端正的态度，如果学习者对讲英语、英语教师或者对讲英语的人产生反感，学习的动力也就自然消逝，学习的成功也无从谈起。根据动机产生的根源，动机（motivation）可以分为内在（intrinsic）动机和外在（extrinsic）动机。内在动机来自个人对所做事情本身的兴趣；外在动机是外部因素作用的结果，如老师的表扬、惩罚、考试的高分等。相对而言，内在动机与长远的成功相关性较大，外在动机与短期的成功相关性较大。对于学习者来说，两者都同样重要，而且内在动机和外在动机之间存在着相互影响的关系，教师在培养学生内在动机的同时，也要注意对学生外在动机的培养。态度指个人对事物或人的一种评价性反应。态度包括三个组成部分：认知、情感和意动（conative）。

认知指个人对事物的信念；情感指对事物的褒贬反应；意动指个人对待事物或采取行动处理事务的倾向。第二语言习得的研究表明，学习外语的态度和学习成绩之间的相关程度高于学习其他学科的态度和成绩之间的相关程度。态度是可以学到的，而且可以通过学习去改变它，因此，在英语教学中要注意培养学生正确的学习态度。

性格与英语学习也有很大的关系，自信、开朗、认真负责的学生往往会取得学习的成功，影响外语学习的主要性格特征包括内向与外向、焦虑、抑制等。具有外向型性格的学生开朗、热情、善于交际、爱说话，很容易给人留下好的印象，一般人认为，他们更适合学习外语；而性格内向的学生喜欢缄默、不好动、不善于表达自己的思想，往往被一般人认为不适合学习外语。这种观点未免过于笼统，其实，内向与外向在外语不同技能的培养上各具优势。

外向型的学生会更愿意在课堂上和课外使用英语，愿意提问题，回答问题，不怕犯错误，不怕出洋相，因此他们的语言流利程度发展得会更快些。而性格内向的学生则更愿意花更多的时间去练习和研究语言形式，因此，他们比外向的学生对语言结构的理解可能会更全面、准确。因此，在英语教学中要注意根据学生的特点，进行有针对性的引导。内向型的学生需要一种鼓励性的、宽松的课堂气氛，这样他们才乐于“冒险”，尝试着使用英语。而对于外向型的学生则要有策略地提醒他们注意语言的准确性。过分的焦虑会阻碍外语学习，但是，一点焦虑感没有也不利于英语学习。以考试为例，焦虑可以分为促进性焦虑和退缩性焦虑两种。前者可以使学生产生学习动力，迎接新的学习任务，而后者则使学习者逃避学习任务。在英语教学中要注意把握焦虑感的适度原则，不能使学生产生过度的焦虑。其实，焦虑不是一种孤立的现象，除了受到人的性格因素影响之外，学习的环境、学习任务的性质、个人的先前经验等因素都会对焦虑的产生起作用。在做事情之前，尽可能提前做好准备，明确目标，预测可能出现的各种困难，找出克服困难的方法，同时还要看到成绩，提高自信心，这样，过度的焦虑也就自然消失。

抑制是一种具有保护性能、抵制外部威胁的心理屏障，它与人的自尊心有着密切的关系。人们在了解自身的过程中逐步建立起保护自我的屏障。出生婴儿没有自我概念，但随着年龄的增长而逐渐认识到自己与众不同。由于自我意识的增强，人们开始建立起具有个性的情感特征。在青少年时期，生理、认知和情感的变化带来了具有保护性的抑制，用以保护脆弱的自我，排斥那些威胁个人价值观和信仰的观点、经历和感受。这种意志在青少年发展到高峰，并进一步延续到成年期。在外语学习的过程中不可避免地要进行各种尝试，而且可能会犯错误，而错误有时会带来批评和嘲讽。因此，自我意识比较脆弱的学生往往会因为犯错误而不参与语言活动，这种语言学习中的抑制行为，经过适当的引导也是可以克服的。

认知方式是指人们组织、分析和回忆新的信息和经验的方式。就认知方式讲，英语学习者可以分为两种：场依存和场独立。测量场依存型时，让学习者观看一个复杂的图案，并找出隐藏在图案内部的几个简单的几何图形。目的是看他们是否能够把看到的东西分解成若干部分，并能使这些部分脱离整体。这种测验也适用于语言学习者，因为他们也要从上下文中把语言项目分离出来才能理解它们。例如，在读一页材料时，他们必须能够识别词、短语和句子，并能理解这些部分如何结合起来构成一个整体。场依存型的学习者具有以下特点：他们对教师提供的语言信息不加分析、不加思考，教师如何教授，他们就如何接受。这类学生特别依赖别人对他们的看法，在很大程度上靠别人表扬，他们给别人的印象是直率，对别人感兴趣，使用英语与别人交往的技能可能会发展较好。场独立性的语言学习者并不是把所教的语言信息看作理所当然是正确的，他们总是加以分析和思考，然后判断是否正确。他们对自己本身有很强的意识，往往对别人不太敏感，不喜欢接近别人，场独立性学习者在外语结构知识方面学习起来更容易些。

尊重学生的主体地位，以学生为中心，这并不意味着降低教师的主导作用。在英语教学中，教师要充当以下角色。

第一，教师是语言知识与文化知识的传授者。语言知识是语言技能的基础，对于中国的英语学习者来说，要想具备良好的听、说、读、写的能力，就必须具备一定的词汇量，掌握英语的语法基础知识，另外还要了解西方的文化，因此，教师要向学生传授英语语言知识和文化知识。但是传授的方式是多种多样的，传授知识并不意味着一定要采取“满堂灌”的“填鸭式”教学方式。传统的灌输式教学往往会导致教学方法的单一和学生学习兴趣以及学习主动性的丧失，知识的传授要与语言实践活动密切结合，鼓励学生在教师的指导下进行探究式的学习。

第二，教师是语言技能的培养者。教师不仅是语言知识的传授者，更重要的是语言技能的培养者。导演向演员“说戏”，是为了帮助演员进入角色，演好戏。教师传授语言知识，是为了帮助学生运用语言知识进行交际。

第三，教师语言使用与交际的示范者。学生学习的一个主要途径就是模仿，教师是主要的模仿对象，这就要求教师起码要做到两点：第一，教师本身要具备良好的语言基本功，为学生提供正确的模仿对象；第二，教师的语言要适合学生的语言水平，使学生能够模仿。

第四，教师语言交际活动的组织者和参与者。学生英语交际能力的提高需要进行大量的交际实践活动，这就要求教师根据学生的水平和教学的需要在课堂内外组织多种形式的交际活动，而且在很多情况下，还要求教师在活动中充当一定的角色，积极参与，并在与学生的交际过程中刺激学生并提出新的语言现象，使学生在不知不觉中掌握语言的用法。

第五，教师是语言学习过程的诊断者与咨询者。英语学习是一个漫长的过程，其中学生要遇到各种各样的困难与困惑，这就要求教师针对学生的实际情况采取相应的措施，确定学生产生困难或困惑的原因，并给出相应的建议，以帮助学生解决这些困难，消除这些困惑。要想做到这一点，首先要求教师要具备良好的理论素质，熟悉英语教学以及与英语教学相关学科的基本理论，了解外语学习的过程；其次要具有一定的敏感性，在教学过程中及时、敏感地捕捉到学生各个阶段出现的困难和问题；另外还要研究学习者的个人差异，包括年龄、语言潜能、动机、认知风格、性格等因素。

第六，教师是语言学习材料的推荐者和提供者。中国学生在学习英语的过程中需要大量的语言输入，单靠一本教材是远远不够的，还需要补充一定的语言材料。现在市场上各种各样的学习资料可谓琳琅满目，学生及其家长在选择这些材料时往往具有一定的盲目性，这就要求教师针对学生的实际情况，配合学校的教学，为学生推荐或者提供适当的学习材料。

第七，教师是学生学习动力与学习兴趣的激发者。学生是学习的主体，这决定了英语教学必须要以学生为中心。英语学习成败的关键在于学生学习的动力是否充足，学习的兴趣是否浓厚，这就要求教师要想方设法激发学生的学习动机和学习兴趣，要在教学中充分利用学生已有的特点，例如好奇心、对成功和受人尊重的渴望、好动等，设计为学生所喜闻乐见的教学活动，还要注意针对学生学习过程中出现的各种问题，进行有的放矢的指导，对学生的进步进行及时的鼓励，对学生使用语言中出现的问题不过分指责，使学生保持学习的自信心。第八，教师是语言学习规律的学习者和研究者。对每一位英语教师来说，他本身在教学之前乃至终身就是一位英语学习者。自身的学习过程已经为教学提供了许多感性的经验，其中的经验和教训将会对自己的英语教学产生重要的影响。但是感性的经验只有上升到理论才能更加有效地指导进一步的教学活动。因此，一方面我们提倡教师要不断地学习，提高自己的语言基本功；另一方面还要结合自己的教学实践，采用科学的方法，探索与研究外语学习的基本规律。

第二节 大学英语教学的基本原则

大学英语教学的实施需要教师在科学的教学原则的指导下安排教学活动。正确理解和全面贯彻这些教学原则是教学任务完成的重要保证。

一、交际性原则

英语教学的最终目的是使学生能够具备使用英语进行交际的能力，因此交际性原则是大学英语教学的重要原则之一。具体来说，遵循交际性原则需要教师注意以下几个方面。

1. 重视英语教学的交际工具作用

英语是进行语言交际的重要工具，教学的目的是为了使学生了解和掌握这种工具。具体在大学英语教学中，交际性原则要求教师以交际性为目的进行教学，同时也要求学生以交际性为目的进行学习，在课堂上多进行交际性语言操练，将教学活动和语言应用紧密结合，从而切实提高英语交际能力。

由于我国缺乏英语使用的相关语言环境，因此课堂教学中的师生交流成为重要的语言交际活动，也成为提升学生语言应用的重要渠道。鉴于此，教师可以利用相关教具，为学生创造适当的场景，协助学生利用英语进行真实或逼真的语言练习。这种教学不仅带有实用性，同时也能引起学生的兴趣。

2. 重视语言语境的影响作用

在我国传统的大学英语教学中，很多教师偏重基础语言知识的教学，这种教学模式下培养的学生并不具备良好的语言交际能力，不能在交际场合中灵活使用英语进行交际。语言的使用是在一定的语境之下进行的，语境具体包括交际的时间、地点、交际者、交际方式、谈话主体等。在不同的语境作用下，相同的话语也可能产生不同的交际效果。

因此，大学英语教学中教师需要重视语言语境的影响作用，培养学生的语境适应性与灵活性，为学生日后的语言交际打下良好的基础。具体来说，在教学过程中，教师可以设计不同的语境体验活动，使学生明白不同语境下语言使用的总体规范。

3. 重视语言教学的生活性

大学英语教学是为了学生的生活服务的，因此在教学中需要重视教学的生活性。教师可以将教学内容和学生所关心的话题进行整合，给学生提供充足的、内容丰富的学习资料。由于这些教学内容与学生生活息息相关，会引起学生的共鸣，最终调动学生的学习和参与意识，促进教学效果的提高。

二、真实性原则

大学英语教学的真实性指的是教师的英语教学需要体现英语本族语真实的语言使用环境，并以此设计教学内容，展现英语的语言交际场景、社会文化等。

英语教学中的真实性需要体现在教学的各个环节中，以培养学生的语言综合应用能力为总目标，同时利用交际法和任务法展开教学，力图使学生在真实的英语环境中提高自身的语言能力。具体来说，真实性就是语用真实，教学中应该做到以下几个方面。

1. 把握真实语言运用的目的

语言交际目的是进行交际的前提，真实的语言运用目的是提高学生参与性和培养学生语言运用意识的重要保证。

2. 采用语用真实的教学内容

由于语言教学的特殊性，其教学内容不仅包括课文教材，同时还需要涉及语言运用材料。真实的教学材料能够使学生接触真实的语言，了解英语国家真实的交际话语和文化背景，并能够在课堂活动与社会交际中进行应用。

教师在教学前需要搜集和整理真实的教学内容，分析语言应用的语境与内涵，从而保证教学和学生语用能力的提高紧密相连。

3. 设计或组织语用真实的课堂教学活动

教学活动是保证教学效果的重要因素，同时也是语言运用的重要手段。真实的课堂教学活动需要体现语言应用的目标，将学生的语用能力的培养与提高，课堂教学内容的训练与巩固紧密相连。

教师在真实的课堂教学活动中发挥着重要的指导作用，需要对学生进行积极的引导，使学生明白语言的真实语境与言外之意。

4. 努力做到学习环境的真实性

中国学习者主要是通过课堂教学的方式进行英语学习的。为了提高学生的语言交际能力，努力做到学习环境的真实性十分有必要。教室是进行英语交际的重要场所，教师应该重视教室的交流作用，为学生打造出合适的学习和交际环境。

5. 设计语用真实的教学检测评估方案

教学评估是教学整体链条中的重要一环，对教师的教学和学生的学习都有重要的反馈作用。设计语用真实的教学检测评估方案，能够使教师发现学生学习中的不足，从而及时调整教学任务。

由于语用真实会引导学生更加重视语言学习的应用性，利于学生英语使用自我意识的提高，因此在进行教学检测评估设计时要注重语用能力的检测。

三、综合性原则

英语教学的综合性原则指的是重视语音、语法、词汇的交互影响作用，进行综合教学。

1. 整句教学与单项训练相结合

由于英语教学是为了提高学生的语言应用能力，因此在教学中教师最好可以采用整句教学的方式。学生在学习到语言表达之后就能直接运用，有利于学生语感能力的提高。具体来说，整句教学的顺序是先教授简单句子，再教授较为复杂的句子，将整句教学和单项训练相结合。

2. 进行综合训练

语言学习是一个完整的整体，需要在教学中进行综合训练，也就是结合听、说、读、写四个部分。在大学英语教学中，听、说、读、写的培养是教学的主要途径，教师可以训练学生的多种感觉器官，保证四项技能训练的数量、比例、难易程度，从而使学生完成不同的学习任务。

3. 进行对比教学

由于英汉语言的差异性，在大学英语教学中还需要进行对比教学，引导学生在语言使用中学习单词、语法、语音。这种对比教学的方式能够保证整体教学效果的提高。

四、兴趣性原则

我国古代教育家孔子曾说："知之者不如好知者，好知者不如乐知者。"可见，学习兴趣对学习有着重要的影响作用。在具体的学习过程中，只有学生充满兴趣，才能积极探索不同的学习领域，推动对事物的认识与发现，并从中体现学习知识的乐趣。

大学英语教学中也需要重视兴趣性原则，教师需要努力调动学生的情感内因，激发其对英语学习的强烈愿望，在轻松愉快的学习环境中培养学生的语言技能。具体来说，为了调动学生的学习兴趣，教师可以从以下几个方面着手。

1. 充分了解学生的特点

不同学习阶段和年龄阶段的学生，所表现出的学习特点也不尽相同。教师应该充分了解学生的特点，在尊重学生学习中心性的基础上，发挥学生对教学的促进作用。在课堂教学中，教师要从大学生的生理与心理特点出发，遵循语言学习规律，采用不同的教学手段，培养学生的兴趣，让学生在体验和实践中进行英语学习。

2. 改变传统的英语教学方式和评价方式

在传统的大学英语教学中，主要是通过以教师讲授知识为主的方式进行教学。这种填鸭式教学在英语学习的初级阶段有所成效，但是在大学英语教学中却收效甚微。鉴于此，教师应该创设符合大学生真实水平的教学内容，教学策略和实践也需要开发学生的英语思维，帮助其对语言知识的内化与吸收，从而为日后的语言交际打下基础。

3. 对教材进行深度挖掘

教材是教学的指导性文件，在教学中起着举足轻重的作用。大学英语教师在教学前，应该认真、透彻地研究教材，挖掘教材中学生的兴趣点，避免教材枯燥对学生的影响，从而调动学生学习的积极性。

五、循序性原则

语言的学习并不是一蹴而就的，大学英语教学也需要遵循循序性原则。具体来说，循序性原则要求教师做到以下几点。

1. 语言知识学习从口语过渡到书面语

英语学习主要包括口语和书面语的学习。教师在教学中可以先从口语开始，逐渐向书面语过渡。由于口语交际词汇较为简单，语句运用也比较轻松，会便于学生的掌握。可以说，口语技能的提高是书面语能力提高的基础。

2. 从听说技能的培养过渡到读写技能的培养

听说读写是英语的四项基本技能，应该全面发展。但是对四项技能进行分析，也要注意技能培养的顺序。其中，听说教学能够使学生掌握正确的发音和语言运用结构，从而为读写能力的提高奠定基础。教师在培养过程中，应该遵循先听说，后读写的顺序，从而便于学生长远语言能力的提高。

3. 语言知识与技能、使用语言的能力不断循环与深化

语言能力的培养总体处于螺旋式发展的过程，需要进行多次的循环，但这种循环不是单纯的重复，每一次重复都在前一次学习的基础上在深度和难度上有所提高。因此，教师应该注意从学生已有的语言知识和已经熟悉的语言技能出发，讲授新知识，培养新的技能。

在大学英语教学过程中，教师应该注意对学生已经掌握的语言知识和技能进行系统优化，在此基础上培养学生新的语言技能，教授新的语言知识。

六、灵活性原则

语言处于不断变化发展过程中，是一个充满活力的开放性系统。因此，大学英语教学也要遵循灵活性原则。

1. 教师的教学方法要有灵活性

英语教师在讲授语音、词汇、语法等语言知识和培养听、说、读、写、译等语言技能时要具体问题具体分析，根据不同内容要采取不同的教学方法。

2. 学生的学习方法要有灵活性

在大学英语教学中，教师需要积极探索符合学生学习规律和心理、生理特点的自主学习模式，从而帮助学生提高自主学习能力，使学生能够进行自我激励和监控，从而提高语言技能。

3. 语言使用要有灵活性

学习语言的最终目的是交流沟通。教师要通过自身灵活的使用英语带动影响学生使用英语。在课堂教学中，教师应尽可能多地用英语组织教学，使学生感到他们所学的英语是活的语言。此外，教师还可以通过灵活性的作业为学生提供灵活使用英语的机会。

第三节 大学英语教学的模式、方法与手段

《国家中长期教育改革和发展规划纲要（2010—2020 年）》指出："中国未来发展、中华民族伟大复兴关键靠人才，根本在教育……要树立以提高质量为核心的教育发展观，注重教育内涵发展，把教育资源配置和学校工作重点集中到强化教学环节、提高教育质量上来。"要落实《国家中长期教育改革和发展规划纲要（2010—2020 年）》提出的目标，实现我国 21 世纪人才培养的宏大愿景，必须重视教学工作，把教学改革摆到事关教育改革成败的核心位置。在深入推进我国教学模式改革、切实提升学习者学习成效的进程中，如何构建科学、有效的新型教学模式一直是亟待解决的重要问题，因为教学模式是在一定教学思想或教学理论指导下建立起来的较为稳定的教学活动结构框架和活动程序，不仅反映课程设计者与实施者对待"学"与"教"的态度，还直接影响学习者的学习成效。近年来，国内大学英语教学改革不断推进，优化教学过程，改革和完善新型教学模式，培养非英语专业学生的自主学习能力，成为大学英语教学研究的重要课题。

一、大学英语教学模式及其发展历程

乔伊斯和威尔关于教学模式的定义在国外是较为有影响力的。他们认为，教学模式可以用来设置课程、设计教学教材、指导课堂或改进其他场合的教学的计划或类型。关于教学模式的内涵有多种不同表述方式。1990 年出版的《教育大辞典》把"教学模式"定义为："反映特定教学理论逻辑轮廓的、为保持某种教学任务相对稳定而具体的教学活动结构。"在国内，有学者将教学模式等同于教学结构，认为它是在一定的教学思想指导下建立的比较典型和比较稳定的教学程式；也有学者认为，教学模式就是教学过程的模式，或是一种

有关教学程序的策略体系、教学式样，即根据客观的教学规律和一定的教学指导思想而形成的整个教学过程中必须遵循的比较稳定的教学程序及其实施方法的策略体系。戴炜栋等学者在结合外语教学特点的基础上提出："教学模式是指在一定的教育思想、教学理论和学习理论指导下，在某种环境中展开的教学活动过程的稳定结构形式。"人们对教学模式概念认识的分歧，说明对教学模式的实质和定位等基本理论问题有待进一步深入研究。尽管许多学者对教学模式的观点不尽相同。但无外乎从不同视角对教学模式的以下三个基本属性进行研讨：①教学模式是在一定的教育思想、教学理论和学习理论指导下，按照一定的教学任务、目标与要求建立起来的：②教学模式是指为实现某种教学任务、目标和要求所展开的具体教学活动；③教学模式是指它所涉及的教师、学生、教材、教学媒体等要素在教学活动过程中呈现的一种稳定结构形式。

（一）大学英语教学模式的发展历程

1986年《大学英语教学大纲（文理科本科用）》和1999年《大学英语教学大纲（修订本）》中并没有对教学模式的专门性表述，而是在大学英语教学中需要注意的几个问题中提到现代化教学手段在外语教学中的应用。到2004年推行的《大学英语课程教学要求（试行）》中才开始对大学英语教学模式做出具有针对性和系统性的表述。随着高新技术的发展，网络工具庞大的信息资源和可接近性使信息流更直接地指向学生，这就使得以教师为中心的知识传授教学转向以学生为中心的综合应用能力教学模式成为信息技术飞速发展的必然结果。1986年《大学英语教学大纲（文理科本科用）》中虽然认识到现代科技的发展对于英语教学的贡献，指出现代教学手段是保证教学质量、弥补师资力量不足的有效手段，但是在教学实践中仍然采取以教师讲授为主的教学模式。由于长期受到以"读"为中心、以语言知识讲授为主的传统教学模式的影响，综合英语课程在某种程度上制约了学生将语言知识转化为语言交际能力，限制了学生综合语言能力的提升。在教学中采取以教师为中心的教学模式，强调理论知识的讲授，忽视实践体验的重要性，教学方式比较单一，较少考虑学生个体差异和需求，尤其缺乏对学生学习过程的及时评估与反馈。1999年的大纲在教学模式方面是对之前大纲的继承和延续，对于现代教学手段的重要性依然没有充分认识，只是将其作为辅助功能，要求各高校加以充分、合理的应用。

（1）1986年《大学英语教学大纲（文理科本科用）》，关于教学模式的表述为：录音、录像、电视、电影、计算机等现代化教学手段不仅能显著提高英语教学质量，而且还能部分弥补当前师资的不足，应大力推广，充分利用，进一步开展电教设备、计算机辅助英语教学的研究和实验，加强各种教学软件的开发和建设。

（2）1999年《大学英语教学大纲（修订本）》，关于教学模式的表述为：现代化的教学手段，如录音、录像、电影、电视、网络以及多媒体课件的使用有助于提高大学英语教学质量，各校应采取积极措施大力推广、合理使用这些教学手段。

（3）2004年《大学英语课程教学要求（试行）》，关于教学模式的表述为：充分利用多媒体、网络技术发展带来的契机，采用新的教学模式改进原来的以教师讲授为主的单一课堂教学模式。新的教学模式应以现代信息技术特别是网络技术为支撑，使英语教学朝着个性化学习、不受时间和地点限制的学习、主动式学习方向发展。新的教学模式应体现英语教学实用性、文化性和趣味性融合的原则，应能充分调动教师和学生的积极性。尤其要确立学生在教学过程中的主体地位。新教学模式在技术上应体现交互性、可实现性和易于操作性。另外，新教学模式在充分利用现代信息技术的同时，也要充分考虑和合理继承现有教学模式中的优秀部分。

（4）2007 年《大学英语课程教学要求》，关于教学模式的表述为：各高等学校应充分利用现代信息技术。采用基于计算机和课堂的英语教学模式，改进以教师讲授为主的单一教学模式。新的教学模式应以现代信息技术特别是网络技术为支撑，使英语的教与学可以在一定程度上不受时间和地点的限制，朝着个性化和自主学习的方向发展。新的教学模式应体现英语教学实用性、知识性和趣味性相结合的原则，有利于调动教师和学生两个方面的积极性，尤其要体现学生在教学过程中的主体地位和教师在教学过程中的主导作用。在充分利用现代信息技术的同时，要合理继承传统教学模式中的优秀部分，发挥传统课堂教学的优势。

随着多媒体网络技术被引进大学英语教学，传统的教学模式面临极大的冲击。2003 年，教育部正式启动了大学英语教学改革工程，该项目的核心是改革传统的大学英语教学模式，建立基于网络的多媒体教学的新模式。2004 年《大学英语课程教学要求（试行）》和 2007 年《大学英语课程教学要求》都注重调动教师和学生双方的积极性，特别是确立学生的主体地位。新的教学模式中要处理好学生与教师的关系，学生是教学过程的主体，一切教学活动要围绕学生如何学而展开，教师要做好课程的设计、学习活动的组织等。互联网改变了人们获取知识的手段，以其不受时空限制的显著特征，对学校教育产生着十分巨大的影响。此番改革强调引入多媒体与网络，倡导学校重新整合计算机硬件设备，形成一个以校园网为基本教学环境的教学网络体系，实现多地点、个性化、自主式教学，保证教学内容的实用性、内化性和趣味性。可将原来教师讲授的内容设计为一个个学习任务，由学生在多媒体的网络环境下主动地、积极地去进行人机交互式学习，在完成这些任务的过程中习得语言、熟谙技能，特别是“听”和句型操练层次“说”的训练。换言之，教学要从原来的重点研究教师如何“教”转到研究学生如何利用网络学习系统自主“学”上来。因此，计算机技术日新月异的进步使其功能有了跨越式的发展，在外语教学方面，已远远超出了其辅助功能，逐步走向主导。

（二）关于传统外语课堂教学模式的思考

在我国几十年的外语教学中，存在多种外语教学方法和模式，其中广泛采用的是传统的“语法—翻译”教学模式。众所周知，课堂教学模式是课堂教学的组织模式，也是外语教学的主要形式。外语课堂教学区别于其他学科的特点表现在四个方面：①必须通过积累大量的语言材料去提升教学活动的趣味性，在事实积累的基础上去掌握大量理论；②必须通过对集体作业和个别作业的安排去组织学生的学习，即以练习安排作为课题教学的外部手段，学生能否学得起劲，主要靠练习的安排；③构成课堂教学的各个环节衔接紧密，有时两个环节要交叉进行；④作为进行课堂教学基本媒介的语言受到限制，因为外语课的教学内容是陌生的外语，使得一方面工具语言的使用要受到学生对外语理解能力和表达能力的严格限制，另一方面教师要经常因学生有限的目的语能力而不能充分自由地使用工具语言。受到课堂教学自身的局限，我国大学英语教学模式在很长时间里主要是以教师为中心，教师讲课文、讲词汇、讲语法、组织操练、核对答案。这种传统的教学模式尽管实行的是满堂灌的方式，多少忽视了学习者的能动性和主动性，但依靠教师的丰富经验和个人魅力以及因材施教的小班教学方法，确实培养了一代又一代的外语人才。然而国家和社会对国民外语能力的要求进一步提升，这种教学模式面临着极大的挑战而变得难以维系。

（三）“教师为中心”外语教学模式的反思

在我国，外语教学历来主要以课堂形式进行，且课堂教学模式采取的是“教师中心”模式，顾名思义，就是教师作为整个教与学过程的中心。因为在缺乏目的语语言环境的情况下，外语学习主要在课堂开展。在大学英语课堂上，教师作为中心，讲课文、讲词汇、讲语法、组织操练、核对答案。教师向学生传递大量的知识信息，是知识的传授者、教学的绝对主导者，掌控整个教学活动的进程。相对而言，学生是知识传授的对象，是外部刺激的被动接受者，学生始终处于被动接受状态，偶尔对教师的讲授提出附和或疑问。大学英语教学是英语教师的“一言堂”，虽然比较注重教师的权威性，但是教学的重心倾注于语言知识的讲解，教学程式单一，不注重学生学习方法和策略的指导和培训。自高校扩大招生以来，大学英语教学大都采用大班授课，教师数量与学生数量比例悬殊，在课堂上老师问、学生答的情况最为普遍。教师缺乏与学生的交流和互动，教师无法关注每个学生关于语言知识的实践困惑与其课堂表现，致使理论知识与实践环节脱节，使学生丧失了展现个体化理解的时间与空间，这也是大学课堂教学长期以来所忽视的环节。在传统课堂上，教学媒体是辅助教师授课的演示工具。而教师的教学主要依赖于传统的教学媒体，黑板、教材作为承载教学信息的主要工具，其单一的媒体呈现模式也限制了学生信息量的输入，满足不了信息时代学生对知识的需求。教学媒体主要是辅助教师授课的工具，学生通过教学媒体获得教师传递的信息和观点，但教学媒体向学生传递的信息有限，主要依赖于教师的讲解，学生几乎无法对教学媒体实现操作与控制。

自《大学英语课程教学要求（试行）》中提出“各高等学校应充分利用多媒体和网络技术，采用新的教学模式，改进原来的以教师讲授为主的单一课堂教学模式”以来，多媒体辅助教学已经陆续进入了高等院校的英语课堂。多媒体网络对英语教学的介入，要求在教学中教师应以多媒体和网络技术为支撑，以现代教学和学习理论为指导，充分利用开放的网络资源和网络交互技术，处理好教师、学生、教学内容和教学媒体的关系。为了更好地实现

《大学英语课程教学要求（试行）》中关于教学模式的规定，各高校都大力完善大学英语教学配套设施建设，在教室里配有现代化的多媒体设备，建设校园网向学生提供网络教学平台等。教师课堂上可用多媒体教学平台，或连接网络资源或展示教师自制的 PowerPoint 电子课件，但是，此模式仍然是以教师为中心。教师将原来写在黑板上的内容做成了电子幻灯片，而学生还是处于被动接受的状态，并没有调动学生主动学的积极性。与传统教学模式相比，多媒体演示代替了板书，用现成的大学英语教学光盘或网络下载的课件取代了教师的教案，教学内容或许增加了，学生的学习方式、教师的教学方式和师生的互动方式却没有大的改进。《大学英语课程教学要求（试行）》中虽然就教学模式提出新的建设思路，但一些老师仍把多媒体教学简单地理解为在传统的教学方法和教学模式中加入多媒体等现代教学技术手段，忽略了对相关现代教育思想理论的学习，只是用新瓶装旧酒，片面追求形式，未能根据新的教学要求去更新教学方法和精心设计多媒体教学手段辅助下的新的教学模式；还有些教师片面认为多媒体教学手段一定优于其他教学方法，从而忽视了对其他教学媒体和方法的运用。

（四）传统教学模式的局限

大学英语课堂教学的一般特点与模式仍然是“知识中心”和“讲授中心”，换言之，教师是知识的传授者，学生是知识的接受者。这种以教师为中心的传统教学模式存在着诸多弊端。

传统课堂教学模式无法有效激发学生的学习兴趣和创造性等非智力因素。由于大学英语教学的环境、条件和现状，“教师中心”的教学模式依然在不同学段存在，且严重影响了学习者的学习成效。在高等教育的改革与发展中，大学课堂教学模式的改革一直是一个为人们所关注但同时又深感忧虑的问题，因为大学课堂教学中的理论脱离实践、忽视学生个性、照本宣科式地教教材、人才培养的工具化等老生常谈问题一直悬而未决。这不仅影响着高等教育的教育教学质量，而且也在根本上制约着 21 世纪创新型人才的培养。在“教师中心”的教学模式下，学生的语言能力主要通过以教师为中心的课堂听写、提问、讲解、举例类推等方式和布置学生完成预习、复习、书面作业等任务得到强化，着重听、读、写、译，兼顾口头表达，不增加或很少增加课本以外的课后练习。大学英语教学采用批量生产的方式，学生遵循一个教学大纲，采用一本教材，接受相同的考核。教学中强调教师和书本的权威性，教师是整个课堂的控制者和操纵者，学生只是被动地接受教师所传授的知识，整个学习过程成为学生对教师所讲知识进行记忆和消化的过程。由于课堂人数众多，课堂上针对语言知识点的实践练习不充分，以教师为中心的课堂英语教学模式注重语言形式的传授，强调对语言规则的解释、理解和操练，忽视了让学生自己到语言实践中通过听、说、读、写等渠道去大量接触、运用和归纳语言规则，这就使得课堂教学给学生提供的可理解性语言输入的量不仅十分有限，而且质量也不高。这一教学模式极少关注学生的社会文化背景、知识水平、认知方式、学习需求和能力的差异，加之教学方法呆板、课堂气氛沉闷，导致学生的学习兴趣和动机等非智力因素得不到有效激发。

传统课堂教学模式扼杀了学生的学习自主性。进入 21 世纪以来。人们越来越关注的是“信息技术迅速发展背景下教育的发展和变革”。如何将现代媒体技术应用于教育教学领域，把握现代媒体和外语教学的关系，使现代媒体技术服务于教学成为教育界关注的重点。现代教育技术的发展为学生提供了更为丰富的学习资源，为实现个性化自主学习创造了条件，同时也对学生的学习策略能力提出了新的挑战。《大学英语课程教学要求》明确规定：“教学模式改革成功的一个重要标志就是学生个性化学习方法的形成和学生自主学习能力的发展。”成功的外语教学应能激发和保持学生的学习兴趣，使其获得足够的目标语输入和交际实践机会，并教给他们相应的学习策略，从而达到培养学生自主学习的能力。然而，一些院校仍延续传统的课堂教学模式，这种模式以教师为中心、应试为导向，无法满足学生获得足够的语言输入和交际活动的需求。传统的以教师为中心、以传授知识为主的外语教学，是一种求同的、强化顺从性质的教学。学生的学习主动权在教师手中，学生只能被动地按照教师所编制好的学习程序学习，问题也往往只能有一个标准答案，似乎放松控制会损害教师的“权威”。这一传统教学方式不但不能培养学生的学习自主性，而且在无形和有形中会扼杀和泯灭学生原有的自主性。

另外，新技术网络工具的介入使大学英语课程发展和教学出现了不同于传统大学英语教学模式的新特征。计算机网络与外语课程的整合打破了教材为知识的唯一来源这一局限，教师也不再是学生获得知识的唯一连接点。在网络环境下，大学英语课程教学中的学习内容、教师、学生等主要方面都被赋予了新的内涵。如何在大学英语教学中实现“从教到学”的转变，并且协调好多媒体环境下的教师、学生与教材的关系都是教学模式改革的重点。因此，构建新的大学英语教学模式成为当下大学英语课程教学改革研究的必然。

二、高校英语的教学方法

英语教学法是一门研究英语教学理论和教学实践、英语教学过程和教学规律的学科。长期以来，英语教学界最为重视的就是英语教学法，因为在其他条件等同的情况下，不同的教学方法会导致完全不同的教学效果。随着时代的发展，外部整体的学习环境发生了很大变化，教学模式也做出了相应改革。学生可以不再像以前完全依赖学校或者教师的授课，英语学习朝着个性化、主动化方向发展。教学中若没有相应的教学方法，教学内容就不能很好地传授，教学目的就难以达到。自大学英语教学大纲推行以来，我国的大学英语教学取得了很大的进步，主要表现在英语教学改革初见成效、教学设施得以改善、大学生的英语水平在逐年提高。然而，在高新技术迅速发展的今天，社会对于外语人才的要求越来越高。学生不仅要有扎实的语言知识，还要具备良好的综合素质和交际能力，因此，为了顺应变化的学习环境和教学模式，满足新形势下外语人才的培养需要，我国大学英语教学的当务之急就是改革某些陈旧的教学方法，创造新的教学方法，寻找最优教学法。

最优教学法就是适应特定的社会环境、教学环境、教学对象、教学目的要求的教学法，目的是在充分发挥现有条件的基础上达到最好的教学效果，而不是追求统一的、唯一的方法。任何教学法都有其产生的特定背景，并不能服务于所有教学目的，也不能适用于各种学习阶段，能达到最好教学效果的方法就是最优教学法。各种外语教学法各有所长，成功的外语教学法一般都不是采用了某种特定方法，而是能够最大限度利用现有资源，博采众长，尽可能地采用适合自己的特定教学法。因此，各高校在选择教学法的时候，要充分考虑学校教学环境、设备建设、学生整体水平以及师资力量等客观因素，结合教学目的与任务、教学内容、教学组织形式等教学基本成分，改进现有的外语教学法。

（一）大学英语传统教学法

外语教学法是外语教学过程中的一个重要成分，是为完成教学任务、实现教师怎样教、学生怎样学以及师生相互作用所采用的方式、手段和途径。外语教学法是一定历史背景和社会环境的产物。是根据不同教学阶段以及教学要求决定的。不同的外语教学法产生于改革外语教育的实践，受制于外语教育的目的，不同的外语教学法并非相互对立，而是长期相互依存的。各类教学法在见解方面相互借鉴，理论内容互相融合。语言教学史上，曾先后出现过语法翻译法（Grammar-translation Method）、自觉对比法（Conscious-comparative Method）、认知法（Cognitive Approach）、直接法（Direct Method）、听说法（Audio-lingual Method）、情境法（Situational Language Teaching Approach）、视听法（Audio-Visual Approach）和交际法（Communicative Approach）等体现不同教学理念的教学法。

大学英语改革是与时俱进的，是时代发展的要求。因此，可以说大学英语教学改革不是照搬照抄外国的理论，而是以大学英语教学方法运用的现状与时代要求为立足点，选择一种既符合大学英语教育教学现实又符合时代需要的英语教学方法。由于受不同语言学基础和心理学基础的影响，早期传统教学法往往比较注重语言结构和语言规则的掌握，而后来的一些教学法如交际法，则比较注重语言意义和语言功能的掌握。我国大学英语教学中正在使用的、有代表性的几种方法可概括为：语法翻译法、情境教学法、交际教学法、任务教学法、直接教学法。

语法翻译法始于 18、19 世纪，是随着现代语言作为外语进入学校课程而形成的第一个有影响的外语教学方法体系，也是我国早期大学英语教学主要采用的方法。语法翻译教学法强调学生母语在教学过程中的重要作用，强调母语和英语的共同使用，认为将母语与英语的异同挖掘出来有助于学生更加明确地理解英语。现代语法教学法主张以语法为语言的核心，是外语学习的主要内容，教师只需具备外语语法基础知识和母语外语互译能力就可在语法理论的指导下开展教学。课堂教学以教师讲解为主，学生被动接受。教师用母语组织教学，充分利用本族语，以翻译为主要学习活动形式进行讲解，使语法为阅读教学服务；学生主要通过本族语和外语的互译来巩固所学的语法和规则。语法翻译法把口语和书面语分离开来，把阅读能力的培养当作首要的或唯一的目标。因此，语言知识的提高、词汇的理解、语法的变化成了课堂的教学重点。在教学中，翻译既是手段又是教学目的，对语法学习的强调，对理性知识的重视，虽然加深了学生对目标语言的理解，对阅读、翻译、写作等方面的培养行之有效，可是围绕着语法规则的记忆与机械操练，不能保证学生在实际的生活环境中正确使用语言，学生运用英语进行口头、书面交际的能力仍然比较薄弱。

情境教学法也叫视听法，主要针对听说法脱离语境、孤立地练习句型、影响学生有效使用语言能力培养的问题。20 世纪 50 年代在法国产生了情境法。情景教学法是教师根据课文所描绘的情景，绘制出形象鲜明的图画，辅之生动的文学语言，并借助音乐的艺术感染力，再现课文所描绘的情景，师生就在此情此景之中进行着的一种情景交融的教学活动。在情境教学法中，语言被看作是与现实世界的目标和情景有关的、有目的的活动。这种教学法对视觉辅助物依赖性很强，教师利用多媒体创造情景，新的语言点通过情景进行教学和操练，这样的教学法往往会让学生产生一种身临其境的感觉，同时还会激发学生学习英语的积极性和热情，帮助学生更为准确和牢固地完成对于英语知识点的记忆。通过获得有价值的感性材料，可以实现英语教学理论与实践的有机结合，为英语的语言知识学习提供良好的条件。在外语教学中，良好的语言环境往往对于英语的感知起到很大的促进作用。情境的创设能够加速外语与事物的联系，有助于理解所学语言；重视整体结构的对话教学，使课堂变得生动活泼，学生学得自然，表达准确。但是情境法的不足之处是在运用过程中，强调通过情景操练句型，在教学中只允许使用目的语而完全排除母语，这不利于对语言材料的彻底理解；教师若过分强调整体结构感知，就无法保证学生对语言项目的清楚认识。

交际教学法也叫“功能法”（Functional Approach）或“意念—功能交际法”（Notional—Functional Approach），是由威尔金斯提出的，其历史可以追溯到 20 世纪 60 年代，威尔金斯指出交际能力不仅仅包含语言知识，还应包括语言运用的能力，尤其应该注意语言运用的得体性，它包括对交际时间、交际场合、交际话题、交际方式等诸多因素的灵活把握和运用。交际教学法使语言教学观发生了革命性的变化，在外语教学中发挥了巨大的作用。它提倡以语言功能项目为纲，强调在语言运用中学习语言。从而实现培养交际能力的教学目的。传统的英语教学，以教师为中心，采取“满堂灌”形式，忽略了学生语言技能的培养，这种教学越来越多地表现出与实际要求的脱离。交际教学法在师生共建的课堂互动模式中给学生提供更多使用语言的机会，在继承传统教学法合理成分的基础上，将学生能够运用英语语言能力作为学习的目的。它强调交际的过程，认为有没有一个具体的目标和明确的结果并不重要。交际教学法认为语言是实现交际目的的手段，但是仅仅具有听、说、读、写能力并不一定就能准确表达意念和理解思想，因为语言的交际功能受制于语言活动的社会因素。教学过程就必须交际化，这就意味着要尽可能避免机械操练，而应该让学生到真实的或接近真实的交际场合进行练习，感受情景、意念、态度、情感和文化修养等因素如何影响语言形式的选择和语言功能的发挥。因此。老师应该借助课堂或者多媒体教学多为学生创造、提供交际情景和场合。在真正意义上实现“用语言去学”和“学会用语言”，而不是单纯地“学语言”，更不是“学习关于语言的知识”。

任务型语言教学是在20世纪80年代交际法被广泛采纳的情况下产生的，它是交际法教学和第二语言研究两大领域结合的产物，代表了真实语境下学习语言的现代语言教学理念。任务型教学法是通过教师引导学习者在课堂上完成语言任务来进行教学的方法，强调“在做中学”，是交际教学法的延伸和发展，教育的重心从教科书和教师转到学生，教师引导学生在各种语言任务中学习。在课堂教学活动中，教师围绕特定的交际项目，创设出目标明确、可操作的任务，学生通过表达、交涉、解释、沟通、询问等多种活动形式完成任务，达到掌握语言的目的。任务型语言教学要求学习者积极主动地参加整个语言习得过程，要按照计划按时做好、做完上课前的各项准备工作，包括预习课程、查找资料、写报告、排练表演、背诵、记忆教材内容等；课堂上要积极参与各项学习、讨论、陈述、讲解等学习活动。任务完成的同时就是巩固旧知识，并且学习与运用新的语言知识的过程，从而达到学习语言和掌握语言的目的。

任务法综合了多种教学法的优点，和其他教学法互相补充、相互完善。通过完成多样化的任务活动，学生的学习兴趣被激发，语言技能和语言知识得到了发展，对培养学生的语言综合能力大有助益。这与传统的语言操练完全不同。任务型教学法充分体现了以学生为中心、以实现语言运用为目的的教学理念。

直接法是19世纪后半叶作为语法—翻译法的对立物在西欧出现的，主要代表人物是贝立兹、艾盖尔特和帕默。贝立兹主张力求在外语教学中创造与儿童习得母语的自然环境相仿的环境，并采用与儿童习得母语的自然方法相一致的方法。帕默认为语言是一种习惯，学习一种语言就是培养一种新的习惯，习惯的养成是靠反复使用形成的。因此，直接教学法主张不依赖学生的本族语，通过思想与外语的直接联系来教外语的方法。它主张外语教学应以语音训练为主，对语音的掌握是学好外语的关键，语音训练应充分利用音标；口语训练是外语教学的目标，语言材料以日常口语材料为主，口语活动是课堂主要活动形式，在教学中要尽量避免使用本族语和翻译，因为进行翻译既浪费时间又妨碍外语气氛的形成，且易使学生按照本族语去类推外语句子，故应该避免。直接法强调建立外语词语与实际的直接联系，以培养学生使用外语思维，这就为外语学习提供了一种生动活泼的学习方法，激发学生的学习兴趣，促进学生积极参与课堂教学活动。教师每教一个新词语，应把该词语所代表的事物、意义及客观表象直接联系起来，不是先学习语言规则，而是先模仿着说。让学生先实际掌握语言材料，再从他们积累的感性语言材料中总结出语法规则，用以指导以后的学习。直接教学法重视听觉感知和听觉记忆，对于培养学生的语音语调，特别是在培养学生的活动能力方面效果明显。这样，它通过提出先听说后读写的教学要求，把语言听说教学提高到前所未有的重要地位。

（二）当前大学英语教学法存在的问题

通过对我国英语教学现状的调查发现，虽然各种教学法流派对传统教学法产生了很大冲击。但以语法翻译法为代表的传统教学法影响力依旧较大。语法翻译法在中国语言教学中存在的基础是其合理性、可行性和有效性，但这并不意味着它是最好的、最合适的，因为过分强调语言知识的传授，忽视语言技能的培养，导致语音、语法、词汇与课文的阅读教学脱节，并且教学方式往往比较单一，课堂教学不活跃，不易引起学生的兴趣，也不利于培养学生综合外语能力的培养。而情境教学法在教学中未能恰当地发挥母语在英语教学中的积极作用，对母语完全排除，过分强调目的语的使用，这不利于对语言知识点的彻底理解。交际教学法通过恰当的语言输入和有意义的课堂互动帮助学生习得语言，提高学生的听说能力，但是由于不提倡单纯的语法解释，因而无法保证语言表达的准确性，而且对于英语教学中重要的读写能力有所忽视。任务教学法通过完成各种各样的学习任务来激发学生的学习兴趣，将知识与技能结合，有助于培养学生综合的语言运用能力，但是课堂的组织和任务的设计过分依赖教师的能力和教学水平，而且在大班教学中难以保证任务的完成，课堂效率就会偏低，并且无法有效监督学生的个体表现。直接教学法在外语教学中偏重经验、感性认识，这种方法对培养学生实际掌握外语特别是口语虽然较好，但语言修养浅薄，对许多语言现象知其然而不知其所以然，对难度大、结构复杂的语句只能凭语感猜测，不免出错。在英语教学中，任何一种方法都有其优点和缺点，因为它们都是某一个时代的产物，反映某一时期的英语教学需要。随着社会的发展，人们对英语的学习多样化，现在仅靠一种方法是达不到目的的，因此，大学英语教学法的选择应借鉴当今较有影响的几种外语教学法，博采众长，在充分吸取教育学、心理学、语言学、第二语言习得等领域的研究成果的基础上，充分考虑外语学习的特殊性、师资水平等，针对学生学习英语的特点、目标和环境，探讨和设计出符合不同水平层次学习者需求的教学方法。各种教学法的优化融合可能会成为未来中国大学英语教学的趋势。

（三）英语教学活动中多种教学法的综合运用

大学英语教学在方法上越来越趋于多样化、折中化、本土化、学生中心化和学习自主化，这些变化促进了中国的大学英语教学改革。英语教学是一门实践性极强的课程，它需要一定的知识传授，但更需要活泼、较为真实的课堂教学氛围，以及作为语言学习主体的学习者的积极参与和大量的交际实践。对于英语知识点的单纯讲解方式已经不再是开展教学工作的唯一方式，新的教学法在英语教学中发挥着越来越重要的作用。教师的“教”和学生的“学”是教学的两个重要环节，需要教师和学生共同参与。那么如何在师生共建的课堂互动模式中，有意识地创造各种语言环境，积极调动学生学习英语的积极性，让学生正确地使用英语知识去表达、交流思想和传递信息是外语教学法要解决的首要问题。但是英语教学法的运用不是固定的、排他的，这就要求教师在教学过程中灵活地选择有效的英语教学法。在以计算机、多媒体和网络为辅助手段的基础上，将不同的教学法穿插使用，可以有效地调动学生学习英语的主观能动性，有助于教师及时对教学过程进行调控，同时可以加强学生与教师之间的有效沟通，帮助学生更好地提高自身的语言能力。教师对教学法进行选择时应注意兼顾几个原则：知识的体系性；任务的多样性；情境的真实化。

英语教学法要帮助学生构建扎实的语言知识体系。《大学英语课程教学要求》指出，大学英语的教学目标是培养学生的英语综合应用能力以及用英语进行交际的能力。交际能力由两个方面组成：语言知识和交际知识。语言知识的积累可以提高交际能力。交际实践可以巩固学到的语言知识，并进一步促进交际能力的提高。在这两者的关系中，语言知识的学习是基础，也是最终为语言交际服务的。因此，语言教学以交际为中心，但又不忽视语言形式的学习。语法翻译法经过长期的发展，在诸多方面已经做出变化，并且对于知识体系的建构也更为成熟。它虽然强调的是理性的语言知识，是规则，是框架，但它在一定的程度上已经摒弃了母语与目标语之间的机械的比较和逐字逐句的翻译，实行以课文为中心的语音、词汇、语法综合教授的新的教学方法。教师在开展教学的过程中可以参照语法翻译教学法，先讲授词法，然后再讲授句法；采用演绎法讲授语法规则，再举例子予以辅证说明；语法练习的方式一般是将母语句子翻译成外语。在强调阅读作为外语教学的主要目标的同时，考虑对学生听、说、写能力的培养，这样的教学法在很大程度上有助于学生英语知识体系的建构。此外，语法翻译教学法认同学生的母语在教学过程中的重要作用，强调母语和目标语言的共同使用。这样在课堂上，教师适当地采用母语进行解释，尤其是针对具有抽象意义的词汇和母语中所没有的语法现象，既省时省力又简洁易懂；再者，将英汉两种不同的表达方式进行比较，可以提高学生正确运用目的语的能力，因此在教学中可以灵活采用。

教学法能否调动学习者的学习兴趣是保证教学质量的关键，因此，在教学中教师应该确保学习任务的多样性。任务教学法主张以任务组织教学，在任务的履行过程中，以参与、体验、互动、交流、合作的学习方式，充分发挥学习者自身的认知能力。调动学生已有的目的语资源，在实践中感知、认识、应用目的语，体现了较为先进的教学理念。教师在设置任务的时候要以激发学生学习兴趣和成就感为出发点，围绕特定的交际和语言项目，设计出具体的、可操作的任务，让学生在任务的驱动下学习语言知识并进行技能训练，在感知、认知知识的过程中达到学习和掌握语言的目的。活动可围绕教材但不限于教材，要以学生的生活经历和实际交际活动为参照，不仅要有利于学生英语知识的学习、语言技能的发展和运用能力的提高，还应有利于促进英语学科和其他学科之间的相互渗透和联系，使学生的思维能力、想象力、协同创造精神等综合素质得到提高和锻炼。比如上课之前让学生利用课余时间通过图书馆、网络等媒介查阅相关资料，了解本单元的中心主题；建立学习小组，成员之间互相检查背诵、记忆教材内容或者根据课程内容提前安排小组排练表演并进行课堂展示等；在课堂上鼓励学生积极参与到各项学习、讨论、陈述中。由于学习任务包含有待实现的目标和需要解决的问题，因此会激发学习者对新知识、新信息的渴求。这样，学生通过实施任务和参与活动，就能促进自身知识的重组与构建，摄入新信息并与学习者已有的认知进行互动、连接、交融与整合。

在教学中教师应通过模拟真实情境来拓宽教育空间，增强学生的感受性。强化参与意识，从而有效地提高教学效果。传统的课堂教学被局限在教室中进行，现代信息技术的广泛应用使教育空间的拓展成为可能。教师可以在课堂教学中借助多媒体教学设置，为学生创设真实的语言环境或模拟情境，在模拟的情境中完成语言知识的学习和操练，在实践中提升交际能力。传统教学法的弊端之一就是教学法给学生造成一种距离感，形成“你讲我听”的被动状态。而情境教学法由于教师根据教材和心理理论创设了有关情境、鲜活的教学内容，缩短了师生的心理距离，强化了学生积极参与的意识，从而使学生将“要我学”转化为“我要学”。情境教学法强调在英语教学中充分利用生动、形象、逼真的意境，使学生产生身临其境的感觉，利用情境中传递的信息和语言材料，激发学生用英语表达思想感情的欲望，促进学生的语言能力及情感、意志、想象力、创造力等的整体发展。情境教学法的教学实践是以课堂教学为主线，综合运用多种办法创设真实语言情境，营造英语氛围，实践交际。教师可以用图片、模型、实物、简笔画等教具，利用自己的手势、动作、表情等体态及多媒体技术等现代教育技术手段，真实又立体地展现所学语言的背景和使用背景，使教学过程有序化、整体化、形象化、趣味化。同时，教师可以鼓励学生在课后使用视听设备和语言实验室来放映英语电影，收听英语广播、收看电视节目，通过情景、视听教学，让学生把握地道的语音、语调和了解西方的文化背景。情境教学法既能突破传统英语课堂教学的狭隘性、封闭性，拓宽教学空间，又能引起学生的兴趣，唤起学生的参与意识，提高教学质量，对外语课堂教学来说是一种切实可行的教学法。

教学要以重视、发展语言技能和交际能力为主，应采用多种交际功能项目，保证交际的趣味性。在传统课堂教学中，教师倾向于围绕语言知识点，如词义、句意、词汇用法和语法知识等开展问答活动。通常情况下，由于班级人数的限制，只有部分学生能够在课上参与到课堂练习中，但是气氛不活跃、学生怕出错并且缺乏兴趣就无法通过课堂训练把学到的知识加以巩固和深化不足。在这种情况下，教师可以借鉴直接法与交际法，在了解学生的兴趣和经验的基础上，设计出较真实、贴近生活、能激发学生兴趣的交际话题和项目；也可以介绍关于目的语国家地理、历史、风土人情等文化知识，引导学习者由机械的记忆转向会话的灵活运用，让学生用语言表达他们所要表达的思想，使学习者的大脑一直处于一种激活状态，并乐于参与课堂活动。语言课程的内容不再按简单的句型、词汇、语法来设置，而是根据这些形式表达的意念及他们所实施的交际活动来制定。如将问候、邀请、做客、看病等主题作为主要线索来安排教学内容，不必要求学生语法恰当、用词准确，而是启发学生讨论，让学生开口说，注重听力和口语、重视交际能力的培养，教师要相对宽松地对待学生语言的准确性。课堂教学中避免使用母语，主要采用口语材料作为教学内容进行反复练习，通过趣味性的设计调动学生的参与积极性，并鼓励学生进行模仿，直到养成良好的语言习惯。让学生在轻松和谐的氛围中通过这种形式的口语交际练习，真正地感受到用英语交流的乐趣而非仅仅是掌握了语言知识。

由此可以看出，每种英语教学法都有其产生和存在的条件，在实际教学中教师应该仔细研究各种教学法的特点，熟悉并掌握其中的技巧，不能盲目地推崇某一种教学方法而否定另一种教学方法，应根据教学活动的具体情况综合使用各种教学法。事实证明，没有一种单纯的教学方法是万能的，过多地依赖或推崇某一种教学法的做法往往会在具体的教学实践上产生某种偏差。这不利于外语教学的进一步发展与提高。大学英语教学大纲要求教师不仅要向学生传授语言知识，训练语言技能，还要培养学生运用英语进行交际的综合能力。这一要求是立体的多层次的，而且当前大学生获取知识的渠道多样化，自学能力强，因此在教学中仅仅使用一种教学方式显然是不够的。所以，教师在教学中必须秉着客观、实事求是的态度，结合教学特点、学生的实际情况以及现有的教学资源，选择合理的教学法，从而有效地开展大学英语教学。

三、大学英语的教学手段

教学手段是构成教学系统的重要因素之一，是为了实现预期的教学目的，教师与学生用来进行教学活动，作用于教学对象的信息的、精神的、物质的和形态的总和。《大学英语课程教学要求》指出，大学英语教学应尽可能地为学生创设自主式学习环境，体现个性化教学，将多样化和立体化引入传统的英语课堂。这些要求对大学英语教学提出了新的挑战。面对英语教学的改革、教学模式的转变、教学方法的创新，大学英语教师需从调整教学观念及教学手段等方面入手，重新审视并合理地运用传统教学手段和现代化教学手段，使教学以更快的速度、更高的效率，最大限度地开发人的学习活力与研究潜能，以保证新形势下大学英语教学的质量。

现代信息技术的应用和普及尤其是多媒体技术和网络技术的结合，为英语教学提供了强大的技术手段，尤其是多媒体外语教学软件的出现给外语教学带来了勃勃生机，在教学中充分利用以多媒体技术为核心的现代教育技术是大学英语教学改革和发展的必然要求。各高校在依据《大学英语课程教学要求》具体要求的基础上，对大学英语教学进行改革。其中，利用多媒体手段进行大学英语教学成为各高校英语改革的主要方向。传统的英语教学模式主要是面对面的单向式课堂教学，以教师的课堂讲授为主，主要教学手段是“教材+黑板+录音机”，难以营造出培养学生语言交际能力的真实生动的语言环境，因而难以激发学生的学习热情；而多媒体网络教学以其形象性、生动性、先进性、高效性等特点弥补了传统教学中的不足，成为现代化教学的一种重要手段而被广泛采用。

（一）现代化教学手段的利弊

现代化的多媒体教学手段集声音、图像、视频和文字等媒体为一体，具有形象性、多样性、新颖性、趣味性、直观性、丰富性等特点。它可以根据教学目的、要求和教学内容，创设形象逼真的教学环境、声像同步的教学情景、动静结合的教学图像、生动活泼的教学气氛。它是现代科学技术的发展在教学中的反映，具有直观性强、容量大和智能化的特点。

多媒体的应用可以用来设计全新的整体教学过程和交互性、个性化的训练方式，促使教学过程发生根本变化，形成教师、学生、教材和教学方式的新组合，能为语言学习者提供一个良好的视觉、听觉交互式语言环境，起到其他教学手段无法比拟的教学效果。与传统的教学手段相比，多媒体辅助教学有着明显的优势。

现代化教学手段能够帮助创设情景，提高学生的参与度。英语教学的最终目的是把学习者培养成成功的语言交际者和跨文化交际者，而英语语言交际能力和技能的获得必须通过大量的、反复的语言实践，因此，创设真实的情景进行外语教学是十分必要的。多媒体是集图、画、视频、音频与文本于一体的教学手段，它从视觉、听觉与感觉等方面同时刺激神经系统，使学生动脑、动眼、动嘴、动耳、动手，开展积极的思维活动，提高语言交际能力。教师在多媒体教室使用现有的多媒体软件，通过动态过程的演示和模拟情境，将知识以图文并茂的形式展示出来，通过形象逼真、色彩鲜艳的画面，生动有趣的形式充分刺激学生的多种感官，使单调的书本知识形象化、具体化，极大地激发学生学习的兴趣，为学生参与听、说训练创造良好的气氛和环境。同时，学生可以借助计算机，根据各自的喜好选择不同的学习内容，既可听单词、课文的朗读，也可以通过虚拟课堂讨论、角色扮演、游戏培养英语思维能力，有效提高英语的实践能力。

现代化教学手段能够增大课堂信息容量，提高授课效率。课堂教学中引入多媒体课件，可以增加课堂信息量，大幅度降低教师的劳动强度，提高课堂效率。传统课堂教学需要教师写板书、学生记笔记，教师与学生劳动强度都较大，而且讲授不连贯。计算机多媒体技术的发展为教学提供了强大的技术支持，教师可以运用计算机事先准备好授课内容，制作汇集大量文本、图形、图像、视频、音频资料的课件，就能充分利用课堂时间。多媒体课件包含的信息量大，以其信息和数据表达的多样性，调动学生多种感觉器官参与学习，更增强了学习的趣味性，从而提高授课效率，相比于传统教学，在同样的时间里可以呈现更多的信息。因为多媒体教学节约了教师写板书的时间，降低教师的劳动强度，使教师在单位时间内向学生传递更丰富的知识，而且可以有效地压缩课内教学学时，给学生以更多的讨论、小组活动、师生互动的时间。教师也可在课后将课件存放在校园服务器上，供学生随时查阅，这无异于给学生提供了一本完整的课堂笔记，从根本上解决了学生上课时听与记之间的矛盾。

现代化教学手段有利于文化导入，提高学生文化修养。要培养学生的交际能力，就要在进行语言教学的同时进行有目的的文化导入，提高学生的综合文化素养，而多媒体手段使文化知识的引入更加全面和便利。在传统的授课模式中，教师很难在不借助任何辅助工具的情况下，将与文章相关的背景文化知识全面地传递给学生，但是通过多媒体这一容纳大量信息的科技手段，教师可以充分利用多媒体网络信息资源为学生提供视觉、听觉的新感受，为学生了解英语系国家的历史、文化及社会知识提供新途径。教师可以围绕学习主题组织播放各类相关英语电影或贴近时代气息、反映英美人现实生活的介绍片等音像材料来了解英语国家的政治、经济、史地、文学及当代社会概况。通过设置真实、自然的语言交际情景，灵活选用适当的训练方法，鼓励学生进行口头或笔头的言语实践活动，启发学生按照英语国家的交际规范进行沟通。同时，教师可以在课前给学生布置关于文化背景知识的内容作为预习作业。让学生自己通过网络找寻相关的文化信息，并且制作成 PPT 课件在课堂上展示，这样，学生不仅在课堂上接受了更多的文化导入，课后也完成了相关自主学习，从单一知识灌输的对象转变成积极主动的学习者，很好地发挥主观能动性，对于提高文化修养大有益处。

（二）多媒体教学手段的不足

大学英语教学是一个集多种教学模式和教学手段为一体，以英语语言知识与使用技能、学习策略和跨文化交际为主要内容的教学体系。多媒体教学把各种媒体和教材中的资料都整合到大学英语教学中，对教学中教与学的所有信息进行储藏、加工、传播、优化了大学英语教学信息，同时由网络带来的各种最新的时尚新闻、电影、录像等更加大了语言的输入量，对于提高大学英语教学水平有积极的影响。现代化教学手段虽然是一种先进的教学手段。但是目前它还不能完全代替传统教学活动，因为多媒体教学手段在英语课堂教学中主要是起辅助作用的，而不能本末倒置。在具体的教学实践中，现代教学方式中的问题也逐渐暴露出来。

多媒体课件过于注重形式，忽略教学内容。在多媒体网络教学中，教学课件起着重要的作用，它的优劣直接影响着教学效果。教师对授课内容的“教学内容性”和“渲染修饰性”成分的比例失调，颠倒主次，花费大量精力用于掌握制作技术，而真正用于教学内容准备的内容反而变少，不利于备课。比如部分教师在制作课件过程中过分注重形式，加入过多的图像、动画，结果出现主次不分、杂乱无章的现象，导致学生上课时一味欣赏课件中的图案和动画效果而忽略了教师的讲解和重要的知识点。

多媒体和网络的使用给大多数学生提供了自主学习的机会，锻炼了他们的创造性和主动性，然而在这一过程中，由于缺乏教师监督，学习效果的好坏在很大程度上取决于学习者的积极性，难以保证教学质量。在传统教学中，学生基本能跟着教师完成教学任务，教师可以掌握学生的表现，教师的警示会约束学生走神，教师的暗示会启发学生的联想思维。但是现代教学手段由于强调学生的自主学习，教师的主导监督作用往往发挥不到作用，学习自主性较差的学生就不能得到较好管理。另外，多媒体课件上的学习内容繁多，学生往往分不清学习的主次和先后，又缺少有效的监督和管理，无法检索自己所需的资源而影响学生的学习。

因此，鉴于我国外语教育的师资配备、教学配套设施的建设和完善程度，单纯凭借现代教学手段是无法保证大学外语教学的顺利开展。为了提高大学英语的教学质量，在教学中就要将多媒体教学与传统教学相结合，各取所长，充分发挥传统教学手段和现代化教学手段的优势，这样才能取得满意的教学效果。

（三）传统教学手段与现代化教学手段的运用

教学手段是教育者通过教学内容联系教育对象的桥梁，是教学主体与客体交流教育信息的物质基础。教学手段的运用直接影响师生之间信息传递的质量与效果，进而影响教育对象的思维发展。随着现代科学技术的发展，教学实践条件发生了变化，多媒体教学受到越来越多的重视和应用，互联网的普及使得学生获得信息的渠道大大扩展。现代教学手段正在不断压缩传统教学手段的影响力。虽然传统的教学手段在课堂上传授的知识量有限，授课形式较为单一，趣味性不强，但是传统教学手段在大学英语教学中表现出的优势对提高整个大学英语教学水平无疑是有积极促进作用的。因此，针对传统教学手段和多媒体教学手段各自的特点，教师在教学过程中应重新审视如何合理地运用传统教学手段和现代化教学手段，做好两种教学手段的整合，以提高大学英语教学的质量。

传统教学手段主要是借助文字教科书、挂图、教师的大脑等记录、储存教育信息，靠教师口头语言和黑板书面语言等自然声光传输、调节教育信息的教学手段。传统的手写教案不依赖于计算机等多媒体设备而独立存在，只要有粉笔和黑板，教学即可正常进行。在教学中一直遵循以教师为主的原则，教师备课认真，讲课内容丰富，讲课有条理。通过面对面的口授、板书以及师生间眼神的交流，教师容易把握学生的领会程度和课程进度，教师可根据学生的反应随时调整授课方式和内容。学生通过观察教师的表情、动作等形体语言，可以领会老师的用意，从而有助于对知识的消化和吸收，在课堂上师生交互的机会较多。与现代教学手段相比，以“粉笔＋黑板”为标志的传统教学手段虽然过于费时、形式比较单一，但却是在长期教学实践中保留下来的一种传播知识文化的方式。它在加强师生之间的互动关系、调动学生积极思考、通过教师的肢体语言传达给学生直观感受等方面发挥着巨大作用，其特有的教学效果是现代教育技术不可替代的。

现代教学手段以信息处理的高速度、高容量、多媒体和交互性，极大地提高了教学效率，这就从根本上改善了大学英语教学的环境，可以极大地丰富传统的教学手段，二者互相补充、扬长避短就可实现教学手段的优化整合，为英语教学提供新思路，从根本上改善传统教育中存在的问题。

教学的现代化不应该仅指教学条件和手段的现代化，还要实现教学观念的更新。“以学生为主体，以教师为主导”是大学英语教学对师生角色的全新界定。教师与学生是教学过程中两个最主要的因素，现代英语教学十分强调师生之间关系的和谐以及教学过程中师生的共同参与和互动。多媒体教学强调充分发挥学生的主体作用，这并不等于教师的主导作用就消失了。教师与学生各自拥有独特的优势并担负着不同的职责，要平衡地发挥好教师的主导作用和学生的主体地位，不能偏重一方。教师的主导作用主要表现存学生学习的开始阶段、中间阶段、结尾阶段，开始阶段对学生学习兴趣的激发，中间阶段对难点的释疑，结尾阶段对学习的概况总结，都离不开教师的积极作用。学生是学习的主体，教师必须为学生全身心学习创造条件。在教学中，教师应合理结合传统教学手段与现代化教学手段的优势，积极建构学生知识体系，并且使学生的眼、耳、口、手等感官都活跃起来，调动学生的学习积极性，激发创造性思维，提高课堂参与度。

无论是传统教学手段还是多媒体教学手段都应注重师生之间的互动交流，在沟通中帮助学生掌握知识、培养能力。在多媒体介入的教学过程中，教师有时会用多媒体屏幕代替黑板板书，用现成的软件和网络下载的内容代替教案，固定在一个屏幕前控制着鼠标播放课件或多媒体资料，而缺乏跟学生直接交流的机会。在这种情况下，教师可以把抽象、单调的学习内容转化成有趣、形象、生动、视听性强的网络课件，通过灵活利用课堂的教授方式，加强师生间的互动沟通。比如讲解关键语言点或遇到学生易犯的错误时，教师可以通过板书形式，采用边写边读边解释的传统教学方法，突出重点，帮助学生加深印象；或者在条件允许的情况下，可以以课堂提问、小组讨论、让学生上台试讲某个知识点的方式加强师生互动，促进学生对知识的理解和掌握。教师通过课堂互动给予学生的思维启发、对教学的重点把握、难点释疑是多媒体无法替代的，因此在教学中要将传统教学手段与多媒体所拥有的生动性、丰富性有机结合，从而更高效地提高教学质量。

在教学中，教师应该在帮助学生掌握知识的基础上灵活掌握教学进度。教学应该正确运用多媒体教学，多媒体辅助教学屏幕交换快，可在短时间内向学生展示大量的教学资料，省去了写板书和擦黑板的时间，教学节奏明显加快，教学内容容量加大，可能会忽视重点与难点的突破。教师站在讲台上，不是为了完成课堂教学任务，而是要“传道、授业、解惑”。但是教师为了保证完成本节教学任务，不能在课堂上花过多时间突出重点，讲透难点，因而影响了教学效果。事实上多媒体辅助教学作为一种现代化的教学手段，用来提高课堂教学的效率、突破重难点，解决一些传统教学不易解决的问题。无论是传统教学还是多媒体教学，都需要通过学生的课堂反应来了解学生对课堂知识的掌握程度，并且进行必要的重复和举例分析。教师应该正确运用多媒体教学手段，用生动又易于理解的方式完成对于知识难点的讲解，这样既帮助了学生理解、掌握知识点，又提高了课堂学习效率。教师应充分发挥其主导作用，遵循学生的认知规律，掌握好教学节拍，帮助学生消化、理解所讲知识。

多媒体教学作为重要的现代化教学手段在大学英语教学中受到重视并得到较为广泛的应用，但是过分夸大计算机辅助教学的功能，以计算机来完全代替传统教学的教学手段是不现实的，因为多媒体辅助教学手段仅是构成教学环境的一个重要方面，不可取代教学过程中的所有环节。在教学中要根据教学目标、教学内容以及教学对象的特点，有针对性地设计和选取教学手段，将多媒体教学手段与传统的教学手段有机结合，实现优势互补，才能提高大学英语的教学效果和质量，提高高校大学生的英语综合运用能力，为我国的社会发展和经济建设输送高素质的外语人才。

第二章　跨文化交际理论概述

第一节　文化与交际

一、文化的概念、特征及功能

（一）文化的概念

关于文化的定义，各位学者、专家的观点可谓是见仁见智。据统计，现已存在的关于文化的定义已经有 200 多种，这里先就其中较有代表性的定义进行分析。

1. 文化一词的来源

古汉语中的“文化”和现在的“文化”有着不同的含义。汉代的《说苑·指武》中第一次记载了该词，指出：“文化不改，然后加诛。”这里的“文化”与“武功”相对，有文治教化的意义，表达的是一种治理社会的方法和主张。

我国《辞海》指出，广义的文化是指人类社会历史实践过程中所创造的物质财富以及精神财富的总和；狭义的文化是指社会的意识形态以及与之相适应的制度以及组织机构。

culture 一词来源于拉丁文 cultura，是“耕种、居住、保护和崇拜”的意思。它曾经的意思是“犁”，指的是过程、动作，后来引申为培养人的技能、品质。然后到了 18 世纪，该词又进一步转义，表示“整个社会里知识发展的普遍状态”“心灵的普遍状态和习惯”和“各种艺术的普遍状态”。

2. 近现代学者的见解

英国人类学家爱德华·泰勒（Edward Burnett Tylor）对文化所下的定义可以算作是文化定义的起源，是一种经典性的定义，被学术界普遍接受和认同。19 世纪 70 年代，他出版了《原始文化》一书。他在该书中指出，从广泛的民族学意义来讲，文化是一个复合整体，包括了知识、信仰、艺术、道德、法律、习俗以及作为一个社会成员的人所习得的其他一切能力和习惯。

萨姆瓦（Larry A. Samovar）等人是研究有关交际问题的学者，他们对文化下的定义概括起来就是：文化是经过前人的努力而积累、流传下来的知识、经验、信念、宗教以及物质财富等的总体。文化暗含在语言、交际行为和日常行为中。

莫兰（Moran，2004）认为文化是人类群体不断演变的生活方式，包含一套共有的生活实践体系，这一体系基于一套共有的世界观念，关系到一系列共有的文化产品，并置于特定的社会情境之中。其中，文化产品是文化的物理层面，是由文化社群以及文化个体创造或采纳的文化实体；文化个体的所有文化实践行为都是在特定的文化社群中发生的；文化社群包括社会环境和群体。

美国社会学家伊恩·罗伯逊（Ian Robertson）从社会学的角度对文化做了界定，他认为文化包括大家享有的物质的和非物质的全部人类社会产品。

张岱年和程宜山指出，文化是人类在处理其与客观现实的关系时所采取的行为和思维方式及其所创造出来的一切成果，是活动方式与活动成果的辩证统一。

金惠康指出，文化是生产方式、生活方式、价值观念以及社会准则等构成的复合体。总的来讲，文化可以分为广义和狭义两种类型，具体含义如下。

（1）广义的文化是人类从事物质生产活动和精神生产活动时所创造的一切成果。从这个意义上讲，文化实际是人类通过改造自然和社会而逐步实现自身价值观念的过程。

（2）狭义的文化是指精神创造活动及其结果。美国《哥伦比亚百科全书》指出，文化是在社会中习得的一整套价值观、信念和行为规则。

（二）文化的特征

1. 动态的可变性

文化的稳定性是相对的，而可变性却是绝对的。文化的可变性具有内在和外在两种原因。

文化可变性的内在原因：文化是为了满足人类生存需要而采取的手段，文化随着生存条件的变化而变化。在人类文化史中，因为科技的发展导致了人们思想和行为的变化，所以重大的发明和发现都推动着文化的变迁。

文化可变性的外在原因：文化传播或者文化碰撞可能使得文化内部要素发生“量”的变化，“量”的变化也可能促使“质”的变化。社会的发展以及国家、民族之间在经济和政治方面的频繁沟通、交流，都使文化不断碰撞乃至发生变化。例如，佛教的进入导致了中国传统文化的变化；儒家思想等也导致了东南亚文化的变化。

物质形态的文化比精神形态的文化变化得更快、更多。例如，发生在衣、食、住、行等方面的变化要比信仰、价值观等方面的变化更加明显。随着改革开放的不断推进，人们的衣、食、住、行等“硬件”都发生了巨大的变化，但是“软件”方面的变化并不明显。文化定势决定了中国人对西方文化的接受度是非常有限的，“同国际接轨”的多数属于文化结构的表层，而深层文化的差异永远存在。

2. 交际的符号性

文化是通过符号加以传授的知识，任何文化都是一种符号的象征，也是人们的思维和行为方式的象征。人类最明显的特征就是符号化的思维和行为，文化的创造过程也就是运用符号的过程，所以说人是一种“符号的动物”。在创造文化的过程中，人类将认识世界和理解事物的结果转化为外显有形的行为方式，因而这些行为方式就构成了文化符号，从而成为人们的生活法则。人们在生活中必然接受这些法则的规范和引导，世界是充满文化符号的。人们一方面不可能脱离文化的束缚，另一方面又在这种文化中展现人生的意义和价值。例如，在中国封建社会，服装的不同颜色代表着不同的地位等级，服装颜色成了特定身份的象征符号：帝王一般穿着明黄色的衣服，高级官员和贵族一般穿着朱红或紫色的衣服，中下层官员通常穿着青绿色的衣服，衙门差役常常穿着黑色的衣服，囚犯穿着赭色的衣服。然而，随着社会的发展，服装颜色的等级象征已不复存在，只是人们又给色彩和款式赋予了一定的审美意义。

文化和交际之所以具有同一性，就是因为文化的这种符号性特征。文化是“符号和意义的模式系统”，交际被视为文化的编码、解码过程，语言被视为编码、解码的工具。在交际中，误解是常见的一种现象，要想尽力避免误解的产生而使交际顺利进行，就需要交际双方对同一符号具有一致或相近的解释。在交际过程中隐藏着一种潜在的危险，那就是差异，交际的顺利进行要求交际双方共享一套社会规范或行为准则。

3. 观念的整合性

文化集中体现群体行为规则，某一群体所有成员的行为可能都会打上文化的烙印。因此，才有了中国文化、东方文化或西方文化等一些概念和说法，而主流文化又包含亚文化或群体文化、地域文化等。世界观、价值观等是文化的核心成分，社会组织、社会关系、社会地位等都属于文化范畴，文化规定着人们交际行为的内容和方式。由此可见，文化是一个由多种要素构成的复杂整体，在这个整体中，各要素互相补充、互相融合，共同塑造着民族性格。整个民族文化具有一个或几个“文化内核”，它发挥着整合文化的潜在作用。文化的整合性可以保证文化在环境的变迁中，维持在一定限度的稳定性。例如，在中国的传统文化中，融自然哲学、政治哲学和伦理哲学为一体的“天人合一”世界观，以及“经国济世”等精神元素，作为中国文化的“内核”，一直发挥着“整合”作用。由于不同文化有着不同的“内核”，必然导致在价值观念、认知模式、生活形态上的差异，如果交际双方不能理解对方的文化，就会导致交际冲突。

4. 民族的选择性

文化植根于人类社会，而人类社会以聚居集中的民族为区分单位，因此文化也是植根于民族的机体。文化的疆界一般和民族的疆界一致，民族不仅具有体貌特征，还具有文化特征。例如，同为上古文明，古希腊、古印度、古埃及和古代中国的文化各有独特性；同为当代发达国家，日本和美国、欧洲就存在着文化差异。当一个社会容纳着众多民族时，不可能保持文化的完全一致，其中必定包括一些互有差异的亚文化，使得大传统下各具特色的小传统得以形成。于是在民族文化的大范围内，多种区域性文化常常同时并存。

因此，文化具有选择性。每一种特定文化只会选择对自己文化有意义的规则，所以人们所遵循的行为规则是有限的。文化的这一特点导致了群体或民族中心主义，因此它对跨文化交际来说十分重要。群体或民族中心主义是人类在交际过程中的普遍现象，人们会无意识地以自己的文化作为解释和评价别人行为的标准，显然，群体或民族中心主义会导致交际失误，达到一定程度时会带来文化冲突。

（三）文化的功能

对于文化的分类，学术界存在多种观点，如“两分说”“三分说”“四分说”等。从不同的角度，可以对文化进行不同的分类。不管如何分类，文化所承担的功能是一定的。

1. 文化的分类

（1）从表现形式的角度按照表现形式，可将文化分为物质文化、制度文化和精神文化，这也是当今比较流行的“文化三分法”。物质文化是人类在社会实践中的物质生产活动以及产品的总和。物质文化是文化的基础部分，它以满足人类最基本的衣食住行等生存需要为目标，为人类适应和改造环境提供物质装备。物质文化直接对自然界进行利用与改造，并最终以物质实体反映出来。

制度文化是指人类在社会实践中建立的各种社会规章制度、法规、组织形式等。人类之所以高于动物，其根本原因在于人类在创造物质财富的同时，创造了一个服务于自己、同时又约束自己的社会环境，创造出一系列用以调节内部关系，从而更有效地应对客观世界的组织手段。

精神文化是指文化的意识形态部分，它是人类认识世界中的关系和完善自己的一种知识上的措施，包括价值观、文学、哲学、道德、伦理、习俗、艺术、宗教信仰等。精神文化是由人类在长期的社会实践活动和意识活动中孕育出来的，因此也称为观念文化，它是文化的精神内核。

（2）从内涵的角度从文化的内涵特点出发，可将其分为知识文化和交际文化。所谓知识文化，涉及的是跨文化交际中没有表现出直接影响的文化知识，主要表现为一定的物质形式，如艺术品、文物古迹等。交际文化主要是指在跨文化交际中有直接影响的文化信息。交际文化主要以非物质为表现形式。显然，在知识文化和交际文化中，交际文化是需要学者密切研究和关注的重点。而在交际文化中，对内隐交际文化的研究又显得更为重要。因为只有深入研究不易察觉的、较为隐含的内隐交际文化，了解和把握交际对方的价值取向、心理结构情感特征等，才能满足深层次交往的需要，如政治外交、商务往来、学术交流等。在交际文化中，生活方式、社会习俗等属于外显交际文化，易于察觉和把握；而诸如世界观、价值观、思维方式、民族个性特征等则属于内隐交际文化，它们往往不易觉察和把握，但却更为重要。

（3）从层次的角度按照层次的高低，可将文化分为高层文化、深层文化和民间文化。高层文化又称“精英文化”，它是指相对来说较为高雅的文化内涵，如哲学、历史、文学、艺术等。深层文化又称为“背景文化”，它指那些隐而不露，但起指导作用和决定作用的文化内涵，如价值取向、世界观、态度情感、思维模式、心理结构等。可见，深层文化与前述所提及的内隐交际文化相当。而民间文化又称“通俗文化”，它是指那些与人们生活密切相关的文化内涵，如生活方式、风俗习惯、社交准则等。

（4）从价值体系和地位的角度按照价值体系的差异与社会势力的强弱，可以将文化分为主文化与亚文化。主文化与亚文化反映的是同一个政治共同体内的文化价值差异与社会分化状况。所谓主文化是在社会上占主导地位的，并被认为应该为人们所普遍接受的文化。主文化在共同体内被认为具有最充分的合理性和合法性。具体来说，主文化包括三个子概念：侧重权力支配关系的主导文化，强调占据文化整体的主要部分的主体文化，以及表示一个时期产生主要影响、代表时代主要趋势的主流文化。其中，主导文化是在权力捍卫下的文化；主体文化是由长期的社会过程造就的；而主流文化是当前社会的思想潮流。

亚文化又称为“副文化”，它仅为社会上一部分成员所接受，或为某一社会群体所特有。可见，亚文化所包含的价值观与行为方式有别于主文化，在文化权力关系中处于从属地位，在文化整体中占据次要的部分。亚文化又有休闲亚文化、校园亚文化、宗教亚文化等之分。一般来说，亚文化不与主文化相抵触或对抗。但是，当一种亚文化在性质上发展到与主文化对立的时候，它就成为一种反文化。正如文化不一定是积极先进的一样，反文化也不一定是消极落后的。有时文化与反文化之间只是一种不同审美情趣的对立。在一定条件下，文化与反文化还可以相互转化。

（5）按照文化对语境依赖程度的不同，可以将文化分为高语境文化和低语境文化。语言是人类交流最主要的工具，而人们的交流总是在特定的语境中进行的。关于语言与语境的关系，美国学者、人类学家爱德华·霍尔（Edward T. Hall）认为，人类的每一次交流总是包含两个方面：一是文本（text），二是语境（context）。

据此，在不同的文化中，人们通过语境进行交际的方式及程度就存在着差异，而这种差异制约着交际的顺利进行。也正是根据这种差异，霍尔将文化分为高语境文化和低语境文化。

高语境的交际或信息意味着，大多数信息存在于自然环境中或者交际者的头脑里，只有极少数是以符号代码的形式进行传递。而低语境的交际则正好相反，大量的信息借助符号代码来传递（爱德华·霍尔，1977）。

进一步说，高语境文化是指对语境的依赖程度较高、主要借助非语言符号进行交际的文化；低语境是指对语境的依赖程度较低、主要借助语言符号进行交际的文化。霍尔认为，中国、日本、韩国等国家属于高语境文化，他们在生活体验、信息网络等方面几乎是同质的；而美国、瑞士、德国等国家则属于低语境文化，他们之间的异质性较大。

低语境文化与高语境文化的成员在交际时易发生冲突。相对于高语境文化来说，语言信息在低语境文化内显得更为重要。处于低语境文化的成员在进行交际时，要求或期待对方的语言表达要尽可能清晰、明确，否则他们就会因信息模棱两可而产生困惑。而高语境文化的成员往往认为事实胜于雄辩，有时一切可尽在不言中。如果低语境文化的人有困惑之处，他们就会再三询问，这时高语境文化的人常常会感到不耐烦甚至恼怒，从而产生误解。

（6）从民族文化的比较的角度根据不同民族文化的比较，还可将文化分为评比性文化与非评比性文化。评比性文化是指有明显优劣、高下之分的文化。因此，它是比较容易鉴别价值的文化，人们对它的态度也较为明显。例如，和平文化是一种优性文化，而暴力文化则是一种劣性文化；文化中的先进科技等为优性文化，而吸毒等则为劣性文化。

非评比性文化也就是中性文化，它是指没有明显的优劣或高下之分的文化。非评比性文化一般与人们的行为方式、风俗习惯、审美情趣等相联系，如行为方式、玩笑方式、禁忌等。例如，中国人习惯用筷子，西方人习惯用刀叉，有人说使用筷子有利于人脑发展，也有人说使用刀叉简单。这些观点并无对错，也无优劣、高下之分。承认并尊重非评比性文化，意味着承认各民族之间的平等，理解各民族之间的文化差异。

2. 文化的功能

（1）人生于世的基本需求文化已经渗透到生活的每个角落，成为人类的基本生活需求。马利诺夫斯基认为，文化到现在已经成为满足人们三种需求的主要手段：基本需求、派生需求和综合需求。这些需求的满足方式受到文化差异的影响，但是归根到底人们求助于文化，是想要正常而健康地存活下去。

（2）为人处世的一面镜子从人们来到这个世界开始，文化就为他们提供了行为模式，引导人们的行为举止去符合特定文化的行为准则。有了文化的熏陶，人们才会逐步形成本文化的思维模式，并遵循一定的社会习俗、生活方式以及交往方式，从而能够在特定的文化中自由存在。失去了文化的引导，人们反而会觉得与他人的交往无法顺利进行，整个社会也会变得无序而凌乱。文化能教会我们利用人类历经数年的进化而积累起来的智慧，与他人、社会、自然和谐地相处，从而健康、顺利地向前发展。

（3）认识世界的锐利武器文化能够帮助我们正确地认识世界，以及解决与文化相关的问题。文化的存在有其必然性，因为它使人们清楚地认知和了解身处其间的环境。只有认识周围环境，才能以恰当的方式与他人、社会和自然交往，从而顺利地生存。

二、交际的定义与特征

交际无所不在。每一天，每一刻，人们都在进行交际，只要有人存在的地方，就有交际发生。日常生活中交际的例子不胜枚举。婴儿一降生就开始啼哭，啼哭就是婴儿与外界交际的方式，它代表的含义可能是“我饿了”“我渴了”。再如，汽车驾驶员看到红灯立即停车，也是一种交际。即使人们在独处的时候，也在交际。交际，即使用符号和语言的能力，这种能力把人类与动物区分开来。交际是所有人类活动的基础。

“交际”是一个特别古老的概念，它来源于拉丁语一词，意为“共事”“共有”。因此，“共享”和“共有”是交际的前提，而且也是交际的目的。通过交际人们可以获得更多的“共享”和“共有”的东西，如知识、技能等。交际中，具有同一文化背景的人们可以进行有效的交流，而来自不同文化背景中的人们，因为共享的东西有限，在交流时常常会产生沟通的障碍。这就是我们所说的跨文化交际。

（一）交际的定义

《辞海》中“交际”词条下的释义：“敢问交际，何心也？”朱熹注：“际，接也。”“交际”谓人以礼仪仪币帛相交接也。据此意义，该词后来泛指社会各阶层成员交往中人与人的往来应酬。《现代汉语词典》将“交际”定义为“人与人之间的往来接触”，这些都是传统意义对该词汇的解释。

同文化一样，作为学术上的专业术语，“交际”的定义也是多种多样的，关世杰将跨文化交际中的交流定义为“信息发送者与信息接收者共享信息的过程”。贾玉新把交际看成是一个动态多变的编译码过程，当交际者把意义赋予言语或非言语符号时，就产生了交际。在《跨文化交际学》中，他认为，交际受制于文化、心理等多种因素。但交际不一定以主观意识为转移，可能是无意识的和无意的活动，它是人们运用符号创造共享意义的过程，因此，我们说交际是一种运用符号传送和解释信息，从而获取共享意义的过程。

汉语“交际”一词指的是人与人的往来接触。英语 communication 来源于拉丁语 communicare，意为“分享”，可供分享的无非是信息，这些信息包括思想、消息、情绪、观点、态度等，分享的方式既可以借助于语言，也可以是文字、器物、视觉符号、肢体动作等。国内外学者对于交际的认识众说纷纭，不一而足。迄今为止，关于交际的定义有两百多种，在这些定义中，有的侧重交际的内容，有的关注交际的方式，还有的着眼于交际的符号特征。在此我们仅选取两个有代表性的观点加以简单的介绍。

丹斯（Dance，1970）从三个维度对交际进行了论述，分别是：观察的层次（Level of observation）、意向性（intentionality）以及规范性评价（normative judgement）。观察的层次，又称抽象化（abstractness）的程度，指的是交际具有较高的抽象性和概括性。意向性指交际行为是有意为之还是无心之举。在实际的交往过程中，交际双方在信息的传递和接收上并不总是处于一种完美的状态，一方主动地、有意地传递某种信息，另一方却可能视而不见或无法理解，导致交际的失败。又或者，一方做出某个动作，该动作在本民族文化语境下表现为一种积极的态度，但在另一方的文化背景下却可能被解释为冒犯和侮辱，从而引发交际危机。规范性评价是对交际成功与否的判定。交际的成功，可以表述为，一个完整的交际过程其终点的表现形式。有人主张信息接收者对信息的准确理解是判定交际是否成功的标准，然而现实的交际过程中却处处存在误解或困惑，这两种情形都是未能对信息做出正确的理解所致，因此我们主张，只要有信息的传递，无论接收者理解与否都是交际的达成。

综上，交际的发生首先是自身的需要，同时又需要他人的参与。交际的实现不仅需要信息的编码和解码，同时也表明了信息双方之间的关系。例如，在信息内容不变的情况下，使用不同的语气揭示了对话双方之间的关系。“麻烦您关一下窗户。”“小张，关一下窗户！”第一个情景很可能是两个陌生人之间的对话，第二个情景则可能是上级对下级、长辈对晚辈所说的话。交际不是简单的信息传递，而是一个极其复杂的概念，它涉及信息传递的方式、交际双方的关系、性格、言谈举止等。

因此，交际是一种行为，它是人们相互之间有意或下意识的一种信息交换。比如一句话，一个眼神，举手投足之间都能够传递某种信息，这种信息包括需求、愿望、感觉或态度等，其他学者称之为关系。交际的构成要素有：信息、信息发出者、信息接收者。在交际过程中，信息接收者既可以是信息的主动接收者，也可以是被动接收者。尽管交际能够突破时空的限制，比如网络的普及使得信息的传递在时间上没有延迟，也突破了距离的约束，但是成功的交际仍然需要交际双方共享一定的文化背景，否则就会导致交际的失败。简而言之，交际这个概念的复杂性丝毫不亚于文化，随着时间的推移，对于交际的认识必将获得进一步的深化。

随着交际学在美国的兴起、发展和逐渐成熟，“交际”的概念连同这门学科一起被迅速地传播到世界的各个国家，本书所提及的“交际”一词，主要是指英语中的“communication”，不同语言间文化习俗的比较就是帮助在跨文化交际中不同文化背景下的人们互相了解，获得更多“共有”和“共享”的共同点。从而消除跨文化交际过程中的障碍。

1. 交际及构成因素

交际的过程包括信息源、编码、信息、渠道、干扰、信息接收者、解码、信息接收者的反应、反馈以及语境十个要素。

（1）信息源。通常指具有交际需要和愿望的具体的人。信息源是消息的制造者。贾玉新指出，所谓需要就是指希望别人对自己作为个体而存在的认可，对自己思想的共享或改变别人态度和行为的社会需要；而愿望则是指试图与别人分享自己的内心世界的欲望。因为交际过程通常由一人以上参与，所以交际中通常有多个信息源共同存在。

（2）编码。交际过程中人们不能直接共享观念和思想，而必须通过符号的辅助。人们把思想付诸符号的形式表达出来，这个把思想转化成符号的过程即称为编码。贾玉新指出编码是一种心理活动，是一个依据社会、文化和交往规则，语言本体的词法、句法等规则对语码进行选择、组合和创造信息的过程。人们表达同一思想的符号并不相同，往往受到文化的影响。人们的思想可以通过语言或非语言符号的形式表达。

（3）信息。信息是编码的结果。编码是行为，是动词；信息是结果，是名词。信息表达了信息源想要分享的想法和感受，是信息源内心所思的具体表现，它是交际个体在时空中某一特定时刻的心态的具体写照。信息可以通过语言或非语言符号表达出来，包括词汇、语法和思想的组织，外貌特征、动作、声音以及个人性格的某些方面。每一个信息都是独一无二的。即使又制造了同一个信息，接收该信息的方式会有所不同，发生的情景也不同。

（4）渠道。所谓渠道就是传递被编码的信息的途径。渠道是把信息源和信息接收者连接起来的物理手段或媒介。信息传递的手段多种多样：可以是书面形式的，如书信往来、书刊、报纸、告示等；可以是电子形式的，如电话、电视等；还可以是声波和光波形式的，如广播、录音、图片等。例如：在面对面交谈中，声波和光波就是渠道；在书信往来中，光波是渠道，但是信纸和文字本身也是信息得以传递的渠道。除了使用书籍、电影、录像带、电视机、电脑、广播、杂志、报纸、图片等信息传递的渠道，人们还通过嗅觉和触摸来传递信息，它们也是渠道。

（5）干扰。所有影响信息的因素统称为干扰。干扰又有很多种不同的形式，可以大致归为三类：外部干扰、内部干扰和语意干扰。外部干扰指分散人们对信息的注意力的声音、图像和其他刺激物。外部干扰来自外部环境，阻止信息的接收，如你和朋友聊天，这时直升机从头上飞过，你们听不到彼此说话，马达的轰隆声就是外部干扰。内部干扰指干扰人们注意信息的思想和感受。内部干扰指信息的发出者或接收者的思想和感受没有集中在交际本身，而集中在其他的事情上，如上课时学生们饿了，想着午餐，而没有集中注意听课。有时，人们的信仰和偏见也会成为内部干扰。语意干扰指信息源发出的信息符号包含多个意思而造成的干扰。

（6）信息接收者。信息接收者是接收并注意信息的人。信息接收者可以是有意图接收信息的，如他就是信息源意欲交际的对象；也可以是无意图的，如他恰巧听到了某个信息。交际通常是一个连续不断的、反复的过程，交际中人们通常既是信息源又是信息接收者。

（7）解码。解码是与编码相反的过程，也是一个对信息加工的心理活动。信息接收者积极地参与交际过程，赋予接收到的符号信息含义。

（8）信息接收者的反应。信息接收者的反应指信息接收者在解码后的行为。信息接收者的反应可能是对信息源的行为听而不闻，视而不见，不采取任何行动；也可能是采取了信息源所期待的行为，甚至可能是信息源不希望看到的行为。

（9）反馈。反馈是信息接收者反应的一部分，是被信息源接收到，并且被赋予含义的信息接收者的反应。不同的读者阅读同一本书后会有不同的反应，但是只有读者参与了某项调查，或者是给作者写信谈了自己的感受，反馈才发生。反馈对交际有十分重要的意义，交际者可以通过反馈来检验是否有效地传达和分享了信息，以便及时对自己的行为做出调整。一般来说，面对面的交谈中，交际者得到反馈的机会最多。

（10）语境。语境是交际中的最后一个组成部分。所谓语境，就是交际发生的场所和情景。语境可以是物理的，社会的和人际的。交际发生的语境能够帮助人们更加深入地了解交际。比如一旦人们了解了交际发生的物理语境，某种程度上就可以准确地预测所发生的交际。

（二）交际的特征

基于交际的定义，我们知道。交际通常指人与人之间相互作用而产生的一个过程。这个过程由传递方、接收方、信息、传媒、噪声等因素构成。

1. 交际是一种运用符号的过程

特定符号能够表达一定的意义，这是因为一个群体的成员对于某一符号所代表的意义已经达成了相对一致的认识。在这里，符号可以是一个动作、一个眼神、一件物品或是一句话，它是表达意义的有效单位。来自同一个文化背景下的两个人比较容易通过交流来达到交际目的，因为他们对于同一符号的表述意义有着相近的理解，但绝对不是一模一样的复制理解。而对于来自不同文化背景的人们来说，他们对于同一个符号可能就会有大相径庭的会意，容易造成交际上的不顺畅。

2. 交际是一个传送和解释信息的过程

一个交际过程的组成因素包括传递方、接收方和信息等。由一系列特定符号形成表达一定意义的符号群所传递的就是“信息”。信息传送是指将思想、情感或态度等转换成他人可以理解的形式的过程，其中，传送信息的形式可以是书面语言的，也可以是非语言的，解释信息是指根据一定的环境理解信息所承载的意义，其意义是信息接收者对信息的自身理解。因此，同一文化背景下，不同交流者对于同一信息有不同的理解，信息的传送者和接受者对信息就会有不同的会意。而对信息理解意义的不同就决定了交际是否成功，是否会出现较大障碍导致交际无法继续进行。此外，在传递方和接收方进行的交际中，信息的传送和解释不是一个静态的过程，而是一种动态的、处于变化之中的过程。同时，交际还是一个不可逆转的过程，也就是说，交际中一旦发出的信息被对方接收以后，就不可能反悔重来，即便经过修正后重新发出，对接受者而言，那又是一个新信息。交际的过程一旦完成，就是一个不可撤销的过去完成时。

3. 交际是一种共享意义的获取

交际中，传递方和接受方传送和接受的是一系列符合所表述的信息，也就是说，信息可以被传递，而信息的意义则取决于传递方和接收方的会意与理解，因为它的意义受社会中众多因素的影响和制约，如双方的文化取向、社会地位以及交际发生的场合等。成功的交际过程要求发送者在发送信息时将他要表达的意义赋予特定的“符号串”，同时，必须考虑到信息发送的环境、方式、渠道等因素，接受者通过接收“符号串”来获取信息意义。此时的信息，虽然与发送者所要传递的意义有一定的误差，但是仍然可以看作是发送者和接受者所共享的意义。因此，交际是信息接收者与发送者共享意义获取的过程。

4. 交际活动是一个有规律可循的行为

交际可以分为言语交际和非言语交际。言语交际需要遵循一定的语法、语用和语篇规则，非言语交际也需要遵循一定的社会文化规则，这就导致不同文化背景下的交流者进行交际时，往往因为上述规则不同而使交际变得举步维艰。但是，只要双方掌握了这些不同文化背景下的社会文化规则，就能够实现有效的跨文化交际。此外，交际双方可以根据交际活动的规律性预测交际行为的结果，预测的准确程度则取决于对交际因素的掌握程度。贾玉新认为，同一个文化背景下，人们的交际遵循的是同一套规则，因此更容易预测交际行为的结果，而不同文化背景下人们交际遵循的可能是两套不同的规则，或者一方对另一方的规则不太熟悉，这都会导致交际者在交际时出现一定障碍。但交际具有适应性的特点，处于交流中的人总是有意无意地尽力适应对方、适应各种外界的社交环境。

三、文化与交际的关系

霍尔（1988）提出“文化即交际，交际即文化”，这一论断概括了文化与交际的关系，即两者难分彼此、互相缠绕在一起。文化的产生、代际传递等有赖于个体与个体、个体与群体之间的交流，在这个意义上，整个人类社会的文化就是交际的产物。交际不能在真空中进行，交际双方都带有某种文化特质。文化与交际相辅相成，文化决定着交际模式，有着相同文化背景的人们在交际中视为理所当然的事情，在其他者文化中可能具有不同的，甚至相抵触的含义。交际又反作用于文化，高语境文化和低语境文化之间没有不可跨越的鸿沟，在全球化的今天，两者之间可能发生转变。由此可见，文化和交际具有高度的关联性，两者的区别在于文化侧重结构，而交际侧重过程。交际是文化的一部分，文化认同是交际得以进行的前提，而交际又为我们体认不同的文化提供了必要的途径。

文化与交际之间的关系非常密切，两者之间的界限并非一目了然、清晰可辨。一个民族的文化表现为它的绘画、建筑、文学、信仰、道德、法律等，但是我们如何体认这些具体的表现形式呢？答案是必须借助于交际。比如我们从简·奥斯汀的小说中能够感受到18世纪英国乡村的社会道德标准，这表明文学作为文化的一部分，是以文字编码的形式向我们传达出一种特定的信息。从最宽泛的意义上来说，文化即交际。

此外，价值观、伦理道德等在指导和规范交际行为中发挥着关键作用，比如在美国，询问别人的年龄和收入是不礼貌的，在中国却是可以接受的。再如，在中国，在公交车上给老人让座是一种美德，在美国如果这样做的话却会被视为对老人的歧视。显而易见，文化是交际的基础，文化不仅参与了交际的每一个步骤，而且决定着交际能否顺利进行。反之，交际也反作用于文化。交际的拓展和深入，有助于文化的发展。例如，历史上我国与其他国家的贸易往来和接触，在语言上留下了一些可供探寻的痕迹，表现为本族语言对外来词的借用。再比如，佛教自东汉时期传入我国，对我国人民的思想意识、文化艺术、民族关系、宗教信仰等都产生了极大的影响。交际对文化的影响还表现在人格的塑造上。就个体而言，他的价值观、人生观、世界观的形成要受到父母、朋友、周边人群的影响。个人的成长正是在与他人的交往中实现的，父母和老师教给我们社会成员必须遵守的一些规则和习惯，我们与朋友、同事之间的互相扶持促使我们进步，我们从陌生人的故事中获得正能量或吸取教训等。如果没有交际，个体文化的建立也就无从谈起。

总之，交际与文化二者是统一的。可以说，文化是冻结了的交际，交际是流动着的文化。具体来说，文化与交际的关系如下。

（1）交际受制于文化，文化影响着交际。交际行为是文化行为和社会行为，受到社会文化中世界观、价值观等文化核心成分的影响和制约。交际行为的译码活动也受制于文化特定规则或规范。交际双方共享一套社会期望、社会规范或行为准则时，才利于其交际的顺利进行。

（2）交际隶属于文化，并且是文化的传承媒介和编码系统。从社会学角度看，人们习得交际的能力是通过交际完成社会化的过程，又通过交际建立内外部世界。有了交际，人们的活动、文化才能得到存储和传承。

（3）交际在影响文化的过程中丰富着文化。二者相互依存、相互促进。另外，交际也给文化注入新的活力和增添新的成分。

（4）文化的差异性会使跨文化交际过程中意义的赋予变得更加复杂，从而导致编码人传递的信息和译码人获得的意义之间存在差距。

第二节　语言与文化

一、语言的本质与功能

（一）语言的本质

1.《韦氏新世纪词典》的解释

语言的定义是什么？这一问题很难回答。《韦氏新世纪词典》（Webster’s New World Dictionary）列出了“语言”一词最常用的几个定义：①人类语言（human speech）；②通过这一手段进行交际的能力（the ability to communicate by this means）；③一种语言和语义相结合的系统，用来表达和交流思想感情（a system of vocal sounds and combinations of such sounds to which meaning is attributed，used for the expression or communication of thoughts’and feelings.）；④系统的书写形式（the written representation of such a system）。⑤任何一种表达或交流的手段，如手势、标牌或动物的声音（any means of expressing or communicating，as gestures，signs，or animal sounds）；⑥由符号、数字及规则等组合成的一套特殊体系，用来传递信息，类似计算机信息传递（a special set of symbols，letters， numerals，rules etc. Used for the transmission of information，as in a computer）。

2. 学者的观点

不同的学者站在不同的角度，对语言的本质问题给予了不同的回答。

（1）从语言与人类精神活动关系的角度，施坦塔尔（Steinthal）提出，语言是对意识到的内部的、心理的和精神的运动、状态和关系的有声表达。洪堡特（Humboldt）认为，语言是构成思想的工具。

（2）从语言结构的角度，叶姆斯列夫（Hjelmslev）认为，语言是纯关系的结构，是不依赖于实际表现的形式或公式。

（3）从语言功能的角度，萨丕尔（Sapir）认为，语言是人类特有的，非本能地利用任意产生的符号体系来表达思想感情和愿望的方法。舒哈特（Shughart）认为，语言的本质就在于交际。

（4）从语言的心理和认知基础的角度，索绪尔（Saussure）认为，语言是表达思想的符号体系。乔姆斯基（Chomsky）认为，语言是一种能力，是人脑中的一种特有的机制。因此，语言学界还没有给语言下一个统一的定义。语言最简明、最直接的定义就是“语言是一种交际方式”。

（二）语言的功能

语言通过语音、文字等自身的符号系统赋予外部世界以意义。相同的事物或事件在不同文化中会引起不同的感受。语言学家奈达（Nida）指出语言的功能包括心理学功能和社会学功能。世界上的语言包括几千种。以下将具体阐明语言的功能和分类。

1. 语言的心理学功能

语言的心理学功能是人们用来与客观世界相互沟通的手段，是人们认知外部世界的心理过程，是内隐的、主观的功能。它可以细分为命名功能、陈述功能、表达功能、认知功能和建模功能等五种。

（1）命名功能。命名功能指的是语言被用作标识事物或事件的手段。赋予个人体验以名称，这是人类的一种强烈的心理需求，这种需求蕴含着重大意义。大部分小孩子对掌握生词有一种迫切的要求，这一点也就表明了掌握鉴别事物的符号的重要性。只有掌握了鉴别事物的符号，似乎才算是掌控了这类事物。

在人类还没有语言之时，世界万物在人类的心目中也会留下不同的印象，从而人们可以感觉到它们之间的差异，并且通过不同形象的识别来分辨它们，但人类却无法表达出来。也许在人们的大脑中只存在一些有关这些事物的简单的意会，而且没有标识的事物一旦多起来，会造成混乱。例如，人们第一次见到一只兔子时，只知道它在田野里跑得很快，并不知道它是什么，只能在脑子里记住它的形象；然后当人们第一次见到荷花时，也不知道它是什么，但能感觉到它与之前看到的事物的差异，也只能在脑子里记住它的形象；随着脑子里的事物越来越多，而且都是叫不出名字的事物，这时记忆必定会变得混乱。在这种情形下，人们就有了为事物命名以示区别的客观需要，一些名称相继出现。随着语言的诞生和不断完善，为事物命名以及赋予事物以意义这些问题就得到了很好的解决，使得人类的记忆力得以提高，进而发展了人类的智力。

（2）陈述功能。陈述功能指的是语言被用作说明事物或事件之间的关系的手段。随着人类文明和社会的发展，仅有命名功能还不足以满足人们的交际需求。现实生活中人、事、物之间总是发生着各种隐含或外显的关系，而且人们往往有表达这些关系的需求。于是，最初人类就采用一些主谓句式或者“话题—评述”的功能语法结构等来表达事物之间的关系，从而形成一个个命题。但是通常情况下，一个命题显然无法满足人们交际的需要，于是人们就创造出若干命题，从而形成了篇章。因此，人类就慢慢学会了表达复杂的命题。例如，我们看见羊群在吃草，我们就会说：“羊群正在草地上吃草。”草地上的牧羊人跟我们打招呼：“嗨！你们好呀！”然后我们想把此事告诉家人，我们就会对家人说：“今天我们去了草原，在那里我们受到牧羊人的热情欢迎。”这个例子中既有单个的命题，也有多个命题构成的篇章。

（3）表达功能。表达功能是指语言被用作表达主观感受的手段。它可以是简单的词语，也可以是短语或完整的句子。它是人们对事物做出的强烈的反应，也就是人们对生活中喜怒哀乐等情感的表达。例如，当人们遇到好事、喜事而表示高兴的心情时，他们会说“Hurrah，we’ve won!”。当人们遇到或听到可怕的事情而感到恐怖时，他们会说“Oh，how horrible!”。当人们表示同意、赞成时可以说“Ok，you can go.”。语言的表达功能也可以指人们仔细推敲词句结构、韵律、语篇框架等，以达到传达内心情感的效果，如演讲词、散文等。这样，语言就具有了美学意义。

（4）认知功能。认知功能是指语言被用作思考的手段或媒介。它是语言最重要的功能。人们的思维活动是以语言为载体进行的，即用语言进行思维。一切复杂的、精密的、抽象的思维都离不开语言。语言帮助人类进行抽象、推理、判断、分析、比较、概括等更高层次的思维，从而使人类的头脑越来越发达，进而创造出丰富多彩的物质文明和精神文明，构筑了灿烂的文化。例如，当牛顿看见苹果从树上掉落下来时，勤于思考的他竟然苦苦思索“Why does the apple fall down to the ground instead of flying up toward the sky？What force is it that gets it down？”。当我们走在街头忽然发现前方道路上围了一堆人之时，我们往往禁不住会想“What has happened？ Oh，there must be an accident. Is there anybody injured？”。可见，人们进行思维时，就是在对客观世界进行认知，而语言在人们的思维活动中发挥着认知的功能。

（5）建模功能。建模功能是指语言被用作构建反映客观现实的认知图式的手段。随着人类的认知能力和语言表达能力的提高，以及语言文化的发展，词语就能提供一种观察世界的图式结构，因此全部词语符号系统就形成了反映大千世界的模型。在这个模型中，词语可分成若干层次，当代语言学称层次在下的词为“下义词”，层次在上的词为“上义词”。最底层的词语指的是具体事物，层次越往上，词语所指越宽泛。上义词和下义词也是相对而言的。随着新事物的出现，曾经的下义词可以变为上义词。例如，在远古时期，“树”只是个孤零零的无法再分的下义词，随着人类认识能力的增强，人们发现“树”可以分为很多种类，包括“松树”“柏树”“杨树”等，这样“树”这个词就升格成了上义词。这种由上义词、下义词构成的词语系统全面地反映了大千世界的事物类型。语言的建模功能不仅提升了人类认识客观世界的能力，同时也促进了人类语言能力的提升，从而增强了人类对自身主观世界的认识能力。

2. 语言的社会学功能

所谓语言的社会学功能是指语言被用作进行人际沟通的手段。它是人们进行沟通的心理过程，体现的是语言的交际功能，是外显性的、交互性的。语言学家奈达将社会学功能进一步细分为人际功能、信息功能、祈使功能、述行功能、煽情功能等五种。

（1）人际功能。人际功能是指语言被用作维持或改善人际关系的手段。人们为了维持或改善人际关系，会根据场合、身份的不同而采用不同的用语，包括礼仪用语、正式用语、非正式用语等。这样，一来可以获取别人的好感，二来可以彰显自己的身份地位。有权势的人在和地位低于他们的人交谈时，往往会用一种屈尊俯就的口气，而一些想讨好有权势者的人会曲意逢迎地和权势较高的人说话。这些现象在语言学家看来属于语言人际功能的过度运用。有时人们谈话只是单纯地出于维持交往、保持亲密的需要。例如，鸡尾酒会上的交谈会话的语义内涵常常为零，但为了创造一种开心惬意的氛围，人们就不断闲聊一些不相关的琐碎小事。在此种场合，所说的话大多属于过场话、客套话之类。

（2）信息功能。信息功能是指语言被用作传递信息的手段。一般来讲，人们在说话时都是在传递某种信息，从而发挥着语言的信息功能。但有一点需要强调，即所传递的信息必须与信息接收者已有的信息结构相匹配，否则信息接收者将无法接收所传递的信息。最典型的例子是课堂教学，教师必须在学生现有的知识结构的基础上传授知识技能，这就使得“因材施教”变得非常重要。不仅仅是教学内容，教学语言也应随教学对象的变化而变化。

（3）祈使功能。祈使功能是指语言被用作发布指令的手段。在语言交际中，人们常常会彼此提醒、告诫、请求等，此时多采用祈使句型。例如，医生建议患者：“Eat more vegetables but less meat.”母亲提醒儿子：“Be quick or you'll be late!”这样的例子不胜枚举，语言都在发挥着祈使功能，它会影响受话人的行为举止。

（4）述行功能。述行功能是指语言被用作宣布行为或事件的手段。说话人大都是权威人士或代表着权威机构或组织，所用语言也都是十分正式、结构规范的词语和句式。说话人的讲话内容与受话人密切相关。例如，婚礼上神父或牧师向新婚夫妇以及众人宣告“I pronounce you man and wife.”。记者招待会上，科技部的发言人向记者宣称“Our spacecraft will travel to the moon in two years. And you will be lucky to get the chance to watch it's take off on the site."。

（5）煽情功能。煽情功能是指语言被用作煽情的手段。在很多情况下，人们运用语言只是想打动听话者的心弦，影响他们的情绪。所用词语的联想意义或内涵意义越是丰富，就越能达到煽情的目的。例如，政治家的语言可以鼓舞国民的士气而使他们同仇敌忾，广告宣传员的语言可以勾起消费者的购买欲，慈善活动组织者的语言可以触动人们的恻隐之心。总之，通过选用恰当的词语，发话者可以有效地激发受话者的情感，所激发的情感范围不受限制。

需要强调的是，语言的五种社会学功能在具体运用中是相互联系的。通常，语言会同时涉及几种功能，只是各种功能所占的比例不同。

二、语言与文化的关系

（一）语言对于文化

1. 语言是文化的载体

语言对文化的影响巨大。思维是建立在文化的基础之上的，而思维又是以语言为唯一载体，所以语言不仅体现着文化，也极大地影响着文化。在思维的前提下，人类才会培养出自己的世界观、人生观和价值观等一系列文化要素。而且，语言对人类思维的质量也有一定影响，从而影响文化的发展。语言记录并传播着文化。语言让文化在同代人以及不同代人之间传承。

文化的载体具有多样性，而且文化与载体之间是相互渗透、相互依存的。语言作为文化最重要的一种载体，它能起到长久保存文化知识的作用。语言见证并记载着文化的演变，是调查民族文化的宝贵途径。语言研究可以使人们了解思想观念的继承、意识形态的演变以及思维模式的延续。有了语言的产生和发展，才有了文化的产生和传承。没有语言的文化，或者没有文化的语言，都是不可能存在的。同时，文化又时刻影响着语言，使语言为了适应文化的发展而不断精确化。语言承载着文化，文化蕴含着丰富的语言要素。除了语言以外，文学、艺术、建筑等都是文化的载体。语言之所以是文化最重要的载体，主要有以下几种原因。

（1）语言反映了语言运用者的知识文化。人类借助文字将各民族的知识文化记载下来，传于后世。

（2）语言反映了语言运用者所处社会的生产力水平和生产关系。

（3）语言反映了语言运用者的生活方式和行为准则。

（4）语言是人类思维的载体。语言是人类自身的一个组成部分，它浸润于人类的思维及观察世界的方式之中。

（5）语言反映了语言运用者的思维模式和思维内容。

（6）语言反映了语言运用者的情绪模式和情感指向。

2. 语言是文化的风向标

语言在一定程度上引导着文化。因为语言可以引导人们去了解某种文化认识外部世界的方式，而且不同的文化由于面对不同的客观现实，会创造出不同的语言。人类的语言与文化身份之间并不是一一对应的，但语言却敏锐地反映着个人与特定社会之间的关系。在不同的历史时期，语言质量表现出不同的状态；即使在同一历史时期的不同群体之间，语言质量也是有差别的。早期人类的语言显然不如现代人的语言那么严密、丰富；生存于偏远地区的土著人的语言，就远不如多数现代人的语言那么有内涵和底蕴。语言在理解彼此、理解文化方面，起着不可忽视和替代的作用。要想了解一种语言，就必须了解语言背后隐藏的文化。语言差异引起人们感知外部世界的方式以及结果的差异。所以，学习语言与了解文化两者间是相辅相成的关系。

（二）文化对于语言

语言对思维有着不可忽视的影响，因此语言也就必然影响着文化，反过来，文化也深深地影响着语言。语言与文化充分地体现了民族的心理过程、推理过程以及思考问题的过程。

社会不断发展变化，与过去的十年、五十年甚至几百年相比，今天的世界是一个全新的不同世界。与此相对应，语言也发生了翻天覆地的变化。这种变化不仅仅表现在表达方式方面，也表现在各个领域所产生的海量新词汇上。所有这些都表明，丰富多彩的文化势必孵化出丰富多彩的语言。语言只是思维的载体，无法决定人们的思维。文化才是决定人类思维内容、模式和动机的关键因素。人们自从出生后就浸润在特定的文化中，形成特定的思维模式和价值观，并自觉地遵守相应的行为规范。因此，文化正是由于自身的熏陶力量，使人们形成特定文化认可的行为方式，从而与他人和睦相处，进而维持社会的稳定秩序。另外，文化也起到娱乐的作用。人们会享受到文化赋予的乐趣，如传统节日不仅可以增加人们有关文化传统方面的知识，还会带给人们乐趣。

第三节　跨文化交际

一、跨文化交际的起源与发展

世界跨文化交际的历史源远流长。古埃及在公元前 1750 年就有了埃及人与亚洲人交往的记录。公元前 1500 年左右产生于西亚的底格里斯、幼发拉底两河流域的乌加里特字母，很早就传到了希腊，故而今日的希腊字母和阿拉伯字母都是在乌加里特字母的基础上发展起来的。后来的拉丁字母、斯拉夫字母以及今天的英文、法文、俄文、德文、梵文等也都是乌加里特字母的进一步发展。公元前 4 世纪北起希腊，南到埃及，东抵印度的亚历山大帝国的建立，更促进了欧洲文明、阿拉伯文明和印度文明的直接交流、冲突和融合，影响和推动了世界文化交流的进程。而我们的祖先从战国时期赵武灵王引进“胡服骑射”到公元前 210 年秦始皇命徐福远涉重洋抵达日本，带去了中国的农耕文化和手工业技术，跨文化交流现象也可谓问世已久。公元前 136 年至公元前 126 年张骞通西域后，我国开始沿着陆地和海上的丝绸之路与世界各国人民进行文化交流。造纸、火药、指南针、印刷术的西传；中国与印度高僧的互访（如达摩东来，玄奘西天取经）；马可·波罗来华和郑和下西洋等也为跨文化交际做出了贡献。但多数人认为，真正意义上的跨文化交际研究源于美国，这是有一定的客观条件和文化背景的。

（一）跨文化交际的起源

第二次世界大战美国参战之后，其军政领导人面临着现实的策略问题：在自己所占领的岛屿上，美国如何确保土著居民与美军同在？当时美国官兵对这些土著语言和文化一无所知。许多人类文化学家被政府请来研究这些地区的文化。例如，我国读者所熟悉的本尼迪克特著的《菊花与刀——日本文化的诸模式》一书，就是这类研究的成果之一。通过这些研究，美国大众对文化人类学家刮目相看，文化研究被人们普遍接受。政界和学术界的人士们开始讨论文化的重要性。

第二次世界大战之后，美国成为超级大国，在世界许多地区建立了军事基地，这也促进了对跨文化交流问题的研究。联合国建立后，在国际事务中发挥了重要作用。世界银行、教科文组织、世界卫生组织、联合国粮农组织等国际性机构也纷纷建立。美国政府为了加强对世界各国的影响，就需要了解这些国家的政治、经济和文化。1953 年，美国国会通过法律，建立了“美国新闻总署”（USIA，1977 年改为“国际交流署”International Communication Agency）。该机构负责运用各种手段进行对外宣传，“美国之音”就是众多对外宣传的工具之一。

在经济方面，第二次世界大战之后，美国经济向世界各国渗透，跨国公司的迅速发展使美国与各国间的经济往来日益密切；实业家、商人、科学家、留学生、旅游者等多种形式的国际交往日益增多。在此期间，美国航空技术和通信技术得到迅速发展，喷气式客机可以在 36 个小时内把人们送到世界的各个角落。电视机的普及使大众传播媒介发生巨大变化。这些都促进了美国与不同文化国家的交往。

这些条件促进了文化人类学、社会心理学、教育学、传播学等学科对文化与交流之间关系进行系统和理论上的研究。20 世纪 50 年代在这一领域的开拓者是美国人类学家爱德华·霍尔（Edward T.Hail）。他多年来的工作重点是选拔和训练到国外从事政府和商业工作的美国人。他发现，美国人与他国人民相处时的许多困难是由于对跨文化交际知识异常贫乏而引起的。这方面的无知，可能使美国在海外的计划和巨大努力付诸东流。

美国丑陋的形象似乎与训练不良的外交人员和缺乏对其他者文化了解的出国人员有关。他认为，其中的一些问题可以通过跨文化交流的知识来解决。1959 年他的经典著作《无声的语言》（Silence Language）出版。该书中首次使用了“跨文化交际”（intercultural communication）一词。从某种角度来讲，该书的出版标志着跨文化交际学的诞生。该书综合了在理解文化和交流时的一些关键和基本问题，指出了不同文化对人际间距离(comfort zones）、对时间的感知各不相同，并由此产生对异文化的误解。该书大力推动了跨文化交际研究的发展，所以一些人们认为，跨文化交际学发源于文化人类学。

20 世纪 60 年代，美国国内以黑人为先锋掀起了少数民族争取民权的斗争，这对跨文化交际学也是一个促进。1964 年，美国国会通过了《民权法案》，政府开始正视国内的少数民族问题，正视少数民族文化合法权利问题。美国人认识到不同群体、不同文化群体之间的交流不但是国际性的问题，而且还是一个亟待解决的国内问题。此外，在美国侵越战争失败之后，来自印度支那的难民大批涌入美国以及中美洲国家，同时加勒比地区和墨西哥也有大批移民进入美国，这也增加了对美国国内跨文化交际问题研究的迫切性。在这一时期，学者们加强了文化与传播学的综合研究，跨文化交际在传播学领域得到了长足的发展。例如，奥利弗（Robert T.Oliver）在 1962 年出版的《文化与交际》（Culture and Communication）和史密斯（Alfred Smith）在 1966 年编辑出版的《交际与文化》（Communication and Culture）两本书，就是把文化与传播学相结合的跨文化交际研究的代表作。

20 世纪 60 年代，跨文化交际成为一门新兴的交叉学科。这个时期跨文化交际侧重于研究交际文化，它以研究语言与文化的关系为主旨，以提高语言教学质量和有效地进行跨文化交际为目的。这一学科的兴起和发展同语言教学和日益频繁的跨文化交往有着直接的联系。积极开展跨文化与不同语言关系方面的研究工作不仅有重要的理论意义，而且有极大的应用价值。随着研究的深入，20 世纪 60 年代中期，在美国匹茨堡大学、密执安州立大学等几所院校率先开设了该类课程。

20 世纪 70 年代初，美国的“言语交流协会”（Speech Communication Association）成立了“国际交流和跨文化交际问题委员会”（Commission on International and Intercultural Communication，20 世纪 80 年代中期成为一个独立的部门）。同期，“国际传播协会”（International Communication Association，20 世纪 80 年代中期改为“跨文化交流和发展交流部”），成为“国际传播学会”的 8 个分会之一。1974 年《国际与跨文化交际年刊》（International and Intercultural Communication Annual）第 1 卷出版，1977 年《跨文化关系国际杂志》（International Journal of Intercultural Relations）第 1 期等学术杂志出版。并且在 20 世纪 70 年代，出版了十多种跨文化交际的教科书或参考读物，如：阿森特等人编辑出版的《跨文化交际学指南》。更多的大专院校开始设立跨文化交际的课程。据美国“跨文化教育、训练和研究会”（Society for Intercultural Education，Training and Research，缩写为 SIETAR）的调查，1977 年在全美国有 450 多个教育机构教授“跨文化交际”课程（关世杰，2005）。有的大学还颁发跨文化交际学的硕士、博士学位，为跨文化交际培养了一大批优秀的学者。出现了专门出版跨文化交际领域的出版社，如 Sage Publications。

20 世纪 80 年代，跨文化交际从美国一国研究的冷门课题走向世界，得到世界越来越多国家学术界的重视，跨文化交际学的研究在其他西方各国迅速开展起来，成为一个世界性时髦课题，甚至吸引了不少业余爱好者。SIETAR 逐渐发展成为国际性组织。由于卫星和电视技术等通信技术的迅猛发展，跨文化交际这一学科有了进一步的发展。跨文化交际具有多学科性质，主要涉及文化人类学、社会心理学、社会语言学、传播学等学科。它除了研究文化的定义和特点、交际的定义与特征以及文化与交际的关系外，还着重研究干扰交际的文化因素。这些因素包括：语言与非语言手段、社会准则、社会组织、价值观等。语言包括词汇的文化内涵、篇章结构、思维模式及翻译等方面。非语言手段包括手势、身势、服饰、音调、微笑、沉默、对时间的不同观念和空间使用等。社交准则泛指人们在交往中必须遵守的各种规则及风俗习惯。社会组织指家庭中各成员的关系、同事朋友关系、上下级关系等。价值观念包括人与自然的关系、宗教关系、道德标准以及人生观、世界观等。跨文化交际的理论和研究方法、跨文化适应、语言和文化的关系、跨文化间的外交和谈判等都成了热门话题。各学科人士踊跃投稿，跨文化交际的刊物也越来越多，跨文化交际学的研究方兴未艾。

由于跨文化交际是应现代社会生活中迫切的实际需要而诞生的，这就使它一开始就带有明显的实用性。从 20 世纪 80 年代起，跨文化交际的理论被应用到国际商业和国际经济管理等实用部门。美国和欧洲一些国家还专门成立了进行跨文化交际的培训机构，用跨文化交流的知识培训经理人员，使他们具有与各种文化背景的人打交道的能力。跨文化交流培训班也日益增多。美国和欧洲商业界的跨国公司和企业，如洛克菲勒国际公司、国际商业机器公司和通用公司等为了满足国际业务需求，筹建了数量可观的“实用跨文化管理协会”和其他类似机构，以培养国际性谈判人员、产品推销人员以及驻外服务人员等（Philp，1987）。可口可乐公司，美国花旗银行、海湾石油公司、摩托罗拉公司、斯堪的纳维亚航空系统也纷纷建立了跨文化交际培训机构。美国的跨文化交际研究取得了世人瞩目的成就。

（二）跨文化交际在我国的引进与发展

跨文化交际研究在我国的历史较短，跨文化交际的研究也是我国进行国际交流的需要。随着我国改革开放形势的发展，我国人民同世界各国人民的接触日趋频繁。1983 年，何道宽教授首先发表了一篇有关跨文化交际的文章《介绍一门新兴学科——跨文化的交际》，1985 年，胡文仲教授发表了《不同文化之间的交际与外语教学》一文，但是在当时并没有引起人们过多的关注。20 世纪 80 年代后期，国内学者开始重视对这一课题的研究，开始逐渐把跨文化交际这一学科引进中国，而且一些研究成果逐渐问世。其中主要的著作有邓炎昌、刘润清的《语言与文化》（1989），《语言与文化——英汉语言与文化比较》（1989）；胡文仲的《跨文化交际与英语学习》（1994），《文化与交际》（1994），《英美文化辞典》

（1995）；段连城的《对外传播学初探》（1988），《美国人与中国人——中美文化的融合与撞击》（1993）；连淑能的《英汉对比研究》（1993）；关世杰的《跨文化交际学》（1995）；林大津的《跨文化交际研究》（1996）；贾玉新的《跨文化交际学》（1997）。这些著作的问世对中外语言和文化的对比研究做出了重要探索并具有指导性意义。特别是最近十几年来，有关跨文化交际学的著作大量出版，有关跨文化交际学的文章更如雨后春笋。1995年8月，中国跨文化交际研究会在哈尔滨成立，迄今已组织了六届全国性的跨文化交际研讨会。“第十四届中国跨文化交际学会国际研讨会”将于2018年6月8日—10日在山东济南召开。大会将邀请国内外跨文化交际领域的知名学者做主旨发言和专题发言，并组织分组发言、团队展示、圆桌发言、工作坊等交流形式。这次盛会必将给中国的跨文化交际研究带来巨大的推动作用。

这些会议显示了我国学术界对跨文化研究的重视，扩大了跨文化交际研究在我国的影响，提高了广大外语教师的跨文化意识。虽然我国学术界对跨文化交际的研究从未中断，但对跨文化交际研究有建树的著作和论文不多。我国学者对跨文化交际研究在很大程度上仍然处于介绍和引进国外研究成果阶段，我们自己的理论和应用成果还相当不足。正如刘润清先生曾经指出的那样，国内跨文化交际学研究“零散罗列现象为多，整体系统研究居少；低层次概括为多，高层次的抽象居少；实用性建议为多，理论建树居少”。跨文化交际学在学科发展和课程设置上得不到应有的重视限制了该学科在中国的发展，因此，我们有必要引进科学的研究方法，进行系统的基础理论研究和深入的专题研究，进一步夯实跨文化交际学的研究基础，拓展其研究深度和广度，尽快确立和提升跨文化交际学在中国的学术地位。其次，我们还应在学习和借鉴其他国家相关研究成果的同时，开展一些适用于中国国情的跨文化研究，进行中西方文化对比研究，并尽可能将研究成果应用到教育、科技、文化、商业等领域的实践中去。对跨文化交际学科的研究将有助于我们对世界各国文化的了解，有助于各国人民之间达到真正的沟通。对跨文化交际能力的掌握，可帮助人们预见和解决交际中出现的问题。具备这种能力能改善人们的自我认识，促使人们对自己文化的重新审度，从而更好地适应社会。这种个人心态也促进了这一领域的发展。

另外，对这一领域的研究，可以拓宽语言研究的社会面，把视野转向广阔的文化层面上。使语言研究和跨文化研究有机地结合起来，不仅理论上必要，而且对于外语教学实践有实际意义。这种跨文化交际的动力使广大师生认识到，语言能力教育已远远不能满足他们的需求，跨文化交际能力才是外语教学的最终目的。语言教育在很大程度上应是文化教育，不少学者们还认识到，外语教学需要跨文化交际的理论作指导，即一种能为外语教学提供大量跨文化差异的事实，提高学生对文化差异认识的直觉敏感性，而且在理论上能对交际行为的差异追本溯源，引导和提供人们对交际差异进行分析和解释的理论。对这门学科的深入研究，不仅提供探讨语言交际的新的理论依据与角度，而且使外语教学的内容得以充实与丰富。当今地球上时空的紧缩，使人们对跨文化交际产生一种使命感，感到它是历史赋予我们的责任。

霍尔说："我深信存在于我们和其他国家的人们之间交际的障碍很多来源于对跨文化交际所知甚少。"（Hall，Edward，1959）在各种文化交织的时代，人们面临新的选择，不同文化间的交往、合作和相互依存已经成了新的生活方式，这种时代特点也促使人们普遍意识到跨文化交际研究势在必行。

二、跨文化交际的概念界定

（一）跨文化交际与沟通能力

所谓跨文化交际，是指具有不同文化背景的人，相聚在一起，通过交流和沟通，分享各自的思想、感情和信息。跨文化交际的英语名称为 Intercultural Communication，早期也称为 Cross-cultural Communication。跨文化交际学最先在美国兴起，并形成了比较完整的学科体系，目前美国的跨文化交际学在世界上具有领先水平。美国本身是一个移民国家，来自世界不同区域的具有不同文化背景的人相聚后，文化碰撞时有发生。同时，来自世界各地的移民都竭尽全力地维护自己的文化和传统不愿意改变，从而形成了美国当代的多元文化格局和文化大熔炉的局面。在这样的情况下，跨文化交际的策略和手段的研究，引起了美国学者和各界人士的广泛关注。

近年来，跨文化交际学已发展成为一门被国际学者们充分重视的集人类学、语言学、心理学、传播学、社会学等为一体的综合性学科。学者们除了探索跨文化交际与语言的关系外，还大力探讨跨文化交际与沟通能力二者之间的关系，力图把跨文化交流能力的培养与个人沟通能力结合起来，提升学生在个人沟通能力建立中的语言文化意识（cultural awareness）或文化敏感性（cultural sensitivity）渗透，进而将个人沟通能力发展成为一种真正意义上的跨文化交际能力（cultural communicative competence）。在国际社会大变革时期，不同文化背景的人们都渴望进行思想文化的交流、交融和交锋，这样才能让不同文化族群的人们在日常交往中逐步相互理解和认同。

跨文化交际中的沟通能力，是指在交际过程中，交际者通过表达、争辩、倾听和设计（形象设计、动作设计、环境设计），实现自我意识和思想的转换和传达，从而被他者文化者接受的能力。跨文化沟通能力看起来是外在的东西，实际上是交际双方个人素质的重要体现，它反映着一个人的知识、能力和人格魅力。跨文化交际的沟通能力，特别强调沟通双方所具备的能胜任的个人化主观和客观条件。在跨文化交际中，一个具有良好沟通能力的人，可以将自己所拥有的专业知识及专业能力充分发挥，这也是决定交际是否成功的必要条件。

总之，跨文化交际活动特别强调不同文化背景的人的沟通能力，这有利于双方通过清晰的思维有效地收集信息，并做出逻辑的分析和判断，从而让他者文化者快速接受，完成有效的交际过程。如果没有清晰的思维和准确的逻辑判断力，再好的语言技巧，也不可能实现交际环节的传达、说服和感染。跨文化交际中的沟通特别注重思维与表达，这主要是指思维的交流和语言的交流。如果只重视语言的交流，任何人都不能摸透对方心里的真实想法，也不能实时把握对方的思维方式和思维习惯，这样就无法让跨文化交际从语言层面提升到思维层面，完成交际的全过程。真正意义上的跨文化沟通者更容易与别人建立并维持广泛的人际关系，更可能在人际交往中获得成功。可见，跨文化沟通者一定要及时了解交际对方的心理活动和思维倾向，并根据解码信息来调节自己的沟通方式和环节。

跨文化沟通在向对方展示自己的心理意图时，要注意使自己被人充分理解，并辅之以直观的言语、动作，使得沟通信息充分而不冗余，这是最佳的信息沟通和行之有效的交际方式。比如：聆听式沟通让人从一个专心听讲的人的角度，捕捉说话人的信息并进行信息加工，通过聆听产生沟通欲望和完成沟通过程。同时，注意不要陷入沟通辩论中。跨文化交际一定要让他者文化背景的人接受你的想法，才能让对方向你打开心扉，对方心扉没有打开前，真正的沟通是不可能发生的。心理学家研究发现，一个人跟别人交流过程完成以后，所留给人的印象和感觉，只有 20% 与谈话的内容有关，或者是只有 1/5 的部分留在别人的记忆中。其余 80%，或 4/5 的内容则取决于别人对这个人的总体感觉和外在印象。若一个人强词夺理，即使有理，到最后也只会给别人留下一个咄咄逼人的印象。与其得理不饶人，不如采取得饶人处且饶人的方式妥善处理，接纳对方，换位思考，获得交际的成功。

（二）跨文化交际与人际关系

在跨文化交际中，人际关系需要处理好人情、人伦和人缘这三位一体的关系，换句话说，处理好这个关系意味着跨文化交际的成功。人情是媒介，促使跨文化交际的感情认同和接受，如中国人常说“买个人情”“送个人情”或“讨个人情”“求个人情”，这说明人与人之间的交往是建立在情感创设基础之上的。人情到了，隔阂没有了，感情也变得融洽了。人伦体现的人际关系，根据《说文》中说的“伦，辈也”，后又引申为“类”“道圣”“文理”和“人与人的关系”。这说明人伦在跨文化交际中，要求交际主体具有规范的人伦道德典范和人格魅力，充分展示合理化的人际秩序。在《现代汉语词典》中，人缘或缘分，指的是人与人之间本身具有的天然联系，或者是自然而然的人与人或与事物之间的关联性。

跨文化交际中的人际关系，是指具有不同文化背景的人与人之间的互相认知、互识和认同。这表明不同文化背景的人与人之间，在互相交往的过程中，完全能够通过思想、感情、行为表现的互相交流，产生源于本能的互动关系。这有利于建立多元文化的幸福人生、和谐组织和稳定世界之格局。尤其是人和环境相互连接与驱动，环境带动人际关系向良好的方向发展，人在环境中认定自己的身份和角色，为跨文化交际搭建友好的人际关系。处理好跨文化交际的人际关系最好的方法就是，交际双方彼此之间尽量传递真实的情感、态度、信念和想法。让自身的思想深度被他者认识及接纳，以诚恳的态度、谦卑温柔的心、适度的自我表达去打动和感染对方，以此寻求共同之人生观、价值观之趋同和认同，消除不同文化背景的人际障碍。

跨文化交际中的人际关系表现的是跨文化交际中人与人之间合理的分际与职分，《论语·颜渊篇》：“齐景公问政于孔子。孔子对曰：“君君，臣臣，父父，子子。”强调君臣父子各司其职，各行其道，各守分际，各尽职分。这种人际关系模式让每个组成分子享有各自职能，均能按其角色、职责、位置而有适当之思想、言语、行为模式及价值观，从而形成良好的交往和谐气氛。

跨文化交往中的人际关系，还特别注重具有不同文化背景的人们彼此间的情感融洽和交往。相互间感情的传递使彼此接近和相互吸引，形成共鸣，即使是观点互相排斥分离，也会获得感情的认可。彼此间的相互重视与心理支持是跨文化人际关系的基础，每个人都有相互厚爱和受人尊敬的需要，这是跨文化交际的人际交往中的心理相容，即指具有不同文化背景的人与人之间的融洽相容关系，尤其是指人与人相处时的容纳、包涵、宽容及忍让。即使有时候存在观点的分歧，也会不遗余力地寻找共同的意趣，相互间奠定谦虚和宽容的良好氛围，做到心胸开阔、宽以待人、不计前嫌、宽宏大量。信用也是跨文化交际的人际交往的基本准则，指的是待人诚实、不欺骗、遵守诺言、以诚相待和不卑不亢，在自信中表现谦逊和不矫饰做作、故弄玄虚。自信心可以让人快速获得别人的信赖，同时，容易激发别人乐于与之交往。

（三）跨文化交际的表现形态

跨文化交际可表现为跨文化的语言行为（verbal behavior）交际和非语言行为（nonverbal behavior）交际两种。人类学家爱德华·萨丕尔（Edward Sapir）认为，非语言行为交际是“一种不见诸文字，没有人知道，但大家都理解的精心设计的代码”。这表明，非语言跨文化交际行为无须用语言表达，是在无语言观照之下进行的交际行为，通过交际双方的感知进行，类似于心有灵犀一点通。非语言交际行为不再注重语言的内部结构本身的交际价值所在，而更多地转向了语言所生存的社会背景和语言之外的外部系统。跨文化交际的语言行为和非语言行为两大交际系统，也是相辅相成的关系，二者相互弥补和相互贯通，互相映衬和相得益彰，组成了比较完整和丰富的跨文化交际系统。在跨文化交际过程中，交际者双方有时通过语言行为，有时通过非语言行为，互相沟通和展示心扉，更多的时候也交替使用两种跨文化交际手段传递各种有效信息，进而表达丰富而细腻的思想感情。以往的跨文化交际行为偏重于语言本身结构的跨文化交际功能，不重视非语言行为的交际功能的应用。

1. 语言行为（verbal behavior）交际

语言是一门艺术，语言行为交际是利用语言完成的交际行为，也就是利用所说的话或写出的文字来达到交际的效果。语言行为交际的实质是交际主体根据对自己角色和语境的定位和选择，去组织有效的话语，以实现自己交际的全过程。比如利用话语因素，如语音和话语节奏来达到言语交际的最佳效果；充分利用语言的抑扬顿挫、轻重缓急来进行双方思想感情的沟通。如果语言表达得单调呆板，很难吸引听者的注意力或激发听者兴趣。要成为真正的跨文化交际高手，首先要成为善于运用语言技巧的艺术家。因为语言交际本身是一个说与听的互动过程，交际是否成功取决于是否理解对方的语义。

语言行为交际是一个依赖交际主体语言行为的双向互动过程，包括说话者的话语选择和听话者对话语的理解。语言行为交际话语选择和理解是一个动态的过程，它会通过语言行为来表达人的内心想法。交际时要注意用词上的简短性。美国语言学家齐夫说："在言语交谈中，说话者只用一个词来表达一个概念最省力，听话者也是对每一个概念用一个词来理解最为省力。"此外，在语言行为交际的过程中，还应当根据不同交际对象的具体特征进行交流，如在大学里，我们都说普通话，因为周围的同学来自四面八方，每个人都有自己的方言，如果都用方言交谈就难免会出现误解语义甚至无法沟通的问题。但是当我们回到家乡，周围都是朴实的家乡亲人们，用普通话则会让交谈双方感到尴尬，甚至会让对方觉得自己是在显摆或炫耀自己的身份或学识，从而使交谈无法进行。

最后，语言行为交际还要注意文化习俗的附加功能。文化习俗是指在一个社会群体中世代传承、相沿成习的生活习俗。文化习俗对语言行为交际的影响很大，例如有人打了个喷嚏，打喷嚏的如果是孩子，中国人会说"长命百岁"，是大人则通常开玩笑地说"有人想你了""有人说起你了"或"有人骂你了"，英国人和美国人则会说"上帝保佑你"。又如，美国人常用的"喝可口可乐！"这种祈使语气的广告，在日本人那里就会引起反感，认为是对消费者的不尊重。再比如，不同的文化对"死"有"老了""圆寂""走了"等多种替代说法。可见，文化习俗对语言行为交际起着极大的制约作用。

2. 非语言行为（non-verbal behavior）交际

随着人们对语言和人类社会关系实质性探讨的深入，跨文化非语言行为交际迅速发展，出现了跨文化副语言学（Cross-Culture paralinguistic）、跨文化身势学（Cross-Culture Kinesics）、跨文化近体学（Cross-Culture Proxemics）等新兴学科。这表明跨文化的非语言行为交际可以作为非语言信息情感交流的有效载体，使其在跨文化开放系统（如目光、手势等）的启发当中，展示跨文化沟通的不同意义及感情色彩。

非语言行为交际注重个人感情的表露和展示，不同的表情和动作在不同的文化背景中可以表达多种意思。例如，在汉语和英语文化中，点头表示赞同、首肯，而在印度、希腊等地，意思则恰好相反，表示不赞同、不首肯。英美人常用耸肩、摊开双手表示"无可奈何""不知所云"，而在中国，这种姿势没有什么特别的含义。非语言行为交际中目光的交际也是如此，东西方文化圈的差异尤为突出。在美国，如果敢于正视和凝视对方的眼神，是表达正直、诚实和尊重的态度。而在中国，正视和凝视对方的眼神会被认为是没有教养或不得体，交际时需要回避直接的目光接触。可见，跨文化的非语言交际行为具有民族性和地域性特征，正如毕德维斯泰尔（R.L.Birdwhistell）所说："据我们所知，没有一种身体动作或姿势具有普遍代表性，也就是说，我们无法发现一种在所有社会中具有同一意义的面部表情、姿态或身体姿势。"

非语言交际不仅注重语言结构如语音、语法和词汇的运用效果，更注重社会文化、生活习俗知识等在交际中的运用。跨文化交际中的非语言行为能力和语言行为能力之间存在着极为显著的差异，非语言交际主要表现在社会心理学中，指人使用语言、文字以外的媒介传达信息，来表现人的思想或者意旨，例如脸部表情、肢体语言或音调等。交际者在潜意识中把一个人的语言或文字，通过外显特征表现出来，让对方会意或理解，也通过对方的情绪、态度、个人特质，理解对方内心真正的意图。非语言交际通常是在无意识的状态中加以接受，在不知不觉中传达信息，一个眼神、一个表情和一个动作都有可能获得交际的成功。可见，“眼神”和“肢体动作”是人们常用的非语言沟通方式。在跨文化交际传递讯息时，双方眼神的接触、凝视或不凝视，可以传递和透露出这个人的内在思想情绪。肢体动作有时也会传递出人的各种情绪、性格特质和态度。内向的人和外向的人在肢体动作上的差异尤其明显，外向的人动作较大，音调和语气也会比较洪亮。

第三章　跨文化视角下的大学英语教学探索

第一节　加强大学英语跨文化教育的必要性

当今社会是一个多元文化的社会，包容和接纳各种文化。与之相应地，教育也在发生着变化。大学英语教学如果不进行跨文化教育，那么学生走出社会后就难以跟上时代的步伐，无法适应转型中的社会。因此，在跨文化交际的大背景下进行大学英语跨文化教育就显得尤为重要。

一、跨文化教育是大学英语发展的需要

人类语言的表达形式，必然要受到其所置身的社会文化形式的制约。中国人在进入跨文化交际的语境中时，因为文化碰撞而产生的误会矛盾时有发生。在跨文化交际研究中，大家都明白一个事实，那就是因为文化而产生的误会要比因语言语法错误发生的误会严重得多。由于语言语法的错误的结果，最多就是词不达意，思想中想要表达的东西无法顺畅地通过语言来将其表达出来。可是，因为文化问题而导致的误会，就会上升到有关民族尊严的问题了，往往会使“本族人与异族人之间产生严重误会甚至敌意”。若想在跨文化交际中有效地避免诸如此类的文化矛盾或冲突，减少跨文化交际过程中有着不同文化背景的人之间的误会或摩擦，最为有效的方法就是交际者能够具备一定的跨文化交际能力，有着较为丰厚的文化修养与素质，对着交际对象的民族文化与传统，有着较为深入地理解与认识，只有这样，才能够达到有效交际、顺利实现跨文化交际目的。这样一来，我们的大学英语教学就不能够仅仅只局限于语言知识技能的教学了，而在教学过程中有效地融入有关英语民族的文化教学的知识内容，就成为十分必要的课程。董亚芬曾经说过：“任何一种民族语言都是该民族文化的重要组成部分和载体。在语言材料中，篇章、句子甚至每个词无不包含着本民族的文化信息。”将外语教学同本国文化教学成功地结合起来，对于开阔学生的文化视野、从多个层面扩大学生们的知识层面、从而多角度地增强大学对于世界的理解与认识，在对异域民族文化的学习与借鉴过程当中培养、提升自我的文化素养，这已经是当前大学英语跨文化教育不容置疑的事实，已经成为当前的外语教学界的共识。

二、大学英语跨文化交际教育是当前中国社会经济发展的客观需求

毫无疑问，进入 21 世纪以来，伴随着我国社会各个层面的改革的继续深化，经济的飞速发展，国际性的事务交流越来越频繁。我国的社会发展需要有一支庞大的、具备跨文化交际能力的人参与到国际贸易交流中来，需要这样的一支具备高素质跨文化交际能力的队伍来解决越来越多的国际性事务，以此来更好地增强国际的交流与合作，使我们的跨文化交际得以顺畅进行。

当然，我们所需要的这种跨文化交际人才，不仅需要具备相当的语言沟通交流能力和优化知识结构组成的能力，同时，还必须是具备国际性的文化理念与思维，对于异域民族文化与传统、日常礼仪与交际原则等都有着一定的了解，也就是具备相当的跨文化交际的能力。跨文化交际能力是一种双向的沟通交流能力，不仅要对目标交际对象的民族文化有着较为深入的理解与认识，同时，对于本民族的文化知识与传统，也必须有着一定程度的理解掌握，这样，才能够在跨文化交际过程中更好地实现双向的交流与互动。在跨文化交际过程中，要想能够得体顺畅地同外国人进行交流，仅仅具备流利的语言表达能力与较为丰富的交际对象的语言词汇，这是根本不够的。若想保证跨文化交际的顺畅进行，必须还要对目标交际对象、历史文化习俗和价值观念等有着深入的理解与认识，这样，才能够很好地避免在交际过程中因为文化的差异性而产生的误会冲突。因此，为了培养出优秀的跨文化交际人才，使其在跨文化交际中具备国际竞争力，以此来更好地跟上时代发展前进的步伐，更好地满足我国飞速发展的社会政治、经济、科技以及文化对于跨文化交际人才的需求，我们的大学英语教学过程中要有效地融入跨文化交际的教学内容，将跨文化交际教学提升到一定高度，逐渐将大学英语教学传统教学方法的听、说、读、写能力训练转移到对于跨文化交际能力的全面人才培养重点上来，培养出适应时代发展需求、具备跨文化交际综合素质与能力的国际性人才，是我们大学英语教学改革应该关注的重点内容。大学英语跨文化教育过程中，除了对目的语言民族的文化给予相当的重视的同时，还必须对不同民族之间存在的文化差异性给予足够的关注，在文化教学的过程中同时关注民族文化的差异性，从多个角度、多个层面来增强学生对于不同民族文化的理解与认识，从而更好地拓展学生们现有的知识结构层面，帮助大家在英语学习的过程中更为有效地培养起跨文化交际的能力与素养，为我国的国际化人才竞争培养打下坚实的基础。

三、大学英语跨文化教育是促进大学生社会性发展的需求

任何一个人，都是社会的人，具备一定的社会属性，同社会的发展紧密相关，在社会中扮演着一定的角色，并且相应地承担其应有的社会责任。因此，在个体的人与作为集体的社会之间就形成了一种彼此相互联系、相互依赖共同发展的关系。每一个人都生活在一定的社会当中，既然在社会中生存并且想谋得个人的发展，那么就得不断地去进行学习。

而学习，则根本无法离开社会各个方面。基于此，我们的教师就有责任也有义务在教学过程当中引导着我们的学生通过学习来不断地认识社会各个层面的真实情况，对于那些同学生们日常生活紧密相关的社会现象，都应该适当地引导着学生进行必要的理解与认识，这是对于学生人生经验与阅历的一种极为有效的丰富途径，对于发展学生们的自身认识能力，丰富他们的情感、知识以增强其自我分析能力及对他人、对社会的认知，都有着极大的促进作用。在此基础上，教师们才能够更好地引导学生构建自己良好的行为习惯体系，从而培养起自我良好的社会道德体系、人生观与价值观。对于大学生来说，大学教学就是促成其社会性发展的有效的助推力之一。对于当前的大学生们来说，他们面对的社会交往关系及现象更为纷繁复杂，多元化的社会交往，决定了交往方式的多样化与复杂化。那么，通过跨文化交际教学来培养学生们面对社会不同人群与不同的语言群体时应有的交际能力，培养大家在人与人交际合作时的正确态度与意识，从学校与社会各个层面来帮助大学生们提升自我的跨文化交际能力与素养，对于他们更好地认识这个世界、跟上社会与时代发展的步伐以及对于自我素质的发展，都有着很好的作用。由此可见，我们倡导的大学英语跨文化教育同当前青少年培养的社会化目标是同步的，最终的目的就是帮助我们的青少年学生树立起正确的理想与信念，培养大家追求平等、尊重差异、相互合作的思想观念与意识。我们大学英语跨文化教育的目的，也是为了能够培养当代大学生的文化知识素养综合能力，将每一个学生潜在的能力与其自身所蕴含的聪明才智最大限度地挖掘并且发挥出来。无数的教学实例已经表明，在大学英语教学中实行跨文化交际教学，不是一个空泛的概念或者是仅限于理论层面的空谈。而且，社会与时代的发展，也为具有跨文化交际综合素养的人提供了越来越多的机会与平台，如国际性的交流与合作，越来越频繁。在大学英语教学中给予跨文化交际教学以更多的关注与重视，不断地从更深的层面来增强、培养学生们对于不同的民族文化的认同感、包容性，树立起他们面对异域民族文化时应有的包容意识与精神，懂得拥有不同文化背景的人与民族之间彼此相互尊重、平等交流合作。这也是大学生们面向未来发展的一项较为基本的社会生存能力。这是促进不同语言民族之间的文化交流与合作、发展，推动国际的交流与合作的一项基本能力与素质，是当代大学生社会性发展的必备生存能力之一，是更好地适应时代与社会发展步伐的要求。

四、大学英语跨文化教育是实现民族自强自立的需要

多年来，中国社会主义经济发展在国际上处于弱势位置，要想更为成功地实现中华民族在世界之林中的伟大复兴，重塑昔日的辉煌历史，构建起民族的自立自强精魂，大学英语教学，是一个必经之路。因为作为当前世界通用语的英语，任何国际性的交往，都需要通过这一有效的语言沟通工具来搭建桥梁。中华民族的发展融入世界的整体发展态势，离不开英语这一世界通用语来作桥梁纽带。但是，面对着西方的文化霸权，我们在学习英语的过程中不仅要有能力博古通今、融会中西，还要能够做到对西方文化的辩证吸收，内化

融会，这样，才能够真正建立起自我强大的文化意识。我们在学习英语的过程中，必须要对西方文化以及语言对中国文化形成的巨大冲击有着一个较为清楚的认识，对其形成的垄断性地位，有着明晰的判断与鉴别。我们要清醒地认识到西方文化对我国传统文化形成的巨大的冲击。这一冲击，对于中国来说，就如同一把双刃剑，对于中国的经济科技发展以及外贸等来说，具有较大的积极促进作用。可是，对于我们的意识形态领域来说，则又将其带入了一个巨大的挑战漩涡当中。

伴随着我国不断深化改革开放的步伐，我国的综合国力的确是在不断地飞速提升，因此，一些国际交往也就越来越频繁。在此种情态下，我们对于具有跨文化交际能力的人才需求也就愈加强烈。我们需要能够面向世界、对于异域民族有着较为深入理解的人才来参与到我们的国际交流中。因此，我们的大学英语教学就提出了新的教学目标，培养跨文化交际人才，将跨文化交际教学的内容，提升到一定的高度，使学生在学习实践中培养起其面对多元文化的包容性。鉴于此，在我国当前的大学英语教学中实施跨文化教育，是一件极具深远意义的事情。

五、大学英语跨文化教育是顺应高等教学国际化发展趋势的需要

面对着全球一体化发展的趋势，提升高等教学国际化的主流意识，是当前世界性的高等院校办学得以进一步深化发展的新的理念基础。由此可见，在高等院校大学英语教学中实施跨文化教育，已经成为一个国际性高等院校发展的必然方向。跨文化教育在高等院校的有效实施，对于我们办学理念具备世界性的眼光、融入世界办学教学的洪流当中具有积极的推动作用，通过跨文化教育的实施，我们可以不断地吸纳西方先进教学理念与办学模式，站在理性的角度来对我国的高等教学以及传统文化等进行分析认识，并且能够以世界性的战略眼光来看待分析全球性以及民族性的综合性问题，从而在理论与实践相结合的同时，找到中国本土办学、教学同世界各国办学、教学成功经验的融会点，以此来更好地把握住世界性的主流意识发展，更好地在办学教学中进行创新，并且在创新发展过程中办出自我的个性特色，来为推动我国当前的大学教学做出努力。特别是伴随着全球性的一体化发展态势，办学也在全球一体化的发展过程中呈现出新的发展趋势，很多高等院校都在寻找着同国外学校共同合作办学的新机会，中外合作办学方兴未艾。在此过程中，无论是从办学的主体来说，还是参与办学作为教学接收者的客体来说，大家都共同面临着多元化的局势，办学背景存在着多元化的局面，办学对象也出现了多元化的情势，乃至于信息来源、思维方式、社会习俗等。在中外合作办学的过程中无不呈现出多元化的特点，因此，在这样的办学理念以及办学氛围中培养出来的人才，由于多元化的作用，必然受到多元文化思维影响作用而具备多元化的意识，有利于学生们形成开放、包容的文化思想。由此可以看出，对于中外合作办学这一新的办学模式中的跨文化教育进行深入的关注与研究，对于我们的大学英语跨文化教育是一件十分有意义的事情。

这是因为：第一，面对着全球一体化发展的大趋势，我国高等院校面对的，不仅仅只是国内市场带来的巨大挑战，在全球化的发展过程中，已经被全球一体化潮流裹挟着融入了世界性的市场潮流中。具有跨文化交际能力的国际性的人才，已经成为全球范围内的一种需求，而不再仅只是某一个民族或者是某一个时间段的需要了。毫无疑问，这必然对全球各个国家与民族的高等教学提出了改革与发展的迫切要求。立足一个全球性的高度推动着各个国家高等院校进行发展与改革。第二，中外合作办学的教学模式，是以双向互利、文化平等、交流融合、共同发展为基础与目标的新的办学教学模式。现在，对于跨文化教育，已经被经济开放性国家首肯为进入国际性交流、融入国际发展态势中必要的战略性工具与手段。

面对着全球一体化发展的大的潮流与趋势，各个国家的商品、信息、服务乃至于人员的跨国界开放，促使大学生成为全球一体化发展过程中增强国与国之间交流、理解，加强合作极为有效的方法。甚至可以说，现在的大学教学，已经前所未有地成为一个国家提升综合国力的代表性标志。在当前这种多元化办学模式的作用下，各大高校都在通过多种方式方法，将派出与引入结合起来融入自己的办学教学模式当中，以更好地增强学校在世界性发展态势中的竞争软实力。越来越多的高等院校已经开始意识到，面向未来的大学人才，应该是具有全球意识与国际交往以及跨文化交际能力的人才，这一人才培养目标必然促进大学英语跨文化教育的发展，推动文化教学在大学教学中的作用。

此外，无论是谁，若想将自己的研究成果得到更多的认可，就必须进行国际性的学术交流。科学工作者如此，教育工作者也不例外。否则，就无法融入国际的学术视野，得到国际同行的承认。这不仅仅是一种外在的交际形式，更是一种思想、一种学术思维的融会与交流。而英语作为国际交流的主要工具手段，顺应这一大的国际性的交流需求，在学习英语的同时，必需的文化学习也是非常必要的。英语只是一种交流的语言工具，文化作为思想的承载，才是交流的内核。因此，在大学英语教学过程中，就需要对文化教学进行强化与突出。从而使作为文化载体的英语，能够在国际性的交流与合作当中真正地发挥其传播媒介的作用，能够将不同地域、不同民族的文化在语言的交流中得以沟通、认识、传播，真正发挥出语言的交际功能，来推动我国文化、科技的国际性交流与合作。而且，根据跨文化交际实践的经验总结，在我国的大学英语教学过程中，应该注重多采用比较研究的方法来进行教学，以此更好地开阔学科视野，增强其交叉学科的融入性，在对学生进行大学英语语言文化知识教学的同时，有效地加入有关人文学科的相关知识内容，使我国的各所高校能够增强其彼此之间、学科专业之间的相互沟通与交流合作，彼此之间相互增补。在我们的大学英语教学过程中，将外语的语言教学同文化教学更为有效地彼此融合成一个有机的整体，使我们大学高等教学培养出来的人才朝着复合型人才的方向发展，使大学英语的跨文化教育能够真正地在国际交流与人才培养方面发挥其应有的作用，共同来为促进我国社会经济的飞速发展做出应有的贡献。

基于此，无论是我国的高等教学部门，还是各大高等院校，对于跨文化教育，都应予以足够的重视，使我们高等院校培养出来的人才，既能够充分地掌握跨文化交流中交际对象的民族文化，在交际中减少因为文化而发生的矛盾冲突，同时，还具备相当的本民族文化传统的深厚底蕴，并且能够用目的语言对本民族文化在世界范围内进行传播，使更多的国家与民族、使来自全国各地的不同语言群体都能够对我们本民族的优秀文化传统有着较为深入的理解与认识。这才是我们进行跨文化交际的真正目的。在此基础上，我国的各大高等院校还有着另一项使命，那就是在进行跨文化交际教学的过程中，能够正确地引导学生掌握不同民族与国家之间存在的文化差异性，在认识、尊重、接受文化差异性的同时，能够冲破差异性的障碍，认识到差异性存在的背后，其实是语言共同性规律的作用。只有更好地认识并且掌握了这种差异性背后的语言与文化存在的共同性本质规律，我们才能够真正地掌握一种语言及其背后所蕴含的文化。这样的人才，才是我们在激烈的世界综合性人才竞争中所需要的、具有创新意识与创新能力的人才，也只有这样的人才，才能够在世界新的文化格局中发挥出跨文化人才所应有的作用。

面对着正在一体化发展的世界新的格局的形成，跨文化人才的培养，是我们各高等院校极为迫切的教学任务。但是，有一个不得不公认的事实，那就是外语教学中跨文化教育，首先必须承认不同语言群体之间存在的巨大的文化差异性。而且，在现实的世界范围内的跨文化交际中，因为文化差异性而导致的交际矛盾与冲突，仍然是不可避免、时有发生的事实。而解决跨文化交际矛盾冲突发生最为有效的方法，就是大学英语的跨文化教育的培养。通过多种行之有效的跨文化教育方式，使学生们能够对不同的民族文化之间存在的差异性有着一定的认识与理解，并且在跨文化教育过程中，培养学生们的尊重异域民族文化传统、形成包容、开放的跨文化意识，从而在进入跨文化实践中能够更好地为增进国际的认识与理解而努力。对于这一切，每一个国家的高等院校都肩负着不可推卸的责任，这是时代赋予高等院校的使命。因此，我们的高等院校教学，应该责无旁贷地承担起为增进国家与世界其他民族之间交流与沟通而培养跨文化交际人才的责任，这是各大高等院校面向未来教学迎来的教学国际化发展的新的态势。所以，在我们的高等院校教学中，有效地融入大学英语的跨文化教育，并且对此给予应有的关注与重视，转变传统的教学模式与教学理念，积极采取行之有效的措施，为培养跨文化交际人才做出应有的贡献。

第二节 大学英语教学中跨文化教育的内容和实施途径

一、大学英语跨文化教育的内容

（一）国外对于跨文化教育内容的研究

国外学者最先进行跨文化教学的相关研究，并且他们的研究也比较深入和全面。下面介绍一些比较有代表性的观点。

1. 弗赖斯的观点

自 20 世纪 40 年代，弗赖斯（Fries）及其学生拉多（Lado）等就开始分析文化对于语言教学的积极影响。弗赖斯从语言教学的立场出发，认为文化内容应该融入外语教学中。他也指出，在各个阶段的语言学习中，有关民族文化和生活方式的跨文化教学内容都是不可或缺的部分。它不仅是实用语言课的附属成分，也是语言教学的总目标。

2. 克拉姆的观点

克拉姆（Kramsch）主张，跨文化教学内容应该从学习者理解自己的文化行为、个性特点、矛盾、偏见等开始进行，文化学习要具有多面性和多元化，文化学习的一个主要价值就是使学习者形成对母语文化的深刻理解。摩尔（Moore）认同克拉姆的观点，将跨文化教学的内容看成“全语言”的一部分，学生就是焦点。

3. 查斯顿的观点

查斯顿（K.Chastain）主张，跨文化教学应当从狭义文化开始进行，然后逐步过渡到广义文化。他提出了学生必须了解的一些文化知识主题，也可以看作讲授狭义文化的纲要，它们是：仪表、广告、人口、礼貌用语、学生生活、家庭、父母、亲戚、职业、恋爱婚姻、成就、教育、饮食、穿着、朋友、文娱活动、快乐、金钱、青年、社会制度、政治活动、度假、经济制度、社会问题、宗教、法律、纪律、仪表、身势语、环境污染、报纸、爱国主义、死亡、交通。

4. 斯特恩的观点

斯特恩（Stern）明确指出，一般的语言学习包括以下六大跨文化教学内容。

（1）微观的个体及其生活方式；

（2）宏观的民族及社会；

（3）地理；

（4）历史；

（5）艺术、音乐、文学及其他成就；

（6）制度、习俗。

（二）国内对于跨文化教育内容的研究

对于英语跨文化教学的内容，国内专家的观点主要分为两派：一是单一型观点，二是综合型观点。

1. 单一型观点

胡文仲、浦小君、束定芳和刘爱真等人持单一型观点，他们认为跨文化教学旨在使学生学会地道的英语，提高学生的交际能力，使其能在英语国家的文化背景下恰当得体地进行英语语言交际。基于这一点，他们认为跨文化教学的内容就应该以英语文化为主，越是扎实掌握了英语国家的历史、文化、传统、风俗习惯、生活方式等，就越能恰当地使用这一语言。

2. 综合型观点

许国璋、张伊娜和刘长江等人持综合型观点，他们认为除了英语文化，母语文化也是英语跨文化教学的重要内容。他们的这一观点立足于以下两点。

（1）我国的英语教学是一种国际语言教学，因为作为一名英语学习者，不仅需要和英语语族者进行交流，在更多的情况下需要和以英语为非母语的人进行交流，也就是要实现双语文化的交叉交际。因此，对英语文化缺乏了解，就有可能导致交际冲突的出现。

（2）随着我国与外国的政治经济往来越加频繁，英语语言越来越注重其应用功能。简言之，无论哪一种观点，跨文化教学的具体内容都应该包括言语文化、非言语文化及交际文化三类。

二、大学英语教学中跨文化教育的实施途径

（一）跨文化教育的“显性”与“隐性”路径

张红玲（2007）提出跨文化大学英语教学应采用以内容为基础的语言教学形式（content-based language teaching），其基本含义：英语语言不是学习的目的和对象，而是学习者获取知识，进行专业学习的手段，学习者通过使用英语，不仅学习相关知识、开展各种学术活动，同时巩固和提高他们的英语基础知识和技能，使其语言能力得到进一步发展和完善，这样语言学习和专业学习得到完美的结合。这种学习方式即双语教学模式（bilingual teaching）。具体地说，大学英语教学应该在中小学英语教学的基础上，以专业英语学习为中心任务，采用双语教学的形式，培养大学生应用英语进行专业学习和研究的能力。张红玲（2007）归纳出目前广泛使用的文化教学方法有以下几种。

（1）文化讲座（lectures）：将不同文化主题构成一系列的文化知识以讲座的形式传给学习者，有利于学习者进行系统的文化知识学习，但不足在于讲座多以灌输形式讲解，学习者缺乏体验感，而且大量冗长的讲座往往会使学习者感到无趣。

（2）关键事件（critical incidents，culture assimilators）：选用不同文化背景的交际双方之间所产生的，具有典型、代表意义的失败案例进行描述，然后分析误解产生的原因，帮助学习者了解两种不同文化在某个方面的不同期望和表现，这非常能够刺激学习者在分析案例和原因时进行思考，有利于跨文化敏感性的培养。

（3）文化包（culture capsules）：教师向学习者讲述本族文化与目的文化之间的某个本质差异。教师主要是通过各种教学手法向学生呈现差异的具体表现，然后提出若干问题由此展开讨论。

（4）文化群（culture clusters）：由讨论同一文化主题的若干文化包组成。例如，可以将美国节日这一文化主题细分成圣诞节、感恩节、万圣节、复活节、情人节等若干个子题，每个子题可以设计成一个或多个文化包，供学生在课堂上讨论学习。这种方法非常有利于学生全面、系统地学习英语文化。

（5）模拟游戏（simulation games）：学习者通过模拟游戏感受一些自己尚未经历过的情景，从中体验和认识目的语言文化。例如今年来大学校园里举办的万圣节活动、圣诞节晚会耶稣降临的表演、感恩节对亲朋好友的致谢等活动，旨在通过这种亲身体验的活动，扩大学生的视野，促进对跨文化交际的敏感性。

以上各种方法是以培养跨文化能力为主要目的，但是只要经过变通和再设计可以与大学英语教学有机结合起来，成为跨文化大学英语教学的方法。刘学惠（2003）和董晓波（2006）试图从建构主义的观点出发，结合已有的跨文化大学英语研究和教学方法归纳出跨文化教育实施的“隐性”和“显性”两种途径。

建构主义认为世界虽然是客观存在的，但人们对于世界的理解和赋予意义是主观的；知识不可能由外部传授而获得，人们应以自己的经验背景为基础来建构现实和理解现实，从而形成知识；学习是学习者主动地建构内部心理表征的过程，这种建构不仅涉及结构性的知识，而且涉及大量非结构性的知识。我们的学生在获得了有关文化的客观知识后，当他面临具体的跨文化交际情境时，那些概括化、刻板化了的文化特征、行为规范等往往并不能保证他交际的成功。因为真实的跨文化情境要比这些刻板知识复杂微妙得多。

1. 跨文化教育的“显性”路径

“显性”路径是独立或相对于语言学习的，较为直接的、较为系统的文化学习。最具显著性的跨文化交际教学是在语言课程之外开设专门的“文化”课程，如“英美概况”“跨文化交际学”等。这些专门开设的文化导入可具有直接性、外显性、客观性，是与“语言点”相对的“文化点”。这类课程有自己特定的内容纲要、教学目标和测试手段。刘学惠（2003）同时也认为在英语语言课程中进行跨文化教育和文化导入等教学活动也属于显性文化学习，因为这种“文化导入”是有较明确意图和外显内容的文化学习。从内容看，注重“有形”的文化知识：既有的文化事实、与文化有关的语言现象以及某些跨文化交际的规约；从方法看，一般采用系统讲授或结合阅读课文学习“文化点”。

显性文化教学可以给学生提供系统的，确定的文化知识，但是它的局限性在于它可能忽略那些无形的、藏匿于生活各个方面、与个人际遇关系密切的文化因素和文化特质，忽略学习者实际面临这些因素和特质时的主观认识、思维过程和行为能力，忽略学习者自己进行文化探究的能力与学习策略，而这些正是对个体交际者在复杂变幻的跨文化境遇中很有助益的东西。

2. 跨文化教育的“隐性”路径

与显性文化学习的直接、客观、系统等特征相反，还有一种主张以较为间接、相对分散和有较多主观参与的隐性文化学习模式。隐性路径的文化学习是伴随语言学习过程，与语言学习紧密联系和相互渗透的。这里所说的与语言学习紧密联系，不是指我们常见的在理解课文意义时对某某文化知识点的分析讲解以帮助学生理解课文，或使学生了解某个语言现象后面的文化典故以扩充文化知识，而主要是指在学习语言材料时对其中所表达的思想主题及其现实: 文化意义的理解与把握——特别是经学生自己感悟思考后的理解与把握。当一个中国学生阅读一篇英语原文课文时他就在经历一次跨文化交际，尽管这是互不见面的读者和作者之间的交际。如果教师能引导学生不但理解文本的表层信息课文讲了什么，而且还思考文本的隐含信息课文为什么而写、为谁写和是谁写的、课文内容与自己所处的文化环境有何相关和实际意义、从不同文化背景理解课文的困难是什么等，那么这位学生就是在进行一种“文化”的学习，这种学习不是简单的知识传递，而是在教师引导下学生对“非结构的”“捉摸不定”的事物的主动建构与主观理解。这样的语言学习过程同时也是文化学习的过程，是思维方式和文化洞见力的学习与训练。由此可见，隐性文化教学的成功实施对语言教师的现代教学素质和社会文化敏感性与洞见力有格外高的要求。大学英语教师一定要有较强的文化意识和深厚的专业素养，结合所授内容，有目的地对学生进行文化输入。

隐性路径教学的优点在于它有利于发展学生“无形”的文化领悟力和思考力，是一种学习能力，更是一种能应付现实的、真实的跨文化交际的能力。然而它的缺点在于随课文内容零散和随机地学习目的语文化可能导致某些知识项目的缺失，而且已受到传统课堂的冲击。比如在授课时，容易走向重词汇、句法等语言形式，轻深层内涵文化的老路，因而使文化学习边缘化。有鉴于此，在我国特定的大学英语教学环境中，隐性文化教学与显性文化教学相结合、相补充是十分必要的。

无论就哪种英语文化教学方法，或就显性教学还是隐性教学的课堂教学而言，都应改变单纯灌输的方式，还应当强调，教师是实现跨文化大学英语教学的关键，故应不断提高自身文化素质和对跨文化交际教学的认识与能力。

（二）跨文化教育的实施原则

明确跨文化教学的原则是使文化教学工作更为有序、有计划、有层次地开展。跨文化教学的内容应有机地融入英语教学系统中去，使语言知识和技能的教授与文化的介绍同步进行，从而实现语言习得与文化习得的一致性。大学英语跨文化教学一般要遵循以下几点原则。

1. 适度性原则

适度性原则涉及两个方面：教材的适度性和教学方法的适度性。教材的适度性是指教材的内容为主流文化；教学方法的适度性是指教师应采用能够激发学生自主学习的探究式或研究式学习方法。文化教学在内容设置方面不仅要参照教学任务和目标要求，还要考虑学生的接受能力，适度地选择合适的文化内容。此外，适度性原则还体现在课时的安排方面，过于深入或是宽泛的文化教学势必会占用过多的课堂时间，影响整体的语言教学质量。因此，教师只需点到为止或稍加发挥即可，在不影响课堂教学任务的前提下适当地穿插或是讲解文化知识才是可取的。

2. 循序渐进原则

教师应该层层递进地进行英语文化教学，逐步增加深度和广度，并且所选择的文化内容应符合学生的实际能力。在文化教学的初始阶段，以日常生活的主流文化为主。在中间阶段，可以教授文化差异带来的词语的内涵差异及其运用差异。在最后阶段，可以渗透一些文化差异导致的思维方式、心理方式以及语言表达差异，使学生更深层次地了解英语文化。

3. 相关和实用原则

英语中涉及的文化内容是丰富多彩的，但是不可能都作为文化教学的内容，毕竟时间、人力都有限。所以，我们必须选择那些与学生日常生活密切相关的文化内容，这样有助于激发学生的积极性。另外，还要选择那些在跨文化交际中需要的文化内容，因为英语终究要为交际服务。

4. 以理解为目标原则

以理解为目标的原则意味着学习者能够以客观、开放的心态接受理解母语文化和英语文化的差异，并能得体地进行跨文化交际。没有文化理解，双语交流就无从谈起。这就要求教师在进行文化教学时应充分说明母语文化和英语文化差异产生的根源，并且在进行教学评价时不能简单地用母语文化中的价值观去评价英语文化。

5. 普遍性原则

英语文化教学必须遵循一个普遍性原则，因为世界上使用英语的国家很多，每个国家和民族在语言文化方面都有其共同点和特殊之处，而我们要教授的应该是英语国家所共有的文化知识和模式，而不是某一个民族或群体所特有的地域文化，更不是单独的或个别的文化现象。当然，我们也要涉及语言文化和非语言文化中有代表性的、典型的或有广泛影响力的民族文化。

6. 理论结合实践原则

该原则强调教师在进行文化教学时，不仅要向学生传授文化知识，还要为他们创设一定的情景使其运用所学的文化知识。我们只有在运用了知识以后，才能加深对它们的理解。单纯的文化知识讲解并不能有效地提高学生的语言运用能力，学习的最终目的是运用，也就是“学以致用”。如果文化教学一味地以“输入”为主要方式，那么结果是学生记忆了许多文化知识，但是在进行跨文化交际中仍然屡屡受挫。因此，理解结合实践是学习的一条黄金法则。

7. 对比原则

对比既是教学方法的根本，也是文化教学的原则。学生只有在母语文化和英语文化的对比当中才能深刻感受到二者的共性和差异性所在。例如，某词语在汉语和英语中的概念意义和内涵意义都基本相同，或者某词语在两种语言文化中的概念意义相同，然而内涵意义有区别，再或者某词语在两种语言文化中的概念意义相同，但是只在一种语言中有内涵意义。这三种情况是普遍存在的，并且是通过对比可以被发现和理解的。

8. 交际原则

文化教学的重点是跨文化交际教学，目的是培养学生在实际跨文化语境中的交际能力。因此，文化教学应充分考虑教学内容的“交际性”。就文化词汇而言，教学的重点应是词汇中蕴含目的语文化的部分语义；就语言交际而言，需要教授的是跨文化交际中容易引起文化误解甚至是文化冲突的文化知识。

（三）文化教育的实施策略

英语跨文化教学经过众多学者的深入研究，也在不断地发展，尤其是跨文化教学策略，有了突破性的进展。经过整理和分析得知，最新的跨文化教学策略大致包括以下几种。

1. 文化对比法

文化对比法是指在进行文化教学时，将母语文化和英语文化进行对比讲解，从而提高学生对母语文化和外语文化差异性的敏感度。中国和西方由于不同的历史沉淀，形成了不同的文化和社会习俗等。为了更好地了解西方文化，大学英语教师往往采用中西方文化对比的方法进行文化教学。这样使得学生对目的语文化更加明白和清楚，从而避免引起交际中的误解和障碍。在大学英语课堂中，根据教材内容，教师向学生传授中西方文化差异，这样能够促进学生学习更多的西方文化知识，进而增强跨文化交际的能力。这里先举个简单而常见的例子，中国人在路上碰到时，常常会用“去哪儿啊？”这种提问来打招呼，而英美人却将这种问候当作干涉私生活的表现，所以他们常常会以“How are you？”等打招呼。

在《大学英语》（外语教学与研究出版社）第三册第四课 Darken Your Graying Hair, and Hide Your Fright 一文开始的一段中，主人公有这样一句自我介绍："I have a wife, three daughters, a mortgaged home and a 1972 "Beetles" for which I paid cash.（第 1 段第 3~5 行）。根据中国目前的经济水平和消费情况，能承担起一辆小汽车的家庭应该还算相对富裕，因为除了购车费用，还有停车费用。而对于英美国家的人来说，汽车就如同中国的自行车一样，是相当普遍的日常用品。文中的主人公有一部 Beetles 牌汽车，学生只知道 Beetles 为德国大众汽车公司出品的一款名为"甲壳虫"的汽车恐怕是不够的，还需要了解这一款车虽小，但很结实又节油，最重要的是它深受中、低收入家庭的青睐。有了足够的文化背景知识，学生才能明白文中主人公的实际生活情况：他人过中年，家庭成员较多，生活比较紧张。至此，教师还可以引导学生对中国和英美等国的消费观念、方式进行讨论，中国人倾向于将货款一次性付清的保守方式，而英美人倾向于提前消费的方式，如分期付款、抵押贷款等。这样学生就能透过文化现象了解英美国家人们的价值观念和思维方式。

2. 直接导入法

直接导入法是指在语言教学的过程中直接导入文化背景知识的介绍。学生主要是通过课堂教学系统地学习英语，平时可能较少接触到英语使用环境，因此对课文中出现的相关文化背景知识不太了解。在这种情况下，教师应当发挥其主导作用，可在课前或是讲解课文之前给学生介绍文化背景知识，帮助学生更好地理解课文内容，同时丰富学生的文化知识储备。这就需要教师在课前做好准备工作，搜集一些与教学内容相关的典型的文化信息材料，并将其恰当地应用到课堂之中。在语言知识教学中导入文化知识既能增加教学的趣味性，激发学生的学习兴趣，活跃课堂气氛，还能增加学生学习的广度和深度。

3. 融合法

融合法就是在语言教学的过程中融入文化教学的知识目标、态度目标、能力目标等内容，让学生在学习语言知识和技能的同时不自觉地掌握文化知识。具体来说，就是在编写文化题材的课文和语言材料时，采取文化会话、文化合作、文化表演、文化交流等方式进行外语课堂教学。这种方法要求在教材和教学方法中系统、恰当地将文化知识融入课文与教学中去。语言知识存在一定的规律性。例如，我们要先学习名词的单数形式，才能学习名词复数的变化规则。因此，在教学实践中可以将融合法与附加法结合使用，融合法可以将文化态度的教学目标融入课文中去，附加法则可保证文化教学的完整性。

4. 直观感受法

直观感受法即通过各种媒体手段，如电影、电视等，为学生提供多种不同的文化背景知识。现在借助于电视、电影、网络等媒体，我们可以观看许多国外的影片和影视剧等。这些影视资料可以让我们直观形象地了解西方的社会生活、风俗习惯、语言特色以及体态语言等。《走遍美国》就是一部生动形象地介绍美国普通人生活的教学片。学生可以身临其境，感受大量有声与无声、有形与无形的社会文化知识。正如一句谚语所说"一幅图画胜过千言万语”，电影就是这样一种让我们轻松愉悦地学习西方社会文化的手段。那些以社会变迁和发展为主题的纪录电影，其直观画面与所要教授的文化内容一一呼应，使得学生获得更直观的体验和感受，这比从书本上学的知识更难忘。

5. 微型戏剧教学法

微型戏剧教学法就是利用短小的戏剧对学生进行文化教学的方法，每个微型戏剧包括3~5幕，每一幕都有1~2个反映文化冲突的典型事例。学生通过参与戏剧表演，体验一些文化困惑，从而寻找导致文化障碍的根本原因。例如：两个美国人正在穿越一些虚构的地方，如Crony、Ord、Fondi、Dandi或Lindi，那两个美国人独自去探索这些地方。过了一段时间，他们想返回居住的旅馆，但他们走得太远了。糟糕的是，他们又把钱弄丢了。他们需要钱买票乘车返回他们住的旅馆，因此决定向当地人求助。扮演当地居民的学生，应该按照真正的当地居民的样子去做。在这些虚构的地方，有某些独特的生活习惯和行为方式。Fondis表示同意某件事时，就会皱眉，眼睛向下看；而当他们不同意某事时，就会微笑点头。当Dandis和别人谈话时，只与别人保持1英尺（30.48厘米）的距离。如果Cronies需要帮助时，他们不会听从男人的建议，因为在他们的社会里，所有重要的事情都是由女性决定的，男人只不过讲一些鸡毛蒜皮的事情。扮演美国人的两位学生应该想出一种向当地人借钱的合适的办法，如果他们不知道这些当地人的生活习惯和行为方式，当地人就不会借钱给他们。通过角色扮演，学生能够体验到使用英语的真实情景，将语言知识的学习与实际运用相结合，体现了语言学习的实用性。

6. 充分利用外籍教师资源

与英语人士频繁接触以及听英语人士授课对于英语的学习是非常有必要的。这就说明，有条件的学校可以适当地聘请一些外籍教师授课。学生在与外籍教师接触的过程中，不仅可以学会纯正的语音，还可以学到地道的语言表达方式，另外还能对课堂上学不到的社会文化背景知识有一些了解。在什么场合应该表达什么样的语言内容，应该做出什么样的反应，以及一些非语言的交际手段等都属于文化背景知识的范畴，并且有些中国教师没有接触教材中某些内容，就只能把词典的解释讲解给学生听；但是外籍教师作为两种不同文化的中介者、解释者，就能够从自己的经验出发，生动、形象地向学生展示中西方文化的区别，从而使得学生尽量不用本族的文化标准来衡量外族文化。另外，学校聘请的外籍教师还可以有针对性地介绍一些自己国家的文化生活、社会情况、风土人情等，以及其在中国遇到的一些文化冲突。通过与外教接触，学生们对文化差异会获得一种更加直观的感受，这有助于培养学生的跨文化意识。

7. 附加法

附加法是指在英语教学中系统地添加一些文化知识内容，作为英语教材的附加内容。附加法的形式多种多样，可以在教材中专门设立文化专栏，在课外组织参观文化展览，举办以英语文化为主题的讲座，或是组织文化表演等。附加的文化知识有助于学生系统地掌握英语国家的基础文化知识，它既可以是单独的文化知识读本，也可以附加在英语教材之中。教师也可以向学生推荐有关英美国家文化背景的书籍，并以书中内容为主题开展问答讨论、戏剧表演、知识竞赛等活动。

与外教的对话中，文化的缺失就会带来沟通的障碍；学生阅读原汁原味的英语文章，文化的缺失也会影响学生对词义的判断，但是，在有限的公共英语学时中分出一部分用于西方文化知识的讲解是否值得，一直是外语教师疑虑的问题。文化适应论则为西方文化课程的合理性提供了理论基础。

第三节　构建跨文化交际的大学英语教学模式

一、大学英语教学的现状及问题

我国的大学英语教学经历了大致三个阶段的发展和变化过程，从单纯的语言知识能力有了一定的提高，但综合语言能力不高。虽说很多同学也通过了四级考试，但与大纲规定的能力要求相比，还有很大差距。其中呈现出的问题主要表现在：听力上很多同学听不懂大意，更谈不上掌握细节、领会讲话者的观点和态度，学生对自己的听力能力也不满意；即使是在几项技能中稍强的阅读能力上，也只是基本能掌握中心大意和主要事实，对细节的领悟能力和上下文的判断推理能力还很欠缺；翻译上，出现理解和表达的偏差、语言的不得体，甚至于中文的表达能力上也有问题；写作上也同样存在语言使用的适切性、语篇语义表达以及汉式英语等问题。究其原因，有这样几个方面：首先，不可否认应试的影响，很多学生习惯了在考试中打勾画圈、满足于做对题、得到分，当真正遇到需要自己说、写、译的语言输出时，问题就来了。第二，平时的教学中，大量的时间都花在了词汇、语法等语言知识的孤立学习和基本操练上，没有大量真实语言输入和丰富的语境训练，因而学生的语言能力和交际能力以及对语言的感知能力得不到培养、训练和提高。在这种情况下，也就更无从提及文化的对比、文化敏感性的提高，以及跨文化交际意识和能力的培养。在日常的教学实践中，教师们也往往会发现，在大家努力改善和提高大学生英语水平的同时，即使是成绩较好的同学在实践交流中还是会有障碍，其中对于文化差异的认识、学习以及跨文化教育、教学的缺失是一个重要原因。

二、大学英语教学模式比较及分析

传统教学模式是以教师为中心的、讲授型教学模式，其教学理念具有客观主义倾向，认为教学就是将外在于学习者的客观存在的、非情景化的知识从上至下、推演式地讲授给学习者。关注事实、概念和技能的获得，强调内容和结果的评价，即学习者的学业成绩，将课程看作是静态的、设定的，在这种模式的教学过程中，教师是权威，拥有绝对话语权，学生是被动接受者，等待知识的灌输，师生关系是主宰和顺从的关系，缺乏平等、互动和对话交流。从培养目标来看，传统模式关注的是学习者低阶能力的培养，也就是“运用低阶思维完成记忆任务、解决结构问题的心理特征”。“低阶思维是指较低层次的认知水平，主要用于学习事实性知识或完成简单的任务。”这严重滞后于时代对学习者的要求，随着时代的进步，低阶能力将严重制约和阻碍学习者的发展和对社会的适应。此外，传统模式重视知识的传授而忽视了学习的实践本质，学生学习循规蹈矩、缺乏主动性，自主学习能力差，“学”而无“习”，教学缺乏对知识的建构性、情景性和社会文化性等的认识和重视，导致学生实践能力、探究能力和创新能力较差。教学手段运用上大都是以教材、黑板、粉笔加录音机的传统媒介形式的应用为特点。

教学组织形式和方法单一，基本上是讲授式、“填鸭式”的课堂教学形式，使得学习过程变得枯燥无味，学生学习积极性不高，更谈不上现代化人才培养目标和学生的个性化需求的满足，教学成效不佳。教学设计上程式化，强调教学过程的客观性和规律性，追求传授既定的知识，讲究序列化和线性化的设计过程，信奉普遍的教学设计应用原则。显然程式化的教学设计忽视了教学活动本身的情景性、互动性和多样性的特点，也忽视了教师的创造性和灵活性以及学生的参与性的重要作用。在传统模式下学生的学习是机械接受型学习，是一种被动的、以占有知识为目的的学习，抑制了学习者创造潜能的开发，学习自主性和创造性思维受限，学习能力培养堪忧。传统模式下的标准化培养方式更是与现代化社会和知识经济对于人才个性化培养需求相悖。在教学评价上，传统的评价指标单一，强调内容和记忆，忽视过程、能力和个体差异，评价方法简单化，以纸笔测试为主要形式，以分数为衡量标准，忽视质性评价，评价重心偏重终结性评价和学习结果，忽视形成性评价和学习过程。总之，传统教学模式存在很多不符合时代发展的问题和局限，这也正是教学模式改革的契机和新的教学模式的起点。

自 2002 年以来，大学英语教学进入提高与深化阶段，也进入了新一轮的改革阶段，教学模式也在随着改革的深入不断发生着变化，针对传统教学模式存在的问题，学者和大学英语教师们也都在不断探索尝试教学模式的改变。总体来看，对于新的教学模式改革的尝试都具有这样的一些特点和趋势：首先，以建构主义教学理念为主导。建构主义也称建构—阐释主义，是反思、质疑、批判、超越和制衡客观主义而兴起的一种哲学观。建构主义的课程观是开放和整合的，认为课程是动态的教学过程。其教学观反映了多种观点，是以学习者为中心的，认为学生是知识的建构者、运用工具的主动探索者，教师是合作者和帮促者，师生关系是民主平等、和谐协作和互动对话关系。教学评价重视过程、学习技能、自我探究及社会性和交际性技能。第二，新的模式越来越以培养学习者高阶能力为目标导向。所谓高阶能力，是以高阶思维为核心，解决结构问题或复杂任务的心理特征。具体说来，是指问题求解、决策制定、批判性思维和创造性思维能力，是学习高阶知识、发展高阶思维和实现知识迁移能力，运用高阶思维能力进行学习即进行有意义的学习，培养学习者的分析、评价和创造能力等高阶能力。第三，知行合一的趋向。即将理论知识的学习与实践结合，以促进和培养学习者的实践能力的发展。第四，多媒体、计算机及网络等现代化教学手段的应用。第五，运用多样化的教学组织形式和方法。克服单一以讲授为主的班级教学形式，将多样化的方法融入各自的教学形式中，走向“例中学”“做中学”“探中学”等形式，拓展“自助式、讨论式、研究式”教学组织形式。“例中学”即通过一定的实例或案例让学生分析、模仿、学习；“做中学”即以活动任务或项目为目标，通过创设丰富的情景，让学生获得丰富的学习体验，在体验中学习；“探中学”即以主题、问题或专题为引导，让学生开展研究，从发现中学习。第六，弹性、灵活的教学过程设计。每个教师所面临的教学情景都不一样，对教学的理解也不同，同时都有自己独特的教学风格，因而教学过程应承认教学的复杂性和独特性，重视教师和学生的主体意义，充分发挥教师的创造性，灵活弹性地设计教学过程。第七，与传统模式中学习者机械接受学习或灌输式接受学习不同的是，在新的教学模式变革中出现了多样化的学习，如探究式学习、协作式学习等，但核心可归纳为创新性学习，即以启发式教学思想为指导，鼓励学习者对知识的建构和追求对问题的创新性解决方案，培养学生的实践创新能力。第八，注意对学习者的个性化培养和因材施教，在教学评价上也是以促进学习者发展为目的的多样化的考查、评价标准和评价方法及形式。

从以上的比较分析可以看出，传统教学模式下的大学英语教学从教学理念、培养目标、教学手段、教学组织形式、教学过程设计、师生角色和关系以及教学评价等方面都显示出明显的不足。尤其是在经济、信息技术迅猛发展的今天，社会和时代对外语人才培养提出了更高的要求，传统教学模式表现出滞后，已无法满足全球化趋势下人们内在主观交往诉求和外在客观世界交往必然对于跨文化交流外语人才的急迫需求。而在这一点上，新的教学模式显然体现出了其优势，如以培养学习者的高阶能力为目标、重视学习者对知识的建构、鼓励学习者的主动探索和创新精神以及实践能力的培养等。具体来看，各个学校和不同的教师对于新的教学模式的运用都有着不同的探索，例如，在近些年比较流行的有交互型教学模式、基于计算机和课堂的教学模式等。

交互型教学模式的特点是以学生为中心，学生是教学活动中的主体。课堂教学以学生的双人活动或小组活动为主要语言实践活动，教师的作用是设计课程、布置任务、组织协调等，通过组织双人对练、小组讨论、课堂辩论、角色扮演、语言游戏等活动，使学生参与课堂教学。这种教学模式的假设是，语言知识是学生在实践过程中逐渐获得的。交互型教学模式也有其弱点：如果课堂设计不到位、组织不够严密，很容易导致课堂的“无政府”状态。而且，在实际教学过程中，由于教师对于教学内容和目标的把握不同以及教学理念的差异，往往也会导致交互型教学模式过于强调交互的形式，结果形式丰富、活动热闹，成效却并不令人满意，尤其是不能很好地实现《大学英语课程教学要求》中对于学生用英语进行交际、特别是跨文化交际能力的要求。

而基于计算机和课堂的教学模式虽然是《大学英语课程教学要求》中提出的新型教学

模式，“强调个性化教学与自主学习，并充分发挥计算机可以帮助个体学习者反复进行语言训练，尤其是听、说训练的功能，结合教师课堂讲授和辅导，使学生可在教师的指导下，根据自己的特点、水平、时间，选择合适的学习内容和学习方法，借助计算机，较快地提高英语综合应用能力，达到最佳学习效果”。但在教学实践中，基于计算机和网络等信息技术的现代化教学手段的运用却并没有带来预想的教学成效，其原因并不在于技术手段本身，而在于应用信息技术教学手段的思想理念的落后，影响和限制了其应有的作用发挥。尽管教学形式上运用了计算机、网络多媒体等技术手段，但其技术应用观仍具有客观主义倾向，即“认为技术在某些方面可以替代教师教学生学习。知识镶嵌在技术化的课程中，技术能把知识传递给学生。学生的作用就是学习技术呈现的知识，就像跟教师学习一样。技术的作用就是给学生传递要教授的知识”。因而可以说变成了是基于计算机的传统教学，根本没有发挥计算机的辅助作用以及和课堂教学的配合，也就不能实现应有的教学目标。而事实上，技术不是教师，更不能替代教师，它应该是教学的辅助手段，是支持教学的强有力的工具。其真正的作用应当是作为学习者思维发展和知识构建的参与者和帮助者，成为学习者的知识建构工具、信息搜寻工具、情境创设工具和交流工具等。

三、构建跨文化交际的大学英语教学模式

面对大学英语教学的困境，社会和时代发展对于跨文化交际人才的需要和大学英语教学承担的培养具有跨文化交际能力人才的责任，构建新型的大学英语教学模式成为必然。在对这一“必然”的思考和探索中，本文基于对于跨文化交际及大学英语教学相关理论和概念的梳理，以及对大学英语教学的现状和问题的分析，尝试从跨文化交际的视角构建以培养学习者跨文化交际能力为主要目标的跨文化大学英语教学模式。下文将从教学目标及内容、教学原则、教学方法和教学评价等几个方面对这一教学模式进行具体阐述。

（一）教学目标及内容

跨文化外语教学近20年来在美国和欧洲等国家发展很快，虽然术语使用上目前并不统一，但其中所体现的外语教学思路有很多共同点，例如Bgyam（1994）等学者在调查了欧洲各国语言文化教学的现状后，以欧洲跨文化交际需要为前提，提出将语言和文化相结合的综合教学，以文化为基础的交际能力的教学，以及更为普遍的基于文化的外语教学等，在这些思想理论基础上，结合我国的大学英语教学情况，跨文化外语教学的总体目标应为：提高学习者的语言能力、交际能力和培养学习者的跨文化交际能力。

“语言能力指的是语音、词汇、语法等语言知识和听、说、读、写、译的技能。交际能力是包括语言能力和语用能力在内的正确并且适宜地进行交际活动的能力。”（胡文仲，1999）跨文化交际能力就是超越了具体的语言和文化群体，根据不同语境，灵活运用语言知识和技能进行交际的能力。

跨文化外语教学的目标包含语言能力、交际能力和跨文化交际能力，因而其内容应该包括语言教学、文化教学和跨文化交际能力培养三个方面。具体来说，语言教学包含基本语言知识和使用，文化教学包括文化知识和交流，跨文化交际能力培养则包括跨文化意识、跨文化交际能力和跨文化交际实践等。也就是说，在跨文化外语教学中，通过对目的语语言和文化的学习，学习者能够掌握目的语语言知识，并能使用该语言与目的语语言群体进行有效的交流。同时，在学习中能够反思自己的母语，了解语言的普遍规律，了解文化的构成、作用和发展规律，了解语言与社会和文化之间的关系，在交流中体验目的文化，反思本族文化，将目的文化与本族文化进行比较，增强对文化差异的敏感性和培养对目的文化的移情态度，并在教师的帮助和指导下，学会调适并解决跨文化交际中可能出现的如文化冲撞、误解等问题。

教学内容的这三个方面是紧密联系、相互渗透的。语言知识和文化知识是基础，语言使用和文化交流为知识提供了实践和体验机会，跨文化意识在知识学习和实践中培养，同时又为学习者知识的学习和实践交流做好了思想准备，最终在跨文化交际的实践中培养跨文化交际能力。

这其中需要特别注意的是，在文化教学中避免出现中西文化失衡或“中国文化失语症”，即片面强调西方文化的输入，而“母语文化”缺失。“中国文化失语症”是外语教学界的丛教授提出的，纵观我国多层次英语教学，在增大文化含量却有着一种共同的片面性，对作为主体一方的文化背景中国文化之英语表达。基本上仍处于忽视状态。由于忽视了母语文化在英语教学中的位置，在跨文化交际中作为交际主体的中国人，很多时候却不能用英语表达中国文化，尤其是对中国传统文化更显得心有余而力不足。在全球语境下的文化对话中，很遗憾地丧失了平等对话的能力，这也是跨文化交际的一大忌。学者高一虹曾提出“生产性外语学习”，它既不同于“削减性学习”（学者由于母语文化归属受到威胁而放弃母语文化，认同于目的语文化），也不同于“附加性学习”（学习者在学习目的语、接受目的语文化的同时保持母语及母语文化归属不受威胁）。它是指在目的语学习过程中，目的语与母语水平的提高相得益彰；目的语文化与母语文化的鉴赏能力相互促进；学习者自身的潜能得以充分发挥。在“生产性外语学习”中，母语和母语文化起着积极的作用，它与文化归属的替代无关，强调两种语言和文化价值系统之间的互动作用（苟丽梅等，2010）。因而在外语文化教学中“母语文化”不可缺失，文化教学不可失衡，应帮助学生形成“生产性外语学习”，发挥两种语言文化的互相促进作用，真正实现跨文化交际。正如霍尔（1991）指出的那样：“（文化）所隐藏的东西最难被其自身的参与者所认识。多年的研究已使我坚信，真正要做的……是理解本国文化；我也坚信，人们从研究外国文化所能得到的不过是表面的理解，这类研究最终是为了更加了解自己系统的活动状况。”同时霍尔也指出了体验到外国文化与本土文化间的对比和差异所产生的兴趣和好奇心是学习和了解外国文化的最佳动机。

此外，还需要注意，在教学中避免割裂语言和文化的关系而导致的孤立而机械地进行语言教学和文化教学，两者应有机结合。本书的前面部分对语言和文化的关系已经做了论述，语言本身蕴含着丰富的文化内容，无论语音、词汇还是句法都有其文化内涵，语言是对文化的反映，文化是语言存在和使用的环境，两者不可分割。语言的学习必然是文化的学习，文化为语言学习提供了丰富真实的环境，两者互为目的和手段。因此应将文化教学贯穿在语言教学过程中，将语言教学融入丰富真实的文化教学内容里，让学习者学到活的语言，体味真的文化，真正享受学习的过程。

（二）教学原则

以上两点也正是跨文化外语教学需要遵循的两条原则：文化教学平衡性原则、语言教学和文化教学有机结合的整体性原则。除此之外，跨文化外语教学还应遵循以下几条原则。

1. 以学习者为中心，培养学习者自主学习能力

学习者是教学过程的真正主体，教学的开展应以学习者为中心，围绕着学习者的需要进行。在跨文化外语教学中，对学习者跨文化交流能力的培养也是基于学习者这个主体，因而，学习者语言及文化学习的需要、体验、态度、能力等等都是教学设计的考虑因素。“以学习者为中心”要求因材施教。不同的学习者学习风格、学习方法、学习能力都不尽相同，教学应针对学习者的不同情况选择合适的教学方法和做合适的引导。而因材施教和培养学习者自主学习能力是相辅相成的。Holec（1981）认为，自主学习就是学习者“能够对自己的学习负责”。Littlewood（1996）认为，自主学习主要是学习者在学习过程中“独立做出选择的愿望和能力”。也就是说，学习者能为自己的学习提供机会，而不是简单地对教师所提供的各种各样的刺激做出反应；不是被动地等待学习的发生，而是主动促使学习过程的产生。自主学习能力对于跨文化外语教学来说十分重要，不仅因为教育的培养目标之一就是培养终身学习的思想，而且跨文化学习内容浩如烟海，仅仅依靠教师的传授是不够的，教学更重要的是培养学习的能力，这是一种可持续发展的能力，培养自主学习能力就是“授之以渔”，使学习者能够更好地完成学习目标。

2. 互动性原则

本文提出的互动性原则既包括了语言与文化的互动性，也包括了中西文化的互动性，还包括教与学的互动性。教学应持发展的眼光看待语言与文化，两者是动态的，互相交织发展的，跨文化外语教学也应跟上时代的步伐，在互动发展中进行。中西文化之间应是平等对话、互动共存的关系，尤其是当今世界全球化趋势下，文化的互动共存更为明显，跨文化外语教学也应遵循这一规律，发挥中外文化学习的互促作用。在教与学的过程中，新型教学模式已经改变了单向传递的模式，强调的是教学传播过程中的双向传递、互动过程，教师教学影响着学生的学习，而学生又反过来影响着教师的教学传播行为。而跨文化交流本身就要求进行文化的双向交流，语言本身也是在交流中产生和发展的，因此，跨文化外语教学过程应是一个互动的过程，要充分发挥学生的学习参与积极性，取得好的教学效果。

（三）教学方法

我国的外语教学曾先后采用过语法翻译法（简称翻译法）、直接法、听说法、认知法和交际法等几种主要的教学法。语法翻译法源自欧洲中世纪对于希腊语、拉丁语的教学，诞生于 18 世纪末，它是以翻译、阅读原著和分析语法为主要的教学活动，目的是培养学生的阅读能力，训练心智。其长处在于使学生语法概念清晰，阅读能力较强，翻译能力和写作能力得到提高。但不足之处也显而易见：强调阅读忽略了语言交际能力，学生语言应用技能差，交际能力差，而且教学形式单一、枯燥，学生容易失去学习兴趣。直接法产生于 19 世纪下半叶西欧资本主义蓬勃发展、国际交往日益频繁的社会背景下，语法翻译法不能满足需要，针对语法翻译法的外语教学改革运动兴起。直接法主张借鉴儿童习得母语的方法，通过目的语直接学习和应用，不使用母语中介，用动作、图画等直观手段教学。其优点在于教学直观、注重实践，在培养口语能力方面效果显著。其缺点也不可避免：它夸大了儿童习得母语和成人学习外语之间的相似性，忽略了两者间的差异；忽视了母语在外语学习中的作用；强调经验和感性认识，注重口语，忽略了文学修养，学习者知其然不知其所以然。

听说法源自美国在第二次世界大战时期的美军外语培训。它强调听、说领先，通过反复模仿、强化操练形成习惯。其优点是重视句型结构的练习，并通过与母语的对比由易到难安排教学，有利于学习者掌握外语。但它过分强调机械性操练和死记硬背，忽视了对能力的培养，过分重视语言的结构形式，忽视了语言的内容与意义。

认知法是在 20 世纪 60—70 年代认知教学论的基础上产生的。它强调语言的学习要靠理解、掌握语言规则，重视智力活动在获得知识过程中的积极作用，认为语言学习是主动的心理活动而不是形成习惯的过程。认知法在鼓励积极思维、发展智力、注重培养学生语言综合运用能力等方面显现出优势。由于认知法强调认知语法规则，所以它也叫“现代语法翻译法”。而过分强调要在认知语法规则的基础上进行外语教学也是其缺陷，而且在实施过程中容易出现语法翻译法的老毛病。

交际法产生于 20 世纪 70 年代，主要由英国应用语言学家创立。它认为语言教学的目的是培养学生使用目的语进行交际的能力，语言教学的内容不仅要包括语言结构还要包括表达各种意念和功能。交际法重视培养学生的语言能力，主张在交际活动中学习，教学活动情境化。交际法比较之前的教学法流派，其优点体现在：重视学生的实际需要，重视交际能力的培养，体现了语言的社会功能；教学过程交际化，提高了学生的交际能力。交际法也存在一定的缺陷：功能意念项目很难确定和统计；以功能意念项目为线索组织教学大纲缺乏科学性；功能意念项目与语法、句型结构之间的关系无法协调；教学中容易放任学生的语言错误，影响交际。

许多学者认为，从 20 世纪 90 年代起在各种教学法流派纷呈近百年的“方法时代”后，外语教学进入了“后方法时代”。“后方法时代”的教学法重视学习过程，重点在于语言知识的构建、学习动机与学习策略的培养，强调教师的主导性和学习者的自主性，以培养学习者的可持续发展能力为目标。“后方法时代”的教学法的代表是“任务型教学法”。它是指教师通过引导语言学习者在课堂上完成任务来进行的教学。在语言教学中，任务指为达到某一具体的学习目标而设计的活动。“任务型教学法”强调“在做中学”，认为在教学活动中，教师应当围绕特定的交际和语言项目，设计出具体的、可操作的任务，学生通过表达、沟通、交涉、解释、询问等各种语言活动形式来完成任务，以达到学习和掌握语言的目的。其优点在于以任务为中心，突显真实性，使学习者在任务驱动下学习和进行知识构建，有助于培养学生的综合语言运用能力和学习的自主化。“任务型教学法”在以往教学法的基础上形成，和其他的教学法并不排斥。

无论是“方法时代”的教学法，还是“后方法时代”的教学法，都有其产生的时代背景和适用环境，而日益发展的教学需求也促进着教学法的不断发展更新，因此我们不能拘泥、局限于某一种教学法，特别是在跨文化外语教学中，要有“教而有法教无定法”的理念，针对不同的教学内容和教学情景选择不同的教学方法，综合运用各种教学法，扬长避短，以求最佳教学效果。例如，尊重认知法的认知规律，利用语法翻译法讲解基本的语法和语言基础知识，借鉴直接法的直观教学手段和听说法的对比操练，保证语言知识的掌握和技能训练，以交际法和“任务型教学法”为主要教学过程和方法的设计，达到培养学习者的语言综合运用能力和跨文化交际能力的目标。

（四）教学评价

文化是跨文化外语教学的主要目标和内容之一，而文化的主观性和复杂性带来了文化测试和评价的困难。传统的纸笔形式和客观量化的测试在针对强调记忆的客观语言知识掌握的标准化评价上有其优势，但却无法客观评价学习者的能力、态度和学习过程等。因此，仅仅依赖传统的客观定量测试已无法满足跨文化外语教学的评价要求，基于“真实评价”和“表现评价”的定性分析评价法应运而生。可以通过对学习者学习过程的观察，对其学习的努力程度、进步情况、学习态度和最终成就等做出综合性评价。学习者也可以通过评价过程来对自己的学习进行反思，促进和指导自主学习。

同时，形成性评价相对于传统的终结性评价更能激励学生，帮助学生发现学习中的问题并及时调整，有效调控自己的学习过程，取得更好的学习效果。学习者容易获得成就感，有利于培养学习者的自信心，避免了一张考卷定优劣，对学习者积极性的打击和学习热情的挫败。

因此，跨文化外语教学应该采取形成性评价和终结性评价相结合的评价机制，以更客观和积极地对学习者的情况进行反馈，并对学习者的学习起到良性的反拨作用。

综上所述，并参照《大学英语课程教学要求》中“基于计算机和课堂的英语多媒体教学模式”的设计，尝试构建的大学英语跨文化教学模式如图 3-1 所示。

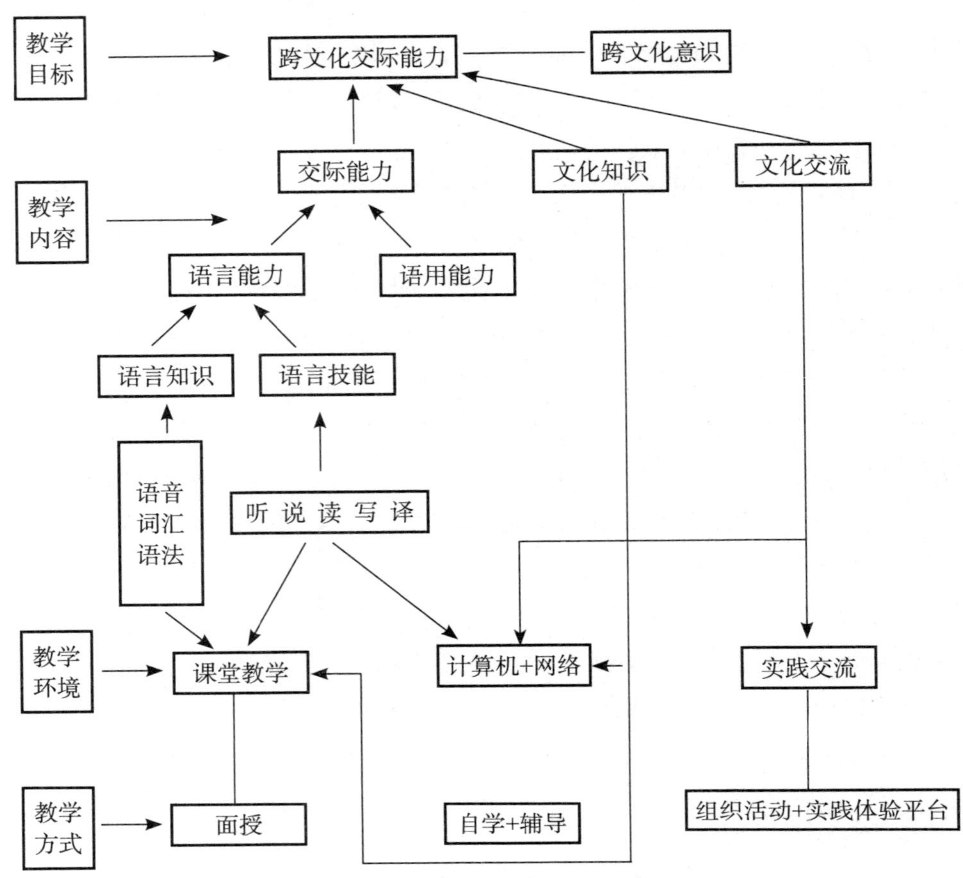

图 3-1 跨文化交际的大学英语教学模式

总体说来，大学英语跨文化教学模式是以培养学生的跨文化交际能力为终极目标以培养学生的交际能力（包括语言能力和语用能力）为基础目标，以英语语言知识与语言技能、文化知识和跨文化交际等为主要内容，将语言教学和文化教学有机结合集多种教学手段和方法为一体的教学模式。教学过程中教师是教学活动的组织者，整个模式以学生为主体，教师为主导。

在此模式中，英语语音、词汇、语法等语言知识和听、说、读、写、译等语言技能，以及文化知识和文化交流教学活动可以通过计算机来进行，也可以通过教师的课堂教学来进行。具体来说，“语音、词汇、语法”等语言知识和文化知识在课堂教学中进行，以便于使用语法翻译法讲解基本的的语法和语言基础知识，并对文化知识进行必要的介绍和解释，使学生形成基础的认知。同时，利用“计算机网络”的环境和条件，鼓励和引导学生开展自主学习，就文化知识主题进行搜索、学习和思考，发挥计算机和网络对学生思维发展和知识建构的参与、帮助作用，成为课堂文化学习的补充。文化知识以课堂教学为主，“计算机网络”环境下的教学为辅。针对“听、说、读、写、译”五项语言技能的不同特点采用不同的教学环境。“听”的训练主要在“计算机网络”环境下进行，更便于多种听力素材的使用，特别是网络上丰富的原汁原味的英语听力素材，能够给学生创造近乎真实的听力环境，同时辅之以课堂教学对听力技巧和方法等的适当讲解。“说”和“读”的训练既要在“计算机网络”环境下进行，又要有课堂教学，可以借助计算机和网络进行阅读和口语及发音等的训练，课堂同时进行文章内容、体裁等的分析讲解和口语的互动。“写”和“译”的训练以课堂教学为主，以在计算机网络环境下的教学为辅，因为对于写作和翻译两种输出技能的训练，教师的面授指导最为直接和有针对性，也更有效。这里需要强调的是，文化交流是必不可少的一项内容，因为所有的学习成果最后都是在交流传播中的实现，掌握的知识、技能都要在交流传播中使用，关于文化和交流传播这两个跨文化传播核心因素之间的关系在此不再赘述，更重要的是，学生在实践交流活动中能够真正体验文化差异、直观面对跨文化交流的障碍和问题，并在教师的指导下，培养文化敏感性和跨文化交流意识，对可能产生的文化休克等情况有所体验和了解，并能灵活处理和做好自我调适。文化交流的开展既可以利用“计算机网络”的环境，也可以在实践交流活动中进行。实际上，从学生的跨文化交流需求和教学培训效果来看，开展跨文化实践交流活动，如短期的对外交流互访、参与国际会议或活动的志愿服务工作甚至建立实体的跨文化实践交流体验平台或实践交流体验中心都是值得鼓励的形式。

大学英语跨文化教学模式将为学生提供包括丰富的教学内容、多样的教学手段、多种教学环境、多元教学方法的较为全面的立体教学模式，以达到培养跨文化传播人才的目标，满足我国在国际交往中跨文化传播的需要。

第四节 跨文化交际与大学英语教师专业发展

一、跨文化视角下英语教师专业素养

教师的专业知识及技能直接影响教学效果的优劣。要提高大学英语的教学成效，首先必须促进大学英语教师专业素养的发展。

（一）展望世界，培育跨文化教师专业意识

当今文化的多样性、差异性和跨文化交际的多元性要求大学英语教师具备多元文化意识。大学英语教师如若仅仅具备英语语言和语法知识，则可能无法敏锐地捕捉语言背后的文化、语法背后的规则、文化背后的故事。因此，大学英语教师需在文化背景中解读语言和在语言教学中融合跨文化知识。

大学英语教师应展望世界。在当今的国际化趋势下，英语教师需要突破传统文化意识的藩篱，放眼世界、着眼全球，自觉培育跨文化的专业意识。要自觉阅读优秀的英语文学

作品，特别是原著经典作品。通过广泛阅读培育跨文化意识，提高跨文化的敏锐性和自觉性。此外，要自觉接纳、包容外来文化，做到洋为中用。新时代的大学英语教师应该是一个放眼全球、海纳百川的现代教育工作者。

（二）积极学习，丰富教师跨文化专业知识

随着多元文化的日益兴盛，大学英语教师在坚守本土文化的同时，需要具备跨文化知识。美国著名外语教学专家威斯特·布莱姆贝克（Winst Brembeck）指出："采取只知语言不懂其文化的教法，是培养流利大傻瓜的最好办法。"只有具备文化知识的人，才能提升自身英语教学的魅力和竞争力。文化是时代发展的必然产物，大学英语教师应通过积极学习、不断进修等方式，掌握丰富的相关知识，以获得更多的话语权。教师只有用丰富的多元文化知识武装头脑，才能更好地武装学生的头脑；只有具备多元文化的教师，才可能培养出具备多元文化素质的未来工作者。因此，大学英语教师应在实际工作中积极弥补自身因文化差异所带来的文化素养缺陷，做到了解英语背后的文化、理解文化背后的英语。

跨文化教育是一场深刻变革，沉浸在多元文化环境中的教师，需要具备丰富的文化知识，"英语是文化的载体，教师要教好英语课，就需要掌握多元的文化知识"，包括英语国家和非英语国家的人文地理、时事历史、宗教文明和风土人情等。多元文化知识在学生和教师的人际交往关系中起着关键的作用。只有具备文化视野的人，才能更好地适应文化社会。掌握文化知识的大学英语教师，才能自然而然地将之渗透在其教学实践中，使学生受到耳濡目染的影响。在当今文化多元的时代，教师应是外来文化的理解者、本土文化的传授者、多元文化教育环境的创设者和行动者。

（三）加强科研，提高教师跨文化专业能力

跨文化交际能力和对异文化的敏感意识成为当代人必备的基本技能。大学英语教师应加强科学研究，通过科研提高跨文化的专业能力。"教而不研则浅，研而不教则空。"在教学过程中，如果不进行理论研究、不参加实践研究，教学活动会止于肤浅层面；反之，如果仅有理论与实践研究而脱离实际教学活动，则科研缺少基础与根基。高校英语教师必须积极参与相关科研活动以提高多元文化的专业能力。在科研中，研究者通过文化的视角，开展实践、反思教学，在反思中不断调整教学方式方法，在实践中发现问题，并针对问题形成解决问题的方案，最后应用于教学实践中。教学与科研相辅相成，相互促进。教师可以通过参加校本研究和教学公开课等活动，投身科研活动；学校应鼓励英语教师积极参加相关研究。基于跨文化的科研与实践，将成为英语教师专业成长的新平台，促使我国大学英语教师走向国际化。

（四）大胆反思，促进教师跨文化专业创新

创新源于反思。因此，我国大学英语教师要大胆反思、大胆质疑，促进跨文化的专业

创新。在跨文化专业成长过程中，教师要大胆质疑传统文化下的各种教学问题，质疑跨文化视野下的各种文化冲突，在问题与冲突中寻找教学突破与专业创新。大学英语教师只有通过反思才可能发现自身教学的不足与问题，才可能发现自身在跨文化专业领域的局限性。教师应把英语教学理解为一门应用教学，培养学生的综合英语应用能力，包括英语的听、说、读、写能力，改变传统的“聋哑”英语教学现象，提高学生英语交际与实际应用能力。高校要鼓励教师大胆质疑，培养教师通过质疑产生批判意识与创新思维。英语语言知识和不同文化信息的输入，导致英语教学与师生关系产生新问题，教师应本着质疑精神，认真思考新时期出现的新问题，寻找多元文化的创新解决策略。

二、跨文化视角下英语教师角色定位

（一）教师是学生的关怀者

关怀是人的一种基本能力，在人与人相互交往时能转换成一种行为模式。关怀在教育环境中不一定是可见的，但它能指导学校和教学中的交往与组织。教师有责任去关怀来自不同文化和语言背景的所有学生，应致力于创设一个体现社会公平的教育制度，将学生的学业、情感及社会需要置于教学的中心。跨文化教育中的教师应从关怀者出发，对所有学生有着毫无偏见的期望，使学生得到心灵上的温暖，在教师给予期望下孕育成功的最大可能，同时学生在教师的关怀中也能成为一个会关怀他人的人，能更好地促进自身融入或者接受不同的文化社会。

教师成为关怀者首先要学会倾听学生心声，才能了解学生的状态，明晰了解学生所需要怎样的关怀，建立与学生的信任关系。教师应以一种倾听的心态来了解学生，通过个人故事的讲述、家访、电话、书信等方式关怀学生，使学生体验到教师的关怀。教师的关怀激发了学生，使他们能够对自己的前途和发展充满自信。如果不基于倾听，那么教师与学生间的各方面差异会使教师在一些方面错误理解学生的意思，不能施行正确的关怀。因此，教师只有反省自己的关怀是否有偏向，才能客观地评价每一个学生。在进行关怀时，教师要注意倾听学生的愿望和需求，倾听学生的思想情感，倾听学生与他人之间的关系。只有建立在倾听基础上的关怀才能达到最大的效应，才能让学生相信教师给予的关怀是发自内心的。教师将自己对学生的关怀实实在在地落实于自己的每一句话、每一个思想、每一个行为上，能让学生体会到教师给予的充分尊重。由此，学生能更容易接受关怀并把蕴含其中的期望当作自己行动的动力。

（二）教师是跨文化的驾驭者

教师驾驭跨文化知识的能力直接影响到课程实施的好坏，直接影响到学生的学习情况。跨文化英语教师应具备多元文化教育观。随着世界的变小，面对文化矛盾，增进各种文化之间的相互理解就至关重要，还要形成反种族主义、性别偏见和一切形式的歧视观。需要强调的是，必须破除与性别、民族、民族群体相关的成见，强调人类的基本相近性。在英语教学中教师要充分认识到这一点的价值，并建立起道德思考的技能。班克斯认为，教师应“审慎地选择教材，消除有种族歧视、偏见等内容的教材”，“选择课外书籍或视听材料补充教材的不足，增强学生对其他族群的认识”，“尽量选择观点一致的教材，而避免选用一些有冲突认识的材料”，“避免在概念内容教学活动中渗入偏见的成分”。

（三）教师是本土知识的传授者

教师不仅仅对其他族群文化要有相当的了解，教师也应该是本土知识的专家，对本土文化中所蕴含的文化特色、价值观和思维、行为方式等要有深刻的认识，作为知识的引导者和文化的传承者，教师有责任以一个真诚的面孔面对学生，将自己的本土文化知识融入课堂教学中，与学生进行平等的交流，可以为课堂教学提供更广的空间，同时有利于构建良好的师生关系。教师应该比其他人更敏锐地感觉到本土知识的存在，更重视保存、保护和发展本土知识的价值，并且懂得如何去发掘和研究本土知识。在教学过程中，教师应该尊重学生在本土社会中获得的知识，而不是否定和贬抑本土知识的价值。教师可以引导学生比较本土知识和书本科学知识这两种知识体系。理解它们与各自赖以生存的本土社会境域之间的内在关联，培养学生成为能够将各种知识和认识论融为一体，从而创造出新的认识方式和知识体系的人。

（四）教师是跨文化教学环境的创建者

学校与教室的文化环境也可能造成学生的学习障碍。学校作为一种社会化机构，其目标、功能、课程、管理等属于主流文化，如果教师忽略了其他民族的文化，或不知如何塑造跨文化的教育教学环境，则学生往往会在文化断层中找不到平衡点，产生适应困难。所以，教师要致力于创设跨文化的教育环境。首先，英语教师要建立与学生的信任关系。师生间的人际关系是影响学生成绩的主要原因之一，文化间的差异和教师的偏见易造成相互间的误解和隔阂。一旦这种疏离的关系形成，将对弱势群体学生的自我观念产生负面影响，使学生感到孤立和受到挫折。其次，要营造一种积极的学习氛围。教师要致力于提供关怀和尊重的教育环境。教师要充分理解文化背景知识，不断寻找相关信息，将其自然地整合到教学氛围和课程中。英语教师只有是一个跨文化者，才能了解学生所处的文化环境，理解学生的文化价值观。教师只有从多种视角来理解文化，才能提供适合每一个学生的教学策略、动机模式和内容。

三、跨文化视角下英语教师的角色完善

跨文化视角下，英语教师角色发生了变化。如何完善教师角色转换是跨文化教育的重

要任务。这不仅是政府的职责，还需要学校的努力，更要求教师个人不懈的追求。

（一）政府的职责

政府作为主流文化的倡导者、文化建设的主导力量，加强文化建设，推动文化事业发展成为政府的不二职责。面对文化发展趋势，政府应该发挥主导作用，制定相应政策，在发展主流文化的同时承认文化的差异性，不歧视异域文化，构建理解和信任的文化氛围，采取宽容、平等和对话的方式促进文化事业发展。通过政策的推动，方能培养出具有跨文化视野的肩负着传承、研究和创造文化使命的教师。教师也只有在政策的保障下提升素质，提高专业化水平，切实履行职责。为此，世界各国非常重视文化建设，各自依据国情制定出相应的文化政策。

推动文化发展历来是我国政府矢志不渝的追求，我们“始终把文化建设放在党和国家全局工作重要战略地位”，我们的目标之一是“以民族文化为主体、吸收外来有益文化、推动中华文化走向世界的文化开放格局进一步完善”，同时要“积极吸收借鉴国外优秀文化成果”，而且要求“全面贯彻‘双百’方针”。充分承认文化差异的存在和意义，并通过平等开放的心态鼓励“百家争鸣”，融入世界多样文化之中。追求“高素质文化人才队伍发展壮大，文化繁荣发展的人才保障更加有力的”目标，强调“推动社会主义文化人发展人繁荣，队伍是基础，人才是关键”，而且要“造就高层次领军人物和高素质文化人才队伍”和“加强基层文化人才队伍建设”，足见政府对文化队伍建设的重视。这为教师在跨文化教育中的角色完善提供了政策和制度保障，为其践行角色职责创造了有利空间，为其发挥角色职能搭建了强有力的平台。

（二）学校的努力

学校教育是由专职人员、专门机构承担的有目的、有计划、有组织、系统的，促进受教育者身心发展的教育活动。教师是学校教育的第一资源，离开教师或者缺乏优秀教师的学校难以肩负起培养人才的重任。为了培养高素质的教师，更新观念、营造氛围、完善制度是学校应当做出的不懈努力。

学校要不断更新观念，树立教师是第一资源的理念。虽则教师历来被认为是学校教育基本三要素之一，但是长期以来许多学校决策者深受工具理性主义思想的影响，把教师当成实现教育目的的工具，功利性地一味追求教育效率和成果，不理会教师的情感和自我实现的需要，漠视教师的精神追求。如此便导致教师陷入盲目竞争之中，疲于应付各项指标任务，淡化了教师应有的角色职责，最终消弭了教育应有之义。改变功利观念，树立以人为本的理念，把教师当作学校发展的第一资源，关心教师成长，满足其精神需求，是促进教师角色完善的第一步。学校文化氛围于无形间影响教师意识，潜移默化教师的行为，其力量虽难以量化描述，却极其强大。但是，部分学校忽视校园文化建设，以应试为导向，让学校成为一个偏执的竞争场所，教师职责难以有效履行，致使教育失去其本真。为改变这种状况，学校应重视文化建设，积极营造平等、和谐、民主的文化氛围，让日日身处其间的教师得到平等的对待，受到应有的尊重，享有自由表达的权利，促其逐步完善其应有之角色。

制度是要求学校内部人员必须共同遵守的规章或准则。制度具有指导性、程序性、规范性、约束性，同时具有鞭策性和激励性。学校制度规定教师的权利和义务，指导教师履行职责，规范和约束教师行为，激励教师发展。可见，制度建设是完善角色的重要保障。学校必须完善各项制度，特别是教师培训制度、评价制度、奖励制度。而且要加强制度的执行，让教师有章可循，有法可依，权益得到保护。

（三）教师的追求

教师角色完善的最终落脚在教师个体身上。作为个体，每位教师要追求卓越，树立角色意识，充分理解多元文化中教师角色的多样性，加强学习，主动实践，提升素质。

教师角色意识是指教师对自身角色地位、角色行为规范及角色扮演的认识、理解与体验，不仅包括动态的教师对角色进行认识、理解的过程，也包括静态的教师对角色认识、理解的结果。树立角色意识是自觉完善角色的先导，角色意识影响着教师的教育行为，对教师角色成熟具有重要价值。明白角色地位和相应的角色行为规范，可以引导教师理解多元文化中教师角色多样性的自觉，使其主动在跨文化的语境中审视自身，要求自己，规范行为，同时养成自觉学习和主动实践的习惯。

学习是教师提升专业化水平走向角色成熟的必由之路。教师学习主要指在一定人为努力或外部干预下的教师专业知识、能力的习得和提高。因此，教师应该在政府、学校政策和制度的保障下，加强学科专业知识、教育教学知识、人文知识的学习。不单单向书本学习，还要向同行学习，更要在实践中学习；不但学习书本知识，更要学习实践性知识，积累经验，提升专业能力。

教学实践是教师角色实现的途径，同时又是教师成长的途径。在实践中教师的理论知识才能发挥作用，得到检验。教师的实践知识、个人知识通过教学实践才能获得，教师的教育教学能力在实践中得到发展，教师的智慧在实践中得以养成。可见，实践既是目的，也是手段。跨文化境遇中的教师要敢于实践，善于实践，勤于实践，在实践中完善角色，在实践中增长智慧。

无论政府、学校还是教师个人在完善多元文化教师角色的使命中发挥着不同的作用，三者缺一不可。政府是大政方针的制定者，是有力的保障；学校是政策的实施者，是具体制度的保障者；教师是角色完善的具体体现者。三者形成合力，承认文化差异，理解文化差异，吸纳多元文化，实施跨文化教育，才能使教师真正成为跨文化的理解者、本土文化的传承者、跨文化的研究者、创造者和教育公平的实施者。

第四章　大学英语跨文化交际能力培养策略

第一节　跨文化交际能力

近年来，很多学者对在英语教学中融入跨文化意识这一较新的理论已经达成共识。科学技术日新月异、国际交往与合作日益密切，促使跨文化交际成为当前社会生活中必不可少的一部分。语言是文化的载体，也是传播文化信息的重要渠道，一种语言文字翻译成另一种语言文字就要不可避免地涉及大量的文化内涵。因此，这就要求教师在英语教学过程中不断地向学生传播不同的文化知识，采取多种多样的教学方法，培养和提高学生的跨文化能力。

一、跨文化交际能力的含义

跨文化交际能力是一个复杂的概念，包含很多要素，涉及很多层面，因此要给出一个全面、科学、统一、实用的定义相当困难。尽管如此，来自不同学科领域的学者根据自己研究的需要对这一概念从不同侧面进行了论述，其中 Hammer（1989）、Ruben（1989）、Gudykunst（1994）、Byram（1997）、Bennett、Bennett&Allen（1999）和 Fantini（2001）的相关论述影响最为广泛。这里我们简单介绍最具代表性的 Bennett，Bennett&Allen 和 Fantini 对跨文化交际能力的描述，并在此基础上对跨文化交际能力的情感、认知、行为框架做较具体的阐述。

（一）Bennett，Bennett&Allen 对跨文化交际能力概念的论述

Bennett、Bennett & Allen 认为跨文化交际能力包含三层含义：超越民族中心主义思想的能力、善于欣赏其他者文化的能力以及能够在一个或多个文化环境中恰当表现的能力（1999）。这一看似简单的定义实际蕴涵丰富的内容。①要培养超越民族中心主义思想的能力，必须首先认识到民族中心主义思想的客观存在，然后通过不断在实践中反思自己的言行，逐渐培养超越民族中心主义思想的能力；②善于欣赏其他者文化的能力是建立在超越民族中心主义思想能力的基础上，以一种包容、开放、友好的态度，通过移情或换位思

考的方法，来理解和欣赏他族文化的能力；③能够在一个或多个文化环境中恰当表现的能力，实际上是要求我们在各种跨文化交际场合中能够根据具体的、不同的交际对象，调整自己的文化参考框架，灵活应对，恰当、有效地进行交际的能力。将“恰当”和“有效”作为评判跨文化交际表现的两个主要标准在跨文化交际学界已得到普遍的认可。“有效”指的是经过一定的努力，在一定的时间内，成功实现既定目标，得到应有回报。“恰当”则是指在交际过程中双方认为重要的准则和规范，以及对他们之间关系的期望没有受到严重侵犯（Spitzberg，1991）。这两个标准的确定对跨文化培训和个人的跨文化交际实践具有指导作用。

Bennett、Bennett & Alien 关于跨文化交际概念的论述比较全面、深入，有利于我们对这一概念的理解和认识，但是却由于过于抽象、空洞而缺乏操作性，对我们在外语教学中培养跨文化交际能力的具体实践起不到实际的指导作用。相比较而言，Fantini 的论述更加具体，可以成为我们外语教学和跨文化培训的重要参考。

（二）Fantini 的跨文化交际能力框架

Fantini 将跨文化交际能力归纳为五个要素：一系列特点或特征（a variety of characteristics or traits）；三个方面（three areas or domains）；四个层面（four dimensions）；二语水平（proficiency in a second language）和不断进步和发展的过程（various levels of a longitudinal and developmental process）。

（1）具有跨文化交际能力的人通常表现出来的特征包括：灵活、幽默、耐心、开放、好奇、移情、对模糊和不确定因素的包容和忍受以及不做好坏、优劣的判断等。

（2）跨文化交际能力涉及三个方面的能力：①与人建立和保持关系的能力（the ability to establish and maintain relationships）；②交际中尽可能减少缺失和曲解的能力（the ability to communicate with minimal loss or distortion）；③为了共同的利益和需要进行合作的能力（the ability to collaborate in order to accomplish something of mutual interest or need）。

（3）跨文化交际能力包括四个层面：①知识（knowledge）；②积极的态度（positive attitudes）；③技能（skills）；④意识（awareness）。

（4）用二语或外语进行交际的能力：外语交际能力是跨文化交际能力发展的重要条件，因为在用外语与不同文化背景的人们进行交际的过程中，我们会遇到语言和文化的障碍，为了达到交际的目的，我们必然会采用各种交际策略，调整自己感知、理解和表达的习惯，用一种新的视角去看待世界，由此形成对世界新的认识，这就给我们提供了宝贵的跨文化交际的体验。不能用外语进行交际的人们会失去这样的机会，只能在自己熟悉的圈子里看待世界和理解世界，成为名副其实的井底之蛙。

（5）跨文化交际能力的发展通常是一个不断进步和发展的过程，这个过程由低到高可以由四个阶段构成。第一阶段：短期旅行者（traveler），通常是出国进行几周短期学习和访问的人士。第二阶段：旅居者（sojourner），通常是前往国外留学或实习的人士。第三阶段：职业者（professional），在跨文化或多文化环境下工作的人士。第四阶段：跨文化（多文化）专家（intercultural / multicultural specialist），专业从事跨文化培训、教育、咨询的人士。

这四个阶段分别代表对跨文化交际能力提出不同要求的四种跨文化交际环境，跨文化教育和培训者可以根据自己的教育和培训对象的实际需要，确定教育或培训目标，因此对这四种环境所需跨文化交际能力的研究和分析意义重大。

Fantini 从多个侧面对跨文化交际能力进行了描述，不仅帮助我们认识跨文化交际能力的内涵，而且他所提出的一系列特征、三种能力、四个层面、外语水平和发展阶段的框架对跨文化教育与培训具有很大的参考价值和实际指导作用。美中不足的是他对四个层面的描述比较简单，而这四个层面又是跨文化交际能力的核心所在，因此我们有必要弄清这四个层面的具体内容。

（三）跨文化交际能力的情感、认知、行为框架

一般来说，能力（competence）涉及三个层面：情感、认知和行为。与这些个性特征相对应的是动机、知识和技能三个教育范畴。换句话说，能力应该包括一定的相关知识、将这些知识转换为行为表现的技能以及渴望知识、勇于实践的态度和动力。据此，跨文化交际能力就可以定义为：掌握一定的文化和交际的知识，能将这些知识应用到实际的跨文化交际环境中去，并且在心理上不惧怕，且主动、积极、愉快地去接受挑战，对不同文化表现出包容和欣赏的态度。这里所说的态度和动机实际包括了 Fantini 单列出来的意识的内容。以上三个层面综合的结果就是跨文化交际能力。

因为我们分析跨文化交际能力的目的是寻求提高这种能力的渠道和方法，所以能否统一定义，进行进一步的理论研究不是本章和本书的任务，我们关心的问题是哪些知识、技能和态度是具有跨文化交际能力的人必须学习和发展的，对这个问题的回答决定着跨文化培训和外语教学的目的、内容和方法，具有实际意义。在借鉴 Samovar 和 Porter（1995）、Byram（1997）等研究成果的基础上，提出以下跨文化交际能力框架。

1. 态度层面

态度对于任何形式的学习，尤其是外国语言和文化的学习，是至关重要的。这里，态度指的是对持有与自己不同价值观念、遵守不同行为规范、采用不同意义系统的人们的态度。通常这一态度表现为成见或偏见，无论是正面还是负面的成见都会影响跨文化交际双方的相互理解。另外，民族中心主义思想的普遍存在也不利于来自不同文化人们之间的交流合作。由此得出以下态度层面的目标。

（1）增强自我意识，认识民族中心主义思想和成见的存在，消除偏见。知己知彼，百战不殆。良好的人际交往也需要我们首先要对自己有一个清楚的认识。

民族中心主义思想、成见和偏见等问题或多或少地存在于我们每一个人身上，而这些主观认识往往是导致跨文化交际困难和失败的罪魁祸首，因此我们必须善于剖析自己，反

思自己的言行，认清这些客观存在的问题的危害性，有意识地减少或消除它们对跨文化交际可能产生的负面影响。

（2）培养对异国文化的好奇、开放、欣赏、移情的态度。为了更好地了解他国文化，与来自不同文化的人们进行愉快、有效的交流，我们还必须培养对外国文化的兴趣和好感，增强学习和了解外国文化的动力。同时对不同于自己本族文化系统的价值观念、行为规范和文化习俗持开放、欣赏的态度，并能将心比心，愿意站在对方的角度思考问题，即所谓移情。

（3）培养文化相对论思想和跨文化意识。一个具有跨文化交际能力的人应该具备文化相对论的思想，即相信文化无好坏优劣之分，任何一种文化都为其成员服务，为他们提供思维和言行的参照和导向。文化的共性和普遍规律也说明文化对于社会、民族和个人所起的作用大致相同。然而，文化具有共性的同时，也存在着差异，正是这些差异的存在使得跨文化交际非常困难。因此我们不能夸大文化共性，错误地认为各文化之间、各民族之间已趋于大同，差异和分歧可以忽略不计。正确的态度是，在文化相对论思想指导下，树立跨文化意识，积极、热情地去理解不同文化的具体特征和内容，分析文化之间的差异。

2. 知识层面

Byram 认为跨文化交际过程中交际双方应该具备和运用的知识包括两个方面：“一方面是关于他们自己国家和对方国家的社会群体及文化的知识；另一方面是关于个人和社会层面交际过程的知识。”（1997）关于本族文化的知识来自个人的社会化过程，在这个过程中人们不知不觉习得了反映自己国家和本族文化特点的文化身份。而学习其他国家和群体的文化知识往往是通过阅读、学习、参观、访问等各种手段，将其与自己的本族文化进行比较和对比，是有意识进行的。

Byram 所指的有关交际过程的知识比较含糊，作者更倾向于将其理解为有关交际环境的作用和跨文化交际普遍规律的认识。交际与语境的关系密不可分，无论是由地理位置和环境布置等构成的客观环境，还是由人际关系、权力距离、谈话主题等构成的社会环境，都会影响交际的过程和结果。所以，人们在接受跨文化交际能力培训的时候应该学习相关的社会语言学的知识。其次，跨文化交际参与者还应该学习跨文化交际的普遍规律，掌握一定的文化学、社会学、心理学的相关知识，认识文化和文化学习的本质，了解文化冲撞和文化调适等各种跨文化交际场合通常会遇到的问题和经历的过程。值得一提的是跨文化交际能力不应该只局限于某两种具体文化之间的交际环境，而必须能够超越具体文化，灵活变通地应用到各种交际场合，这才是跨文化交际能力的真谛所在。

另一个重要的知识范畴是交际所使用的讯息编码和解码系统，主要有语言和非语言两大类。共同的语言系统是跨文化交际的关键，由于来自不同国家的人们往往使用不同的母语，所以外语学习非常重要。而非语言行为作为一个独立的，同时又是辅助的意义表达系统，在讯息传递中也起着不可忽视的作用。这样综合起来，跨文化交际能力的知识层面应该包括以下主要内容：

（1）积累本族文化和外国文化的知识，进行比较分析，了解异同；

（2）学习关于语境（地理环境和社会文化环境）的知识，认识语境对交际过程的影响；

（3）学习外国语言知识，提高外语使用能力；

（4）学习非语言交际的意义表达系统，了解其中的文化差异；

（5）熟悉文化学、社会学、心理学等的相关知识，了解文化和文化学习的本质，掌握跨文化交际的普遍规律。

3. 行为层面

以上提出的态度和知识上的目标只有转换成行为技能才具有实际意义，如果只停留在认知和情感层面上，顶多只达到了扩大知识面和转变了态度的目的，跨文化交际能力的全面提高仍然是一句空话。当然，态度和知识是技能形成的基础，只要我们在教学中创造适当的环境，设计有针对性的活动，就能帮助学习者将态度和知识应用到跨文化交际的实践中去，从而使他们在行为上满足跨文化交际的需要。除此之外，行为层面还包括对付跨文化交际中常常会经历的紧张、焦虑、不确定等心理问题的能力。概括起来，能力层面的主要内容有：

（1）坦然面对模糊、不确定的交际环境，善于调整心态，勇敢面对文化冲撞或跨文化交际可能带来的紧张和痛苦；

（2）愿意并能够站在对方的角度去理解和处理问题；

（3）具有很强的灵活性和适应能力，能够根据各种不同的交际风格和来自各种不同文化群体的人们的需要，调整自己的言语行为；

（4）具有很强的文化敏感性，善于观察和比较文化现象；

（5）经常反思本族文化，反思自己的跨文化交际行为；

（6）善于学习新的文化知识、应对新的跨文化交际环境的能力。

以上三个层面，14个项目标构成跨文化交际能力的主要内容。值得注意的是，这些态度、知识和行为上的表现虽然是被一一单独列举，但并不表示它们各自独立。实际上，这些项目相互渗透，相辅相成，在跨文化交际过程中同时作用，缺一不可。

二、从交际能力到跨文化交际能力

跨文化交际能力的培养是一项宏伟的目标，仅靠短期的跨文化培训是很难实现的。从其涉及的领域来看，跨文化交际学、文化学、社会学、心理学、语言学和外语教学都应该承担起培养学生跨文化交际能力的重任，其中外语教学的作用尤其突出。

跨文化交际能力这个概念在语言教学者和跨文化交际学家之间架起了一座桥梁，一方面语言教学者一直在探寻最大限度挖掘外语教学的潜力，满足社会发展需要的途径；另一方面跨文化交际学家顺应时代发展潮流，开发培养跨文化交际能力的渠道。两者虽然属于不同学科，有着不同的研究内容和方法，但是培养跨文化交际能力的目标却是共同的。那么外语教学的跨文化交际能力培养目标又是从何而来的呢？回答这个问题得从交际能力（communicative competence）的概念和理论入手。

（一）交际能力

交际能力这个词在很多社会学科的研究中都时有出现，而在语言学、社会语言学和外语教学中有着非同寻常的意义。直到 20 世纪 60 年代，语言学研究都是一个相对封闭的、独立的科学，即所谓的语言学自治研究（autonomy of linguistics）。Chomsky（1965）对“理想的说话人”在“完全同类的言语群体”中的言语行为进行分析所得出的语言理论一度主宰着语言学界。随着文化学和哲学等学科对语言和文化关系研究的深入，语言学界出现了一个社会语言学的分支学科，社会语言学家开始对不考虑何时、何地、被谁、对谁、在何种社会情景中、以何种方式，只分析能（或不能）说什么的语言描述方法提出质疑。Hymes（1966）更是直接抨击 Chomsky 关于语言能力（1inguistic competence）和语言使用能力（linguistic performance）的理论，他指出语言学家要弄清第一语言习得过程不仅要观察提高语法能力的过程，而且要注意提高恰当使用语言能力的过程，社会语言能力是他的研究重点，并由此提出了交际能力作为语言分析和描述基础的思想。这一思想应用到外语教学，促成了交际法的形成。

与 Chomsky 的理想、抽象的人和环境不同，交际能力是指有着具体社会和文化身份的说话者同某一客观存在的言语群体进行有效、恰当交流所必须了解和掌握的一切知识和技能。对这种能力进行分析显然必须跳出纯语言学的圈子，进行跨学科研究。

语言学的这一突破和社会语言学的兴起使很多外语教学工作者对交际能力理论对外语教学的启示产生极大的兴趣，虽然由于研究者的视角、重点和所处环境的不同，对交际能力的定义各不相同，但是，综合他们的研究成果我们就能深入、全面地理解交际能力的概念以及它对于外语教学的意义。在众多关于交际能力的研究成果中，最具代表性和影响力的是美国的 Canale&Swain（1980）和欧洲的 van Ek（1986）。

Canale 和 Swain 将交际能力细分为语言能力、社会语言能力、篇章能力和交际策略。这一概括被外语教学研究者和教师广泛接受，成为交际法外语教学的主要理论来源之一。但是 Stern（1983）等认为这一解释虽然包括了社会与语言使用关系的层面，但忽视了文化要素对语言使用的影响。相比较而言，van Ek 的交际能力（communicative ability）模式更加全面合理一些。他在强调外语教学对于学习者综合素质提高的重要作用的基础上，提出了“一个全面的外语教学目标框架”（a framework for comprehensive foreign language learning objectives）。（1986）针对学习者的个人综合素质，他提出了培养独立自主的思想和社会责任感（the promotion of autonomy 和 the development of social responsibility）的目标，他认为外语交际能力应该包括以下内容。

（1）语言能力：能够根据所学语言的规范，理解和表达意义的能力。

（2）社会语言能力：能够理解语言使用受社会环境因素影响，并能够根据社会环境调整自己的语言行为的能力。

（3）篇章能力：在理解和创造篇章时能够使用一些恰当的策略，如语意连贯和语篇黏连的手段。

（4）交际策略：在交际遇到困难时能够采用一些补救措施去说明自己的思想或弄清对方要表达的意思。

（5）社会文化能力：每种语言都是以其独特的社会文化为语境，外语学习者应该了解目的文化，才能更好使用所学语言。

（6）社会能力：外语学习者愿意而且能够在与他人交往时，态度积极、大方自信，善于解决一些社会问题。

前面四项能力与 Canale 和 Swain 的交际能力完全吻合，所不同的是他增加了文化能力和社会能力。这两项与前面四项关于语言交际能力的目标看似格格不入，似乎远离外语教学的主题，但实际上这两个目标的确定正是研究者进一步理解外语教学本质和潜力的结果。

当前文化交流日益频繁，国际合作广泛深入，外语教学的内容和目标也应随之改变，了解外国文化，提高跨文化交际能力，增强综合素质是新时代对每个年轻人的要求。而外语教学是一个丰富多彩的、涉及个人和社会各个层面的活动，具有极大的教育潜力，语言和文化的密切关系决定跨文化交际能力和外语交际能力应该结合起来，成为一个有机结合体。

（二）从 native speakers 到 intercultural speakers

虽然交际能力作为外语教学的目标早已深入人心，但是关于交际能力的内容和标准的讨论一直在持续着。Byram（1997）在肯定 van Ek 提出的外语教学目标框架，尤其是关于文化和社会能力目标的同时，对他在交际能力阐述中所隐含的以 native speakers 的言语行为作为目标和楷模的观点提出了质疑。Kramsch（1998）也专门撰文“The privilege of the intercultural speaker”，反对继续用 native speakers 的语言和社会文化标准来评判外语学习者的语言水平。她认为外语学习者有权为了自己的目的去使用外语。如果只有 native speakers 的语言和交际行为才是正确的话，那么学习者在跨文化交际中就处于一个弱者的、从属的地位，这是不公平的。用 native speakers 作为外语教学的目标至少有三大谬误。

第一，native speakers 的定义模糊，不适合作为教学目标。由于近年来的经济发展和人口流动使得语言状况变得越来越复杂，对 native speakers 的理解分歧越来越大。尤其是对英语作为国际通用语教学而言，English native speakers 的定义几乎是不可能的。首先，除了美国、英国、澳大利亚、新西兰等英语是唯一的官方语言的国家之外，还有很多国家和地区以英语作为第二语言，如印度、新加坡，再加上全球其他地区将英语作为外语进行学习和使用的人口，英语使用者的数量之大、分布之广令人惊讶。其次，每个语言群体内部由于年龄、职业、教育背景、社会地位、所处地理环境等不同，存在着很多的方言和语体。虽然，外语教学通常瞄准的都是使用该语言的主流文化群体，但是对主流文化的定义和描述也是一大难题。最后，鉴于英语在世界政治、经济、教育、外交等活动中所起的重要作用，它已逐渐脱离了传统的地理环境和母语群体的联系，成为来自世界各个国家和地区、持有不同母语的人们相互交流的中介语，即国际通用语。这一切使得 native speakers 成为一个抽象、空洞的概念。

第二，要求学习者达到同 native speakers 一样的语言水平，实际上忽视了学习者与 native speakers 在不同条件下学习或习得这门语言的事实。native speakers 的语言水平对于外语学习者来说是一个永远不可能实现的目标，而 native speakers 经过个人社会化过程长期积累发展的社会语言能力和文化能力更是外来人员不可能达到的。native speakers 和 non-native speakers 之间不可逾越的鸿沟主要是由母语和本族文化的根深蒂固性和它们在外语和外国文化学习过程中的迁移而导致的。因此，native speakers 模式不是一个切实可行的教育目标。

第三，即使 native speakers 的目标可以实现，这种能力也不是当前外语教学所需要的。因为，要达到 native speakers 的语言水平，被他们的文化同化，势必意味着要背离自己的本族文化，这一被同化的过程对于外语学习者来说是非常痛苦的，而且也是完全没有必要的，因为外语学习和外国文化学习的目的不是被目的语言和文化同化，而是通过这门语言和这个文化的学习，增强语言意识和文化意识，掌握跨文化交际的技能，培养对不同文化的开放、宽容、移情的态度。这就是为什么 Byram 和 Kramsch 主张用 intercultural speakers 来取代 native speakers 作为外语教学目标的原因。

跨文化的人的特点是“在一定的社会环境中能够灵活选用准确、恰当的形式，而不只是根据某一个社会群体的学术规范和社交礼节去说和写”。（Kramsch，1998）他或她能够转换几种语言或语体，灵活调整自己的言语行为，避免跨文化误解。具体说来，一个跨文化的人应该能够做到以下四点：

（1）能够辨别出两个群体关系中的冲突区域；

（2）能够解释冲突的行为和信念；

（3）能够解决冲突或对不能解决的冲突进行协商；

（4）能够评价一个解释系统的质量，并根据一个具有某个具体文化背景的说话人的信息，自己建构一个有效的解释系统。（Zarate，1997）

总而言之，一个跨文化的人了解多种文化知识，具有一种或多种文化身份，即使在面对自己从未直接接触和了解的文化群体，也能够友好相处，有效交流。

三、跨文化交际能力的构成要素

跨文化交际是一个多学科交叉、跨越性很强的新兴学科，这种跨越性决定了跨文化交际能力的立体性。跨文化交际能力是20世纪90年代针对跨文化交际人才培养提出的一种能力范式，它强调交际者跨文化敏觉力、跨文化意识和处理文化差异的技巧和灵活性。这三个部分不是孤立存在的，它们之间有着紧密的联系和层级关系，即跨文化敏感性处于最低层，处理文化差异灵活性处于最高层，跨文化意识则处于两者之间。换句话说，只有当交际者对各类文化差异萌生了敏锐的意识，才可能产生宽容的文化态度和交际的兴趣，面对不同的跨文化情景进行积极的自我调适，跨文化意识也渐次增强，进而采取灵活自如的处理方式，由此达到很高的跨文化交际效能，据此我们可以看出跨文化能力的培养是由低到高、循序渐进的过程。

（一）跨文化敏觉力

跨文化敏觉力是跨文化交际能力基本要素的第一个要素。有学者指出，跨文化敏觉力（intercultural sensitivity）代表跨文化沟通能力的情感面向，它代表一个人在某种特殊的情境或与不同文化的人们互动时情绪或情感的变化。（Triandis，1977）跨文化沟通的情感面向特别指出，具有跨文化沟通能力的人，能够在互动之前、之中和之后，投射与接收正面的情感反应（positive emotional responses）。这种正面的情感反应，最终会把当事人带到认可与接受文化差异的境界。这个过程正是发展跨文化敏觉力的过程。贝内特（Bennett）（1981）认为跨文化敏觉力是个发展的过程。一个人能够在认知、情感以及行为层次，把自己从我族中心（ethnocentric）的阶段转化到我族相对（ethno relative）的阶段。这个转化的过程包括六个阶段：①否认文化差异的存在。②对抗认知到的威胁以试着保护自己世界观的核心。③试图把差异藏匿在文化相似性的伞下，以保护自己的世界观。④开始接受文化与行为上的差异。⑤开始发展对文化差异的移情能力并成为双重或多重文化人。⑥能够把我族相对主义用到自己认同之上，而且体验到差异其实是人生很重要与值得愉悦的一部分。

文化差异的敏感性，不仅是对文化表层，更是强调对文化深层差异的识别能力。文化表层的差异显而易见，不需要特别的训练就可以识别，而文化深层的差异通常隐含在人们的行为和思想中，不易直接观察到。如西方人习惯的低情景交际和东方人采用的高情景交际是不易直观看到的，因此有意识地培养对文化深层差异的敏感性就显得尤为重要，这必须依赖于对不同文化的比较及对文化差异相关知识和经验的积累。

跨文化敏觉力是一个内涵丰富的能力概念，它包含了交际者的自信心、自适力、开明度、中立的态度以及社交的从容等相互联系的几个层面。

作为一个面对全新异文化的交际者，首先对自己的文化和自身素养要有很强的自信心，这种自信心使交际者在面临各种交际情景时采取乐观积极的态度，从而更易于接受他人和他者文化，也较易于被对方交际者理解和接受。同时，自信心让交际者在跨文化交际中遇到挫折、误解或疏离时，能够相对自如地应对这些交际逆境，更快走出交际困境。

跨文化交际的开明度意味着交际者要有多元文化心态，对异质文化应采取宽容理解并尽量去接纳的态度，而不是以自我文化为中心，以自己的文化价值观去衡量和评价对方交际者的言行。同时，开明度还包含交际者愿意适当解释对方不易理解和接受的自己的语言和行为，也乐于倾听对方在交际过程中的解释。其实，跨文化交际的开明度即是阿德勒在1977 年提出的“多重文化人”。多重文化人能够接受不同于他们自己的生活形态，更能在心理和社交方面掌握住实体的多重性（multiplicity of realties）。换言之，跨文化敏觉力强的人，不仅能够了解一个观念，可以用多种不同的形式来加以表达，并且对世界具有一个内化与广阔的概念。这些都是开放心灵的表征，促使一个人愿意认可（recognize）、感激（appreciate），甚至接受（accept）不同的观点。这种处处为他人设想与承受别人需求的特性，在跨文化交流中，就是相互确认（mutual validation）与认可彼此文化认同的发挥。

自适力是指在跨文化交际中，交际者根据交际情景和交际时间不断地进行自我调节，适应并进行有效交际的能力。据研究表明，自适力强的交际者对周遭的环境和对方交际者的行动更敏感，能够迅速捕捉到交际中的可用信息以及交际中适时的变化并调整自己的言行，以尽可能完成交际任务，达到交际目标。

中立的态度主要指交际者在真诚倾听对方交际者的言语时，能够主动摆脱自己文化带来的思维模式的定式，积极倾听对方的语言和意识，理解对方语言中的文化密码和交际意图。在对话过程中，尽量采用描述性而非评价性和判断性语言和态度，不以自己的文化价值为标准和依据去评论别人的行为，否则会产生文化偏见而导致民族中心主义。在倾听过程中，尽量不打断对方，必要时以点头或者眼神等身体语言与对话者示意，最后让对方感到心理愉悦和满足。

社交的从容是指在跨文化交际中不显露焦虑情绪的能力。在跨文化交际中，难免会遇到各种各样的交际困境和交际压力，交际者应具有良好的心理素质，不慌乱、不焦躁，能够摆脱交际困境带来的各种焦虑症状，如流汗、颤抖以及言语不畅等，以比较泰然的心态面对各种交际难题。交际的从容也利于交际者利用以往的交际经验和生活经验，在困境中发挥潜力而急中生智，战胜交际障碍，达成交际共融。

跨文化敏觉力较强的人在与来自不同文化背景的人交流时能更快地适应陌生环境，更有自信心，更能够以客观的态度看待文化冲突，并认真专注地倾听交际对象的交际意图，从而更快速地调整自己去处理交际中出现的挫折，更从容地应对跨文化交际过程中出现的各种障碍，确保交际的顺利进行。

（二）跨文化认知能力

国内知名学者戴晓东在其论著《跨文化交际理论》中，把跨文化交际的第二个层面概括为认知过程，即跨文化意识。他认为跨文化能力的认知过程主要涵盖自我意识和文化意识两个方面。自我意识是指交际者自我监控或对自己作为特定文化成员即文化身份的感悟，文化意识是指对影响人如何思考与交际的文化规约的理解。所谓“跨文化意识”，是指对不同民族国家之间的文化现象、文化规约和文化模式等的洞察和理解，对文化之间关系的领悟，并根据所领悟的对方文化特点来调整自己的语言和思维，以及据此产生的跨文化自觉性。跨文化意识的基础和前提是跨语言能力，而跨文化意识是跨语言能力的深度体现和非言语呈示。交际者跨文化意识的形成意味着交际者完成从单一文化认同身份到多重文化认同身份的转变（Chen&Starosta，1996），交际者站在第三文化的高处观照世界各种文化，这样才能在千变万化的文化现象和千差万别的文化语境中应对自如而立于不败之地。

跨文化交际中的认知能力主要涵盖两个方面的内容，即语言能力和文化能力。其实用另外一种表述是，言语交际能力和非言语交际能力。这是因为在跨文化交际中，运用的交际方式包括言语和非言语两种，其中言语交际正是语言能力的体现，非言语交际能力的高低则建立在交际者对双方文化背景的深刻洞察和理解上，非言语交际中的体态语、环境语、客体语以及副语言等无不包含着丰富的文化信息，交际者只有具备良好的跨文化背景知识，才能很好地处理这些非言语信息，从而进行有效交际。另外，言语交际中的盲区和误解常常存在，这些正是不同文化背景和文化内部系统迥异所致，非言语交际恰好补充了言语交际的这种有限性和不足，两者相辅相成，使跨文化交际得以顺利进行，最后达到双方需要的交际效能。

（三）跨文化行为能力

跨文化交际能力的第三个基本要素是跨文化行为能力，即跨文化交际的灵巧性，是强调交际者进行有效交际的技巧和能力。根据戴晓东（2011）的论述，跨文化交际的灵巧性是指交际者实施交际行为、完成交际目标的能力。跨文化交际的灵巧性涉及言语和非言语信息，它包括信息的传达、自我表露、行为的灵活性、互动的管理以及社交技巧等方面。交际灵巧性是交际能力的一种体现，它反映出交际者怎样调动有限的语言知识进行交际的水平。在跨文化交际中，如果交际者能够灵活有效地运用交际技巧，就会克服语言水平和文化水平的限制，从而达到交际目的。

传递信息的技巧是指交际者根据自己掌握的语言和文化知识，运用合适的交际策略和技巧，熟练地传达交际对方可理解的信息的能力。它要求交际者不仅具有熟练的语言功底和深厚的双文化底蕴，还要求在以往的交际经验中练就良好的信息传达技巧，这样才能尽量避免产生由信息误读和文化误解而导致的交际障碍，保证交际的顺利进行息传递的效率与自我表露技巧的高低有着紧密的关系。自我表露就是交际者在面对交际对象时，以恰当的方式向对方坦露自我心意和自我情态。这种表露在特殊的跨文化交际场合流露和表达出来，具有很强的导向性，而非普通好友或亲人之间的随意表露，因此要谨慎表露、恰当示意，表露方式要显得贴切自然、不做作，要考虑到对方的文化背景和语言水平，否则容易引起对方交际者的漠视或反感，甚至形成对交际者不利的刻板印象。同时，自我表露和信息传达的准确与否直接影响交际的有效性。得体的自我表露和准确恰当的信息传达也体现了交际者行为的灵活性。

交际行为的灵活性体现了交际者在各种交际场合中根据交际对象和交际时间不同而随机应变应对交际事务的能力，也体现了交际者交际策略选择的准确与迅速，同时交际灵活性也是交际敏觉力在行动上的体现和延展。有学者指出，高超的交际者能够运用灵活的言语提示，敏锐地捕捉对方的身份，并且适时做出调整，较快与对话者建立起良好的互动关系。

互动的管理是指交际者在交际中对互动局面的把握和控制，即在交际过程中，交际者适当控制交际节奏、说话顺序和交谈主题，适时地启动和结束对话。具有良好互动管理能力的交际者，能够调动交际场景中的各个交际对象，把握好会话结构，根据自己和其他交际者的交际需求设计和转换会话主题，不轻易打断别人，并认真倾听他者，最后实现交际者的交际意图，达到交际目标。

社交技巧包含移情和身份的维护两个层面。“移情”（empathy）作为美学概念，是德国学者罗伯特·费肖尔 1873 年在《视觉形象感》中首先提出的。日本语言学家库诺第一个把移情从美学领域借用到语言学领域，随后，移情这一概念逐渐被用到跨文化交际学领域。

跨文化交际中的移情是指交际主体自觉地转换文化立场，在交际中有意识地超越本土文化的思维模式，摆脱自身文化带来的束缚，转换身份到另一种文化模式中，切身感悟和理解另一种文化。移情在跨文化交际中是连接交际者之间的情感和文化的桥梁，是进行有效沟通的重要能力。据陈国明（2009）所言，移情就是把自己投射到互动对方的位置，暂时地想对方所想，感对方所感的过程，它把我们带入了别人的心灵世界。

跨文化交际中的移情主要表现在两个方面，一个方面是指听话人从说话人的角度准确领会话语的交际意图；另一个方面是指交际双方要设身处地地尊重对方的文化背景、风俗习惯和价值取向。整个过程包括：承认差异—认识自我—调适自我—准备移情—体验对方，进而克服民族中心主义，增强对别人的需求和跨文化敏觉力。文化移情要求交际者与时俱进地不断学习并具有开明的文化价值观。文化移情能力决定了交际者能否摆脱自身文化积淀所形成的思维定式的影响，从而自觉地避免因文化取向、价值观念、宗教信仰、伦理规范、思维方式、生活方式等差异引起的文化冲突，保证跨文化交际的顺利进行。在跨文化交际中，移情是为了有效沟通，但在移情的同时，也不能忘了对身份的维护。身份的维护应该包括对交际者自己个人和民族身份的维护以及对交际中他者身份的维护。交际行为的灵活性不能离开身份的维护，没有尊严的交际不是平等的交际，也不是我们追求的理想交际状态。因此，在交际中，优秀的跨文化交际者既能够根据对方传达的信息快速有效地判断对方的身份，并对之进行有效维护，又能够准确定位自己在交际场景中的身份和代表的民族身份，以维护它为交际的原则之一。

第二节　跨文化交际意识

跨文化意识的培养对于英语教学具有重要的意义。因此如何培养学生的跨文化意识成为当前英语教学的紧迫任务。

一、跨文化交际意识的内涵

美国加州大学伯克利分校的克莱尔·克拉姆斯克（Claire Kramsch）在英国布赖顿举行的第 31 届国际英语教师协会年会（1997）的讲话中指出，外语教学长期以来被以为是一种文化认同和文化同化的过程。而事实上，学生对这种文化认同往往在情感上很难接受，而且目的语社会事实上也不会在文化上接受所谓同化了的外语交际者。她认为英语并不是一种自我封闭的文化实体而一定要学习者去适应它，不同文化背景者讲英语会有不同的文化感受。外语交际过程事实上是在构建一种既不同于目的语也不同于母语的新的社会文化认同感。

感谢克莱尔·克拉姆斯克从目的语社会的角度提醒我们重新认识并思考英语教学中的文化教学问题。显而易见，其并不要求也不认同我们的英语学习者成为黄皮肤的老外。就连历来被认为是最保守的英国，近几十年来也发生了很大变化。有人认为，英国已经从纠缠于帝国情结的社会变成欧洲最适宜各种文化发展的社会；已经从极端内向和孤立的社会变成日渐国际化的社会，因此，我们的跨文化教育的重点应该是“增强意识”而非“认同采纳”。在英语已成为国际通用语的今天，我们根本无法通过认同采纳某一种文化而畅通无阻地与世界各族人民进行交流，唯有提高学生跨文化交际意识才是解决这一难题的有效途径。

那么，究竟何谓“跨文化交际意识”？作为学科教学目标的组成部分，跨文化交际意识不单纯指对异文化的敏感性。从我们所处的特殊历史时期外语教育最根本的培养目标来看，跨文化交际意识至少应有如下内涵。

1. 文化平等观

这涉及怎样看待自己的文化和他者文化这样一个复杂的问题。由于近代西方社会的快速发展，我们的青年学生容易艳羡西方高度发达的物质文明，认为人家什么都比我们强，“连外国的月亮都比我们的圆”，不知不觉中滋长出一种崇洋心理，看不起自己的文化，极端者竭力模仿西方文化，尽力断绝与母语文化的关系，其结果既不为目的语文化所接受，也失去了同母语文化的认同感，成了没有文化归属感的文化流浪汉。也有少数人盲目陶醉于祖国五千年灿烂的文明史，排斥优良文化以外的任何其他者文化，唯我独尊，其结果是自我封闭，拒绝合作。这两种态度均不可取。外语学习者首先须树立起文化平等观和语言平等观：承认各民族文化及语言皆具合理性。在跨文化交际出现困难和误会时，“我们应该努力把言语不通变为声入心通，应该尽量消除误会。可是，我们决不能归咎哪一方，决不能认为哪一方的文化更好，语言更美”。（王宗炎，1993）上述问题事关交际双方的合作诚意，是跨文化交际顺利展开的前提。因此，跨文化教育中首先要解决的问题便是帮助我们的学生树立起文化平等观和语言平等观。

2. 理解

这里所说的理解并不限定于理解某一特定文化中那些不同于母语文化的文化现象，也不是力求获得对世界各民族文化的了解，事实上这是不可能的。人类学家告诉我们，价值观念是文化的核心，它与文化的其他部分的关系犹如纲与目的关系。北京外国语大学朱维芳和萨拉·弗伦霍尔姆（Sarah Frenholm）新近对中国学生与外籍教师在课堂内外交往中所发生的“文化差异”现象的原因进行了调查，结果显示，社团价值至上（东方文化）和个人价值至上（西方文化）的差异是引起文化差异的主要原因；并发现有“部分学生已经能够变换视角，跳出社团价值至上观的束缚，用个人价值至上观来看待如何评价外籍教师的所作所为。他们对某些行为不仅能理解，还加以赞扬”（朱维芳，Sarah Frenholm，1997）。我们认为，所谓理解，便是指在跨文化交际中，交际双方变换视角，跳出自我文化价值观的束缚，以对方文化的价值观来看待和评价对方的所作所为，容忍、尊重并理解别人与自己的不同。这是跨文化交际得以顺利进行的保证。

3. 传播文化

吴宓先生为清华大学外文系制定的五个培养目标之一便是“汇通东西之精神思想而互为介绍传布”。许国璋先生一再批评那些没有知识、没有看法、不能连贯地谈论正经事、只会几句干巴巴英文的外语鹦鹉。其实，跨文化交际者更重要的身份是文化使者：在向国人介绍引进世界先进文化的同时也向世界传播中华文化。有一件事对我们颇有启发，1997年在南京召开的“97 国际企业营销报告会”上，来自世界五百强企业的营销专家登台时，全部操着流利的汉语，记者就这一现象进行采访，对方的回答发人深省：21 世纪的世界在中国，世界大企业要获得更大的发展，必须与中国一起发展；当中国提出与世界接轨的时候，许多世界大企业提出，世界要与中国接轨。由此可见，通过跨文化教育培养学生传播中外文化的使命感，让中国走向世界、世界走向中国，完成时代赋予我们的重任，已迫在眉睫，刻不容缓。

4. 融合文化

首先要说明的是，在跨文化交际过程中，文化的交融不是一个孤立的过程。实际上，它产生于理解，丰富于传播。把它单独立项，不只是为了讨论方便，更重要的是帮助学生树立起科学的、符合历史发展规律的文化发展观。一方面为丰富祖国文化遗产和推动世界文明进程做出贡献，另一方面通过文化的流通和交融造就新型的现代化人才，这实质上乃是现代化教育的根本课题和目标。

任何一个民族如果只困守自己文化的纯洁性，不学习其他民族文化的先进成分，那不但不会发展，而且还会倒退。

让我们引以为骄傲的华夏文化，在几千年的历史长河中，同周边的兄弟民族频繁交往，互通有无，不断融合。一方面，从兄弟民族中吸取文化营养，发展自己；另一方面，把自己的先进文化传播、渗透到兄弟民族中去，使其“同化”，共同发展。不仅如此，我们的祖先还跋涉崇山峻岭去“西天”取经，远渡重洋去亚非国家经商或进行文化交流。正因为有了这样的融合，才有了我们今天历时几千年不衰的华夏文化。

再看中国的元代（1279—1368），被誉为一代天骄的成吉思汗，疆土扩至西亚，直逼欧洲，可谓强盛之极。可元代统治者把人民分为四等，歧视汉人，拒绝汉文化，一方面造成了其统治的短命，另一方面也失去了发展丰富自身文化的绝好时机。而中国历史上另一个少数民族统治的命运就大不一样了：满人入关后，注意吸收、同化汉文化，其统治长达三百年，更重要的是满文化在其与汉文化的融合中获得了更广泛的影响和更持久的生命力。当然，元、清两代的兴衰不能如此简单地评说，可它们的不同命运与其对异文化的两种截然不同的态度绝不是纯粹的巧合。

当然，文化融合既不是盲目的“拿来”，也不是粗暴的取代，更不是单向的、彻底的同化或被同化，而是在与不同文化的交流、沟通中，注意吸收世界各民族文化的长处以丰富、发展自己，确保在世界文化之林中立于不败之地。

另外，在世界变得越来越小的今天，人类还满怀着一个美好的愿望，那就是希望各种文化能通过逐步的沟通、宽容、互补而获得对利益和价值的共识，建立起统一的“文化场”。当然，由于民族一国家的现实，目前这种愿望还只是一种理想，可理想的实现需要现实的努力，面向未来的教育说到底也是为实现人类未来理想所做的现实努力。如此看来，培养学生的文化融合意识尤其体现了跨文化教育的现实意义与外语教育的未来观的统一。

上述讨论归根结底是帮助学生形成对文化的一种信念与态度。跨文化交际意识的培养，就其本质而言，是帮助学生形成对文化的科学的信念与态度。我们知道，信念贯穿并制约人格全体，它操纵人的意识与行为，是人格的核心部分。因此，根本的信念与态度在整个教育目标的导向作用中起着实质性的基准的功能，从这个角度去认识外语教育中的跨文化教育，才能最大限度地挖掘学科教学中教学内容里的教育内涵，有效地在专业教学中实现二者的辩证统一，与学校其他一切外显的、隐蔽的课程和谐结合，促进学生人格的全面发展。

二、跨文化交际意识的培养

英语教学中跨文化意识的培养问题，是正确处理语言教学与文化教学关系的重要“软件”建设之一，它的重要性和必要性是不言而喻的。在过去相当长的一段时期里，由于种种原因，我国英语教学中重语言形式、轻文化因素现象在教学的各个环节都相当普遍，从而使相当多的教师形成了较为固定的思维定式和教学模式：注重的只是学生对语言形式的掌握是否正确，或语言使用是否流畅，而较少注意学生跨文化条件下语用能力和行为能力的培养。自20世纪80年代中期起，随着语言与文化研究领域大量新理论、新概念的引进，以及新的语言学理论在教学中逐步应用，我国英语教学界对文化教学在英语教学过程中的重要性和必要性的认识有了长足的提高，甚至可以说是质的飞跃。然而，认识的提高并不说明我们已经具备了这方面应有的素质。重视英语教学中文化因素的教学，重视学生跨文化交际能力的培养，不是靠“有意识”或“有意注意”就能顺利实现的，这里还有个如何上升到“无意识”或“无意注意”高度的问题，即跨文化交际意识的培养问题。所谓跨文化交际意识的培养，主要是指如何用现代语言文化学理论的基本观点来指导具体教学，使教学内容、教学方法和教学过程符合培养目标要求。这无疑是摆在我们教师面前的重要课题。

培养跨文化交际意识，实际上是要建立现代英语教育的一种新理念。显然，高素质英语人才的培养，需要有新的教学内容、教学方法和新的教育理念予以支持和保障，否则，培养目标的实现就会成为一句空话。

从英语教学的性质、规律以及跨文化交际的具体要求看，我们以为培养师生的所谓跨文化交际意识，主要有以下六个方面的内容。

（一）师生双主体意识的培养

教学的过程是作为“教”的主体的教师和作为“学”的主体的学生双向交际的过程，离开两主体的双向交际，而只局限于其中的任何一方，就难以有效达成教学目的。跨文化交际意识的培养也是如此。过去往往只调整教师主体在教学中的主导作用，而忽视学生主体的积极性和创造性，实践证明这是有百害而无一利的。因此，我们说跨文化交际意识应该是一种双向的意识。不但教师要有，学生更应该有，从而使教师既是语言教师，同时还是文化教师，学生既是学语言的学生，也是学文化的学生。

（二）交际意识的培养

交际是语言最基本的功能，也是英语教学的实质体现。跨文化交际脱离交际这一英语教学的核心，就失去了其存在的意义。倘若教学中的师生两主体缺乏强烈的交际意识，即不从交际的目的以及交际的形式出发去理解和把握英语教学的全过程，势必会削弱教学基本功能的发挥，影响学生跨文化交际能力的生成和提高。从教学内容和教学形式上看，就会有意无意地走“老路”。把注意力集中在纯语言知识的掌握或纯语言形式的教学上，而不去注重学生跨文化条件下综合运用语言能力的培养。因此，我们认为培养交际意识是首要任务。

（三）文化对比意识的培养

指对目的语与母语、目的语文化与母语文化进行对比的意识。唯有对比方能发现差异，方可有的放矢地进行语言与文化知识的教学。对比不能仅限于表层的形式对比，还应该有深层的内涵对比；不仅要进行语言的对比，还要有非语言的对比；不仅要做语言、非语言形式与意义的对比，还要做言语交际行为的形式与意义对比。对比的目的主要是发现异同，以便跨文化交流顺利进行。

（四）对文化敏锐的洞察力

语言或语言使用中包含着许多文化因素，有些是显性的，但更多的是隐性的，属深层次的文化背景知识。教学中若对此缺乏应有认识，就难以揭示语言中深刻的文化内涵。这就要求我们对文化因素要有相当的敏感度，尤其是对文化相关现象的洞察，切不可被貌似相同的形式和相同的意义等表面现象所迷惑；另外，洞察意识还要求正确区分出教学中两种不同功能的文化因素，即什么是知识文化，什么是交际文化，以便有针对性地进行交际文化教学。当然，是否有洞察意识还取决于师生两主体本身文化素养的高低。因而，只有大力提高自身的文化素质，尤其是两种语言与文化的素质，才是确保具备洞察意识的关键。

（五）文化鉴别能力

它包括两个方面：一是去伪存真，二是去粗取精。所谓去伪存真，就是从纷繁多样的文化因素中，去掉虚假的、表面的东西，而保留真实的、典型的东西。也就是说，对于交际文化因素要选择那些具有真实和典型意义的部分，即能如实反映所学语言国现实的材料，而不是虚假的或孤立的、属个别现象的材料。所谓去粗取精，就是通过有目的的选择，除去文化因素中消极的糟粕的部分，而留取积极的、精华的部分。这一点对我们来说至关重要。因为语言除有交际功能、文化载蓄功能外。还有其特有的教育教养功能。我们切不可不加分辨，一味地照搬照抄。对于西方文化，应有足够的鉴别能力。

（六）存我意识

西方语言教学界曾流行这样一句话：一旦学了外语，你便再不是原来的你了。它说明这样一个事实：英语教学中通常会出现“文化化”现象，即自觉不自觉地用目的语文化的思维方式和表达方式来“规约”自己的言语行为。究其原因，是因为学习英语几乎每时每刻都要理解生活在另一种文化中的人。当然，单从掌握语言的角度看这是对的，也是英语教学的目的所要求的，但若从文化角度看就不一定合适了。失去自我文化而一味地追求目的语文化，绝不是正常现象。我们说跨文化交际是语言与文化的双向交际，但完全失去“我”文化的交际岂不变成了单向文化交际。因此，我们认为英语教学中保留一定的自我文化是必要的，大可不必去以牺牲自我文化而求取目的语文化。在这方面，教师要做正确引导，使学生具有“存我意识”。

第三节 大学英语教学中跨文化交际能力的培养

近年来，跨文化教育已成为我国外语界研究的热门课题。20 世纪 90 年代后期，我国外语界基本达成了一种共识，即语言教学中必须要进行跨文化教育。不少高校的大学英语教学已经开始关注跨文化教育在英语教学中的作用。很多大学都开设了跨文化交际学课程，受到了学生和社会的关注，产生了积极的影响。

目前一些大学的英语教学已经开始关注跨文化教育在英语教学中的作用。如通过教学内容的背景知识介绍，提供大量相关的阅读材料，以扩大学生的知识面，让学生从多角度接触英语语言国家的文化，感受与语言文化相关的现象、文化、习俗等。但这也只是注重目的语的文化，而对自身文化关注相当匮乏。目前，中国和国际外语教学的主流研究还只是停留在文化差异和语言差异的分析上。很少考虑其中的文化权势问题，而这正是被国际交流中越来越多的人所重视的。任何一种跨国界、跨文化交流都是发生在双方（尤其是心理）平等的基础上，如果无视自身的文化传统、自身的民俗民风以及习惯等，而强化对方的文化与习俗，这样便不利于语言对比与文化对比研究，也不利于文化交流平等意识的树立，更不利于交流目的的实现。只有在对本国文化有了充分认知的基础上，并不断深化对优秀传统文化的理解，提高修养，才能去了解他国的文化，从中对比，吸收优秀文化，从而进一步拓展自己的跨文化心理空间。因此，英语教育教学既要重视目的语的文化，也要重视本国的文化，只有这样才能将双向跨文化交流传播获取知识过程的功效发挥最大。外语教学实践证明，将语言与文化结合得越紧密，对目的语的文化理解就越深刻，运用目的语的语言进行交流、沟通的能力就越强。学生通过对语言及语言文化相关知识的学习，可以认识到丰富多彩的世界文化，获得更多的知识，从而形成一种开放、平等、宽容、尊重的跨文化心态，对异国文化采取尊重和包容的态度，从而在交流中才能从容运用。因此，大学英语教师在教育教学中必须具备跨文化教育的基本素质，加强跨文化教育的研究与实践。在英语教学过程中，要通过多种方式引导学生关注、学习、思考相关文化的差异，并且乐于接受和善于理解文化的多样性。帮助学生跨越中外文化差异，消除中外文化歧见，树立对世界各民族文化的正确态度，尊重不同文化。这不仅要探讨如何正确面对外来文化，更重要的是如何吸取、借鉴外来文化。通过学习、交流不但要让中国人民了解世界文化，也要让世界人民了解中国灿烂、悠久的文化。

根据我们前面对跨文化交际能力基本要素的区别和分析，可以看出跨文化交际能力的培养分为三个层面。第一个层面是在接触和了解他国语言和文化时，不断加强交际者的语言功夫，丰富其文化积累，克服交际过程中易出现的两大障碍，培养交际者的文化敏感性，以提高跨文化交际敏觉力。第二个层面强调对语言和文化的深层认知，增强对他国语言以及背后的隐性文化和价值观的理解，如西方文化价值观中的个性自由和独立竞争等，这些方面的理解和感悟有助于交际者在交际中策略的选择，针对对方文化的异质性以及个人特性，做到有的放矢。第三个层面是培养交际者灵活运用所学语言、文化知识应对和处理跨文化交际中出现的各种交集情景以及突发事件等，这是跨文化交际能力培养的最高层面和最终目标。要达到这一目标，必须培养交际者学以致用的能力，培养他们根据过去对外国相关文化的认知，积极参与跨文化交际实践，锻炼他们处理文化冲突的灵活性。由此可见，从跨文化敏觉力的培养到对语言和文化的深层认知再到跨文化交际实践行为的训练，这三个层面既有一定的递进关系，又相互融会贯通，相辅相成。

一、培养跨文化敏觉力

关于交际者跨文化敏觉力的培养，首先要做的就是克服两大障碍。因为在跨文化交际的初期总是存在一些交际障碍。主要障碍之一是刻板印象。这些印象和看法可能是正面的，也可能是负面的。尽管大家都知道刻板印象不可取，但要做到完全避免却不容易。刻板印象忽视个体区别，一旦形成便不易改变。它僵化了交际者的头脑，使得交际者不能客观地对待另一种文化，失去交际应有的敏觉力。在观察他国文化时只注意与自己的刻板印象相符合的现象，而忽略其他更重要的差异信息。它妨碍交际者与不同文化背景的人相处，不利于顺利开展跨文化交际。因此，必须尽量克服由于刻板印象带来的负能量。对教师来说，在文化课上应尽量避免用带有刻板印象的话语，并提醒学生注意普遍文化概念下的个性差别。因为在跨文化交际中交际者首先面对的是交际个体，然后才是其背后的民族文化。不能因为对整个民族的刻板印象而影响了交际者对具体交际对象的判断和决策。跨文化交际中的障碍之二是民族中心主义，即习惯以自己民族的价值观衡量其他者文化，从自己的文化角度出发，以自己的评判标准评价对方交际者。一旦发现与自己的预期不同，就会对对方产生敌对情绪而引起文化冲突。有学者认为，所谓民族中心主义就是按照本族文化的观念和标准去理解和衡量他族文化中的一切，包括人们的行为举止、交际方式、社会习俗、管理模式以及价值观念等。

社会中的每个人都无法避开民族中心主义，尽管我们努力克服隐藏在内心深处的民族中心主义，但是，我们都成长在一定的文化环境中，文化早已融化进我们的心灵，指导着我们的行动，造成人们在观察别种文化时会不自觉地以自己的是非标准为依据，对于异质文化事物常会做出有失客观的判断。胡文仲认为，各个国家的地图都是把本国放在中心。美国人看中国出版的世界地图感到生疏，因为他们习惯看到的是把美国放在中心的地图。我们看美国的世界地图也觉得奇怪，因为突然发现中国在地图的一侧。这都是把自己国家作为中心的最好证明。在历史课上，往往也是这种情形。谈到对世界文明的贡献，一般总是突出自己国家的成就，而对于其他国家的成就估计不足。这些正是民族中心主义在作祟，要完全摆脱我们在社会化过程中获得的观念和看法是一个长期艰巨的任务，也是培养跨文化交际敏觉力的重要方向。

文化对比教学法是课堂上克服刻板印象和民族中心主义的主要手段，通过对比了解自己文化和他文化各自的特性。文化对比教学法的实施要求交际者摆脱自身文化的约束，避免简单化的定式思维，将自己置于他者文化模式中，在理性、平等的立场中感受、领悟和理解另一种文化。当然，对比教学法首先要求教师理解他国文化并选取典型文本解释其中的文化元素，帮助学生更充分地理解文本的语言信息和渗透其中的非语言信息，并与自己本土文化中的相应文化元素进行对照讲解，引导学生在解读过程中有意识地去寻找文化差异。比如教师讲解关于狗的文本资料时，由于狗在中西方文化中所代表的意义相差很大，如果不明白这一文化密码，交际中很容易产生误会。教师可以举例子：一个英国人对自己才接触不久的中国朋友说“you are a lucky dog”。中国朋友很可能会认为这位英国人在侮辱他。因为“狗”在汉语里是一种卑微的动物，狗的贬义形象在中国人心中已生根，人们常常用狗来形容不好的事物，如“狼心狗肺”等。但是在英国，狗却有很高的地位，英国人认为狗是忠实的朋友。英国人常常用狗来比喻人。如 Every dog has his day（凡人皆有得意日）、You are a lucky dog（你是一个幸运儿）等。这样的教学既形象又生动，还能增强学生的跨文化敏觉力。

交际参与度是跨文化敏感度的最佳指示变量，意味着要想通过跨文化敏感度来提高跨文化交际能力，最有效的是加强交际参与度，从而对跨文化交际能力产生影响。（白雪，2010）因此，除了课堂上的对比教学法以外，教师还要鼓励学生积极参与具体的跨文化交际训练和实践，并努力为他们创造跨文化交际的机会，这是培养他们克服刻板印象和民族中心主义的最好途径。因为在具体的训练和实践中，他们能真切地感受到文化的多样性和同一文化不同个体的差异，逐渐形成多元文化观和开明的交际态度，从而尽量主动克服因刻板印象和民族中心主义而导致的交际障碍，形成良好的跨文化敏觉力。比如可以设计多个与中国人的思想和性格迥异的文化模式，由不同的人扮演，让他们分别与中国人交往。从这个活动中，受训者会体会到自身文化的某些特点和他国文化的一些特性，从而提高自己的文化敏觉力。在条件允许的情况下，带领学生或鼓励他们多参加各种小型国际会议、国际论坛以及跨文化聚会是一种更为直接的训练和培养他们跨文化敏觉力的高效方式。一位西班牙的女学生，来中国留学以前是空姐，来中国几个月后她说她好几个朋友也准备来中国学习了。在她没来中国学习以前，她和她的朋友们都以为中国还没有通电，没有电话、电视机，甚至住的还是古旧的土房子，更别说电脑这样的高科技了，所以他们觉得来了会非常不方便。这些都是由于刻板印象而造成的，减弱了他们来中国学习和交流的意愿，但是由于那位西班牙空姐学生亲身体验了中国的现代化以及中国文化带来的乐趣，所以扭转了她和朋友们对中国的刻板印象。

综上所述，无论是为了克服刻板印象和民族中心主义带来的两大交际障碍，还是旨在培养交际者对语言背后文化的解读和参悟，形成较强的跨文化交际敏觉力，都需要课堂上教师有意识地进行文化对比教学和其他形式的文化拓展讲解法，更需要尽量给学生创造跨文化交际训练和实践的机会，这样才能让他们树立良好的自信心，能够在具体的交际情境中调适自我，从容地应对交际中出现的各种复杂状况，最后顺利实现交际目标。

二、培养跨文化认知能力

跨文化认知是指交际者对他国具有独特风格和内涵的文化要素及文化特质等方面的认识和了解，其本质就是学习与把握异国文化。文化认知过程随年龄的增长会不断变化。培养跨文化认知能力不但包括培养交际者跨语言交际能力，还包括培养交际者的跨文化交际能力。语言交际与文化交际是不可分割的，语言交际是文化交际的一部分，它为文化交际服务并反映着文化交际。跨语言能力和跨文化能力也是相辅相成的。跨语言能力除了包括对目的国语言的巧妙选择和熟练运用外，更重要的是对语言背后文化的解读和参悟，也就是在语言教学中渗透文化分析，培养学生逐渐深谙他国语言背后与自身语言不同的文化密码，以利于交际语言的选择和交际的顺畅。培养跨文化认知能力首先要加强交际者的语言功夫，在教学中要使语言教学与文化教学齐头并进，在输入语言基础知识的同时，也不忘相关文化知识的输入，从而加强学生对文化差异的熟识、理解和评判，以提高学生对文化差异的敏感性和跨文化意识。语言功夫主要体现在用词、句子陈述与主题选择的适当性上。

在跨文化交际语言能力的培养上，首先应该重视的是词汇层面。词汇是语言的基石，也是很多学生学习语言的难点。每种语言的词汇中都蕴含着丰富的文化信息，是该语言中最活跃的成分，也是文化最精密的汇聚点。词汇本身的新陈代谢映射了相关文化的发展信息。因此，教师在单词讲授的过程中，穿插一些跨文化交际知识，既利于培养学生的跨文化交际意识，又让枯燥的词汇学习变得生动有趣。讲解词汇时利用相关的谚语、典故、名句等融入课堂就不失为一种有效的方法。比如在高级班汉语课上讨论“朋友”主题时，可以引入“有难同当，有福同享”“患难之中见真情”以及“在家靠父母，出门靠朋友”等中国著名的谚语和名句，也可以顺势讲解《三国演义》中桃园三结义的故事。这些谚语、名句和历史典故反映了中国“义”文化，既能够增加学生对汉语的兴趣，又可以延伸词汇后面的文化知识，同时也能够促进留学生反观自己文化中“朋友”的含义及其与汉语的差异，这样的词汇教学自然会提高学生的跨文化意识。

除了词汇教学以外，句子陈述的跨文化培养也很值得重视，老师在课堂上讲解句子的时候，不但要讲解此种句子的语体风格适合在什么场合下使用，还要分析这种句子适合用在什么身份的交际对象上。句子的语气也是举足轻重的，比如请求语气的句子适合于与长辈说话或者请教别人帮忙时，而命令语气的句子则是用在命令下属或者孩子，如果没有掌握两种句子的区别而把语气用反了，在跨文化交际中很容易引起不必要的文化冲突。

另外，句子通顺与否、语法是否正确等也是教学中需要注意和训练学生的部分。在语法学习中领悟他国文化。在语法学习过程中，要注意比较外语语法与汉语语法的异同点，不要受汉语思维特点的制约，同时，在学习语法结构时，要强调其文化和交际功能。如“Lovely day，isn’t it？”只是英美人发起话题的常见语句，实无疑问。“Would you please turn off the light？”不表问而是表请求。西方人提出的请求常用问句，以示礼貌，但若长辈对晚辈或熟人之间可用祈使句。最后，谈话中主题选择的适当性同样不容忽视，这也是对语言应用能力的一个综合性考验。在拥有了词汇层面和句子陈述等方面的跨文化交际基本能力后，交际中的谈话主题是否得当，是否符合交际双方共同的交际需求，是否能引起交际双方的共鸣，是否需要继续深入谈下去还是转换为更有价值的主题，这些都需要学习。应在教学中通过具体的教学情景的设置、相关教学视频的播放，教师适时训练、引导和鼓励学生在跨文化对话中对谈话主题进行恰当选择和适时转换。

培养跨文化认知能力除了要培养交际者的跨语言认知能力外，还要培养其跨文化认知能力，即跨文化意识。培养跨文化意识第一步就是要让交际者从观念上消除偏见和歧视，认识到文化没有优劣之分，以平等的心态对待各个民族的文化和人。培养跨文化意识的第二步就是拓展交际者跨文化知识和眼界，树立多元文化心态和宽容的文化态度。培养跨文化意识可以通过以下途径来实现：①在语言学习的听说读写各种技能训练中。首先通过阅读外文资料感悟外国文化，在阅读中，多了解他国的科技、地理、历史和风俗等，熟悉他们的表达方式和风格，消除因文化知识不足而导致的理解障碍。其次，在外语听力中领悟他国文化。听力材料一般都是模拟的真实对话情景，因而听力训练过程就是一个跨文化意识培养的过程。要让学生知道交际中哪些话题应该避免，比如年龄、婚姻、薪水以及家庭住址等私人话题不应该作为话题。第三，在听的基础上要积极发言，主动参与到跨文化交际活动中，以提高自己在跨文化交际中的表达能力。最后，通过写作提升外国文化知识的内化和运用。在写作中，要充分意识到中外文化的差异，让人体会到流畅、地道、连贯的外语文章，从根本上提升跨文化交际的综合能力。②在外语活动中体验外国文化，主动结交各国朋友。例如，组织外语角、学唱外文歌、看影视材料以及编演外语剧等。在这些活动中，学生身临其境地体验真实的外国文化，了解他们的风俗文化和民族禁忌。同时，教师应帮助学生分析自己文化中哪些方面对自己有利，哪些不利，然后再分析目的语文化，分析其中哪些方面容易适应，哪些不易适应却易引起文化冲突，从而有意识地改变自己的行为模式，以利于跨文化交际目标的实现。③在各种旅行活动中，主动积极地营造跨文化交际的机会。总之，我们对文化差异了解越多，体验越多，越容易对他国文化采取接受和宽容的态度；同时，移情也有利于培养对文化差异的宽容性，我们一旦能从对方的角度考虑问题，就已经具有很强的跨文化意识了。

三、培养跨文化行为能力

其实，无论对跨文化敏觉力的培养，还是对跨文化认知能力的培养，最终都是为了使交际者在跨文化交际中能够进行灵活交际，即跨文化行为的灵活性，这三者不是截然分开的，而是互相依存的关系。跨文化敏觉力的培养包含跨文化认知能力和跨文化行为能力，而跨文化认知能力的培养中也融入了跨文化行为能力，而跨文化行为能力的培养势必以跨文化敏觉力和认知能力的培养为基础，并且是对这两种能力的一种巩固和融合。

跨文化行为能力即跨文化行为的灵活性，是跨文化交际能力的核心要素。它首先包括交际者能够根据交际双方的文化背景和个性特点，灵活地调整自己的交际策略和行为，尽量向对方的交际规则靠近（以不违反自己交际原则为前提），减少差距，营造和谐交际氛围，同时，灵活处理因文化差异而引起的文化冲突，在处理冲突时，交际者要善于运用恰当的语言阐明自己的文化困惑，介绍本族文化行为规范，弄清对方的文化习俗，找出冲突的解决途径，达成共识，完成交际任务。根据美国学者陈国明在《跨文化交际学》中所述，跨文化行为能力包括信息传达技巧、自我表露技巧、行为的灵活性、互动管理以及认同维护技巧等五个方面。当学生学习了跨文化行为能力的五个要素之后，教师分阶段、有层次地组织跨文化实践是培养学生跨文化交际行为能力最有效的途径。

（一）跨文化交际角色扮演

首先，角色扮演是教师在条件有限的情况下采取的一种跨文化虚拟实践，角色扮演可以分成两人组角色扮演及多人组角色扮演。两人组角色扮演要求两人分别扮演不同文化国的两个具有一定职业身份（或者学生身份）的交际者，模拟一个实际生活或工作场景，基本设定交际流程主线，留出适度自由发挥的空间，完成一定的交际任务。多人组角色扮演除了在交际者人数上有所增加外，还可以分为两个文化国或多个文化国之间的跨文化交际。多个文化国交际背景相对复杂些，因此多人组角色扮演应该在两人组角色扮演训练到一定程度的时候开展，使学生阶段性地增强跨文化行为能力。角色扮演的目的，在于让学生经由模拟的过程，面对并尝试解决跨文化交际中可能碰上的问题和障碍，通过信息传递、自我表露、互动管理以及移情等行为的训练，提高跨文化交际行为的技巧，增强跨文化行为能力。这个方法的优点在于把学生从旁观者变成参与者，使他们能够在模拟的跨文化环境里，亲身体验另一种或多种跨文化交际。

（二）跨文化交际互动实践

组织本校留学生和被训中国学生进行实际的跨文化交流，布置一定的交际任务，根据交际任务需求提供交际场所，并提醒中国学生注意跨文化交际能力五个方面的技巧，通过见面、认识、交流过程，老师观察学生在交际中的困惑、问题、冲突以及解决问题时学生表现出的焦虑或灵活变通。同时可以在学生不知晓的情况下把他们的交际行为摄录下来，在课堂上回放，有些交际失误学生会在观看中意识到，有些需要老师点出后给学生讲解，这样一个学期组织几次交际实习，每次针对不同的重点交际问题进行现场交际，学生的实际交际行为能力自然会得到提升，交际行为更加灵活，交际效能更高。在互动过程中尽量使用描述性、支持性的讯息。描述性的讯息指使用不妄加判断的态度，给对方明确、具体的回馈，支持性的讯息指沟通时同意或支持对方的看法并以点头、注视等动作技巧奖赏对方论点的能力。互动实践的优点是来自异国的交际者比本国角色扮演者能够带来更真实完整的异国文化讯息和行为形态。

中国与世界的跨文化交际日益频繁，除了和本校留学生进行一定的跨文化交际实践外，教师和学校还应该多鼓励学生积极参加国际会议或跨国活动，尽可能提供学生相关方面的信息和机会，以增加学生跨文化交际实践的机会，让学生在实践中去体验和认知文化差异，进一步有效提高自身处理文化差异的灵活性。这些建议的实施必然能促成学生的跨文化交际能力和综合文化素质的实质性提升。跨文化交际能力的形成有其阶段性、层次性，因此跨文化交际能力的培养也不是一蹴而就的，而是由表及里，由浅入深，不断发展、深化的过程。教师要针对不同层次设计不同的教学方法和侧重点。

总之，我们应当使学生意识到不同文化背景的人们惯用的言行交际方式，增强学生对不同文化背景的人们通常行为的了解，并把它们与受自身文化影响的行为联系起来，加深学生对自身文化的意识以及对不同文化、不同道德标准的人们的理解，深入了解不同文化背景的人们的日常生活模式、言语及非言语行为方式以及具体情境的行为原则。具体而言，我们要着重培养外语专业跨世纪人才的外语能力来应对 21 世纪的挑战。

1. 大学外语教育重点体现文化素质教育

语言是人类文化和知识的载体，因而外语教学是实施文化素质教育的一个重要途径。语言知识和语言技能的教学是需要通过学生的实践才能完成的，学习的效果在很大程度上取决于学生的主观能动性和参与性。因此，大学的外语教学更强调教师的指导作用。作为课堂教学活动的组织者和实施者，教师应该在最大程度上调动学生的主观能动性和参与性，目的是使学生成为课堂教学的真正参与者和合作者。在外语教学的实践中，效能兼顾的教学方法可以提供大量的语言知识点和文化着眼点的有效输入，同时营造轻松愉悦的学习氛围和课堂文化环境，在这个基础上，充分调动学生主动学习的积极性，从而引导学生在培养有效的学习方法的同时，同步提高自身所习得语言的相关文化知识储备。

必须注意的是，所习得的外语可以用来获取信息，也可以用来了解世界各个国家和各民族的历史文化、社会习俗、政治环境、风土人情等多方面的知识。更重要的是，在文化素质教育中，绝不能忽视母语的学习，良好的母语能力是学好外语、提高文化素质、培养跨文化交际能力的基础。

2. 教学中正常地发挥教材的作用

外语学习的教材选择同样是一个不能忽视的方面。一部好的教材指的是既包含所学习外语的语言知识，又包含其语言的运用知识和文化背景知识，对此，我国外语界人士都已经充分认识到文化在跨文化交际语言使用中的重要性，各大高校的外语专业都相继开设了英美概况、英美文学、哲学等课程，在提高学生学习外语能力的同时，扩大学生的事业。但略有缺陷的是，上述所提到的文化教学大多是关于英语国家政治、历史、文学、经济等方面的知识，即“成就文化”，而对于在外语实际性的交际活动中受文化影响最大的“行为文化”（behavior culture）涉及的是少之又少，甚至是根本不是，导致的结果是学生在跨文化交际能力的课程改革已经是迫在眉睫，必须马上制定相关的课程安排，并将改变付诸课堂的实践教学，如此培养的外语专业的毕业生，才能顺应时代和社会发展的需要。

在课堂教学的实践教学活动中，授课教师在关注教材内容的同时，也要采用切实可行的教学方法，使书本上静态的语言素材活泼起来，通过事实例句，引导学生自己来发现母语和所习得外语的相同和不同点，认识两种不同语言中所隐含的不同文化和价值观念。在这个基础上，让学生自己总结并且真正认识到语言深层的交际是使用得体的语言形式进行交际，而不只是语言形式的交流。授课教师要时刻牢记教材是课堂教与学的基础，它是为教学服务的。通过教材提供的语言素材，师生采用教、学互动的方式，提高课堂知识输入量，在有效的时间内吸收国外优秀文化的精华。

3. 课堂上培养学生的自我完善意识

交际能力主要是由语言能力和文化能力组成。在潜心培养学生文化能力的同时，并不意味着放弃或是放松语言能力的学习，语言知识是语言技能的基础，没有扎实的语言知识就不可能获得较强的语言技能；而语言技能的提高也会促进语言知识的加深、理解和巩固，在掌握语言技能的过程叶，应正确处理准确与流利的关系、阅读与其他技能之间的关系。在进行听、说、读、写、译的技能训练时，应用语言知识的准确性和应用语言技能的流利性往往会产生一定的冲突：但准确和流利不应处于对立状态，它们其实是一个硬币的两面，互相依赖。准确是流利的基础，流利则是准确的提高，若没有流利，准确只是空中楼阁，根本谈不上能进行有效的口、笔译交际。从语言学习规律来看，语言技能的娴熟性直接表现在语者交际能力上。听、说能力的提高是获得语言交际能力的基础，大量的语言输入是直接建立在听和读的基础之上的，同时，说、写、译是对语言素材深层次的应用和消化，语言知识也一步步地得到巩固。

在语言教授学习的过程中，教师应积极引导学生自己归纳、总结知识，培养学生主动学习的能力，耐心地指导学生怎样在学习过程中通过上下文来记忆和巩固学过的单词，总之，教师应该随时注意培养学生的语言意识、语言学习意识、跨文化交际意识以及主动通过实践获取知识的意识，这样一来，学生在学习英语的时候，并不仅仅是学习语言，他们同时也在学习如何学习。英语的学习过程也成为一个人获取语言能力、交际能力、文化能力和跨文化交际能力的过程。

外语教学的主要目的是培养学生的交际能力，而不了解所习得语言的国家文化不可能真正具备跨文化交际能力。因此，在培养学生跨文化交际能力的过程中，应该让学生尽可能多涉猎一些文化交际方面的书籍，鼓励他们与不同文化背景的人们进行交际。不断培养和提高他们的跨文化意识和对不同文化的敏感性及理解性，这样就能既学习语言又学习文化，从而成功地实现跨文化交际活动。

第五章　跨文化视角下的大学英语语言教学

第一节　以文化为中心实施听力教学

一、听力教学与文化

在外语教学过程中，听力有其不容忽视的地位，它常被列于四项基本技能之首。依照教学法理论，这四种技能可分为接受（听、读）和表达（说、写）两种。后者以前者为前提，而在听说两项中，听又显得更加重要。从文字发展的历史看，人类是先有听说，后有读写的。文字符号只是在口语的基础上才产生并以此为基础而存在的。因而，听力在教学中既是目的又是手段，是说、写能力的前提之一，与读相比，难度更大些。在听的过程中，我们不能像“读”那样有机会重读、查字典、求教于他人，甚至借助于参考资料，而只能力求一遍听懂，并往往要对所听内容立即做出反应。在我国，由于历史原因，在相当长的一段时期内，人们对外语学习的概念还只停留在阅读外文资料以获取情报信息上。在一些大学校园里，一些学生对听力是又惧又怕，到了“谈听色变”的地步。然而，在改革开放的今天，广泛的对外交流使听这一技能在外语运用中具有了前所未有的重要性，无论是日常生活的交流，还是一些学术报告、贸易洽谈，听都扮演了举重若轻的角色。因此，怎样搞好外语听力教学日益成为广大外语教师关注和研究的课题。

大家或许有这样的体会：当听到一些自己熟悉的材料时，不管是新闻、报告、演讲还是有关科技、艺术等方面的，一般都能够很容易地辨别并能较好地理解，即使材料中有些生词，也能够根据上下文猜测出它们的意思。但遇到一些我们不熟悉的材料或与英美文化背景知识关系密切的材料时，听起来就感到难懂得多。

尽管有些材料比较简单，也听懂了字面意思，但由于缺乏文化背景知识而不能理解其中的真正含义。

例如，我们听到这样一句话“The path to November is uphill all the way.”，这里 November 是指将在 11 月举行的总统选举。如果我们不了解 November 是指“11 月举行的总统选举”这一背景，那么就很难理解这句话的真正含义。

又如我们听到：Nixon’s Odyssey to China，其中，Odyssey 原为希腊诗人荷马的一部英雄史诗，描写 Odysseus 在古城特洛伊陷落之后的一段漫长而艰难的历程。这里用来喻指中美关系正常化的一段漫长过程，不能不说意味深长。如果不了解 Odyssey 这一故事，不知道 Odyssey 在这儿是“漫长历程”之意，就难以理解 Nixon’s Odyssey to China 的真正含义。文化差异在这里也扮演了重要角色。例如：中国文化一向视谦虚为美德，所以当一个人受到赞扬时，总是要客气一番说“哪里哪里”“不敢当，不敢当”之类的话。这不符合西方文化传统，西方人会把这种过谦视为自卑。西方国家里，夸奖别人的人总希望对方对他的赞扬做出肯定的评价和积极反应，被赞扬的应说些“谢谢”之类的话。又如中国人在路上遇见熟人，总是很自然地问：“你到哪里去？”“吃过饭了吗？”但英美人却会认为这种提问很不礼貌，是对个人私生活的干预。再如：英语国家的人接电话时，通常要先报一下自己的电话号码或单位名称，这样对方马上能知道自己是否要对了号码。而中国人之间打电话通常先问“你是谁？”“你哪里？”“你找谁？”之类的话，这是语言习惯问题。

因此，仅仅学习语言是不够的，还必须学习怎样使用那种语言，即必须掌握使用那种语言进行交际的能力，必须懂得什么时候使用何种语体和语言形式，怎样用适当的方式表达客气、友好等。

文化背景知识和文化差异在外语听力学习的中高级阶段已逐渐走向了中心的位置。如何实施以文化为中心的听力教学是至关重要的。在这里，有必要先阐述一下听力教学与文化的关系，以说明文化在听力教学中的重要性。

这里所说的听力并非简单地辨别声音的能力，而是理解所听内容的能力。音乐家的辨音能力可谓很强，但如果只懂得很少的英语，那么，他的英语听力也肯定不会好。同时，一个中国人虽然很好地掌握了英语的句子结构，也有较大的词汇量，但也不能据此断定他的听力就一定很好。其原因就在于决定听力的还有除听觉和语言本身以外的其他因素。

对此，心理学家也有不同看法。行为主义心理学理论认为，听的能力仅仅是通过反复刺激习得的。这一理论在某些方面和一定程度上有其道理，但如用以解释更复杂和大量的语言现象，则未免过于简单化了。

与此相对，皮亚杰（Piaget）提出了认知理论。他认为语言能力的习得过程又是向周围环境学习并与之相互作用的过程。在此过程中，有四种机制在起作用，其主要机制之一是“认知结构”或“图式”理论，它是人们向环境学习的结果，这一理论表明了背景知识的重要性。

“图式”（schema）一词用于描绘外界知识是如何在人的记忆中被组织起来并在理解语篇的过程中起作用的。它所指的是在人的记忆中有一个囊括一个人全部知识的储存库。当遇到新情况的时候，它就会从中挑选出有关的信息并用以确定新情况的意义。例如，我们每个人的记忆图式中都有关于饭店的知识：桌、椅、饭菜、服务员，以及吃饭付款等等。当一听到有关谈论时我们会自然地利用所有这些知识去确定和预料将要听到的话语的意义。如果人的记忆图式中没有这些知识，那么在理解过程中就会遇到困难。如当我们同一个对中国文化孤陋寡闻的美国人说“kotow”时，几乎可以肯定他不会理解其义。同样，当一个美国人对一个即使对美国文化有一定了解的中国人说“rip off”或“sucker”时，他也很可能听不懂。再如，中国人听到“hurricane”也许不太明白，但听到“typhoon”则会立即领会。由以上例子可以看出图式对听力是何等重要。正如瑞斯贝克（Riesbeck）所说：“理解语篇，从根本上讲就是一个从记忆中追溯信息并将其与听到的话语联系起来的过程。”

由此可见，人们在领会语言含义时，不能忽视目的语文化背景知识所起的作用。人们在理解语义时，必须运用其所掌握的各种知识进行思维、推理和判断。正如斯坦马克（G.E.Stelmach）所说的：“语言理解通常是几个认识子系统有机配合并同时起作用的产物，即使在社会交际高度受限的情况下，参与完成语言任务的认知机制通常所包括的也不仅仅是‘语言加工者’，同时还有感知与自动化系统”，“该系统用于思考在通常情况下我们与外界的联系，以及保存我们日常生活的经历、包罗万象的知识、对某些片段的记忆和期望等。”这段话阐明了语言理解及其相关因素的实质。他还进一步提出对句子的有效理解取决于对来自各方面知识的有机运用，从而表明语言理解与所掌握的语言本身之外的知识有着密切的联系。

总之，如果学习者不了解所学语言的民族文化背景知识，缺乏对词义的社会文化意义的足够认识，单靠扩大词汇量、延长练习时间来提高听力水平，是做不到的。这就要求教师树立新的语言观，有意识地引导学生既要关注语言形式，又要关注文化。

我们可以通过多种方式来了解一个国家或一个民族的文化，如直接在那个国家或民族中生活或阅读报纸、杂志及其他书籍。在教学过程中，尤其是在听力教学过程中向学生介绍一个国家或一个民族的文化更是十分必要的，这点我们将在下文中详述。

以上足以说明，文化背景知识对听力确有很大影响。文化背景知识和文化差异对听力理解的影响包括如下几个方面。

（1）陌生的文化内容有碍于对语音的正确辨别，从而影响对整体信息的理解。

（2）贫乏的文化背景知识妨碍了对所听内容的记忆，也影响了对完整意思的领会。

（3）文化差异对各种英语水平的人的听力均有影响。

（4）对有一定英语基础的人来说，文化差异对听力所造成的影响要比词汇和语法结构方面的影响大。

（5）所听内容的地方文化色彩越浓，理解起来难度也越大。以上结论足以证实前面的推断，而且这些影响均可以用图式理解来解释，即：由于头脑中缺乏文化知识框架，听者得不到必要的有关信息因而也就无法预测下文，结果可能只听懂了几个词、部分信息或是仅理解了字面意思而不理解其用法意义。有时，甚至可能从一个不相干的图式中抽出某些信息，借以理解新信息，这样就会造成误解。

二、以文化为中心实施英语听力教学

文化背景知识和文化差异在听力理解中体现出了很重要的一面。对外语教师而言，作为“传播文化的专业人员”，应该如何实施外语听力教学呢？答案是：在具体教学实践中，要以文化为中心实施外语听力教学，即在听力课中以文化为主线，突出文化内容，增加语言信息输入量，扩大文化知识储备量，加强语言能力的下意识习得功能。由于阶段的不同，每个侧重点也不同，外语教学主要分成三个阶段，即以表层语符为中心的初级学习阶段，以语义文化为中心的中级应用阶段和以语用修辞为中心的高级创造阶段。这三个阶段中，学生从低至高要接触大量的所学语言国家的文化传统，如民族习惯、风土人情、基本言语表达方式、社会交往模式、社会团体成员之间相互作用的规律等。在此基础上进行大量接受，形成储备的围栏，并进行过滤消化，形成自己的语言能力。由于阶段性不同，教师和学生在教学中具体选材和授课重点也应不同。在教学实施过程中，应包括以下几个步骤。

（一）文化背景知识的认知和输入

由于本章上文已经通过理论和具体例子阐述了文化背景知识对听力的影响，在此不再一一详述。那么，教师在听力教学过程中应如何去做呢？在听力材料中，一些较为难懂及有些生僻的词，在播放录音前，教师应指出词义和读音。除了这些词外，还有一部分词具有一定的文化内涵，所以学生不但要了解它们的字面意义，还应当了解它们的文化内涵，这样才能准确无误地理解所听的材料，并且掌握一定的文化知识。

例如听到这样的一句话：Sen Edward Kennedy went downhill since Chappaquiddick. 这是一个很浅显的句子，学生听起来不会有什么困难，但是如果教师不给学生讲明 Chappaquiddick 本是美国的一个地名，这里用来指 E.Kennedy 在该地发生的车祸一事，那么学生就不会充分理解这句话的用意所在。

听力材料中有很大一部分是对话。有些对话简单、易懂，但却需要学习者对文化背景知识有一定的了解。下面是美国人常讲的两个笑话：

1. A：Where are you from？

   B：I’ll ask her（Alaska）

   A：What do you ask her？

   B：Why do you ask her？

2. A：Where are you from？

   B：How are you（Hawaii）

这两个笑话中，在 A 看来 B 是答非所问，但如果 A 了解美国的地理概况，知道美国有两个远离大陆的州：阿拉斯加（Alaska）和夏威夷（Hawaii），那么，就不会闹出把 Alaska 听成“I’ll ask her”，把 Hawaii 听成“How are you”的笑话了。因此，在英语听力课的教学中进行文化背景知识的传授是非常必要的。

需要补充的是，由于文化背景知识的介绍和接受是一个长期和复杂的过程，这就需要教师有较强的能力，也需要学生的积极配合和参与。作为教师，应具备扎实的语言基本功和良好的文化素养。教师作为“传播文化的专业人员”，在授课前应认真备课，查找资料。

同时教师可以提出一系列问题以备学生参与和思考。虽然学生要了解的文化知识远不是教师所能逐一教得过来的，但教师应该尽量通过各种渠道向学生传授有关文化背景的知识，激发学生的学习兴趣，使他们能够比较容易和愿意进一步学习有关知识，从而切实提高学生的听力理解及语言水平。作为学生，应学会摘记资料，进行过滤、消化，扩大本身的语言信息的输入量，同时也增加文化知识的储存量。

（二）合适的文化切入点的选择

前文所述文化包括了文学、艺术、宗教等，是物质财富和精神财富的总和。这就需要听力教师在学生基础阶段听力学习时，选择合适的材料，进行合适的文化点切入。通过合适的文化点切入，教师可使学生了解希腊神话、罗马神话、宗教传说等一些文化内容。同时，不能忽略的是，听力的选材还有即时性，教师在寻找传统文化的同时，必须时刻摘记一些即时新闻，国家和世界发生的大事，时刻更换自己的备课笔记，更新信息储备。譬如，美国“9·11”事件发生后，教师可马上录一些有关此方面的报道、新闻等，同时在上课时先把一些相关的英文报道用幻灯打在黑板上，通过介绍先让学生对一些关键词和关键信息有所了解，然后播放磁带或相关视听材料，这样做能增加学生的学习兴趣，也使听力材料便于理解和接受，最终提高教学效果。

（三）听力教材的编写和选择、听力水平测试

文化差异和文化背景的理论阐述对外语听力教材编写和选择、水平测试都有指导意义。听力教材的编写已经越来越重视文化信息的介绍。笔者最近在为香港商务印书馆编写听力教材配套练习的过程中，出版社一再要求多增加文化的介绍。这一点表明，在全球化的今天，语言作为文化的直接表现方式已越来越多地接受文化的信息以逐渐更新本身的言语体系。但同时，在编写听力教材的过程中，首先一定要注意文化背景的比例和难度。一方面，通过教材使学生了解外国的风土人情和文化的差异，增强教材的趣味性。另一方面，也要考虑到不同年龄和学习阶段的学生的接受能力和理解能力，从而对所涉及的外国文化知识的难度和篇幅做适当选择，否则就会影响教学效果。例如，《英语中级听力》中有一课谈的是伦敦公园的花卉，要求学生听后写出各种花的名称及相应的颜色，而其中绝大部分在中国是鲜为人知的，如 saxifrage（虎耳草）、speedwell（婆婆纳属植物）、buttercup（毛茛属植物）等。对此学生连辨其语音都困难，更不必说达到书上的要求了。从这点上讲，该课本比起同级的其他教材就要难得多了，而且意义也不大。其次，某些听力教材尤其是一些专门类教材要不断更新。譬如，一些新闻类的外语听力材料由于存在即时性，必须经常更换。

听力教材的选择非常重要也很困难。现在没有一本听力书能包含众多综合性的文化，而且听力还有一个特点，就是在具体做练习时会有好多学生在听力教科书中没接触到的知识出现。因此，理想的听力课应包含两种：课堂教学和业余自学。在课堂教学中，教师应

以一本教材为主，以若干本教材为辅，进行多信息量的传输。更重要的是业余自学，听力课由于课时少但又很重要，平时自学就显得异常重要，学生可通过自学来弥补课堂教学的不足。

听力考试是检测学生听力能力和听力技巧的重要形式。当前，听力测试的题型相对较固定，有对话（conversation）、文章（passage）以及单句的陈述（statement）部分，专业英语四级和八级考试还有听写和新闻理解题，这些内容都能检测出学生的听力能力。有人认为，听力考试并不能反映出学生或参加考试者的真实水平。这话未免有些武断，应该说，不能完全体现。有资料统计，当前听力考试的内容至少在70%~80%上显示出了学生的真实水平。从笔者观察来看，综合能力较差的学生听力考试并不总是很差，反之亦如此，因为这其中还有听力技巧的成分。例如，北京的新东方学校为什么在托福和其他试种的培训中这么出名，就是因为他们有一套独特和有效的猜题技巧，就是所谓的听力技巧。这一点在考试中占的比例也能达到30%~40%。有一定的听力技巧再加上对所学语言的文化知识的充分掌握，听力考试就不会是一只拦路虎了。笔者认为，对听力技巧的传授和分析，也已形成了独特的听力教学文化。教师通过教授一些练习，传授有效的猜题技巧和猜题方法，对提高学生成绩、增强学生信心有显著的作用。当然，在出测试题时，在如何处理文化差异方面的问题上也存在着一定矛盾：不出这类题，体现不出外语的特点；出得过多、过难，试题的可信度又势必受到影响。如在托福考试中，文化的比例就比较高。据雷蒙德（Raymond Traynor）统计，托福题中有30%是关于美国文化的。这就使得那些熟悉美国文化的人考试成绩和心理上都占优势。当然，这对托福试题有其道理，因为它的对象主要是赴美人员，但在我们的实际教学中则应尽量避免。

（四）听力教学中多媒体设备的充分利用

现在的听力教学已不是几年前放放磁带、看看录像这么简单，教师必须学会运用现有的多媒体设备，在有限的课堂时间内给学生教授足量的文化知识。譬如，教师可利用网络资源让学生上课做练习，这样既节省了纸张，又提高了学生的兴趣。在播放光盘让学生做练习时，有些光盘设计巧妙，在学生点出答案正确和错误时，都会有一些趣味性图片或其他画面跳出，大大增强了教学效果。又如，在听力录像课时，现代多媒体的优势显露无遗。因为听力课和其他课型有所不同，在听力课上学生所接触的是有声资料而非文字资料，这些资料具有生动、形象、直观等特点。电影的播放恰恰体现了这些特点。一部好的电影可以说是一个国家、民族的文化之所在。教师应寻找合适的电影，通过直观教学，体现听力课的优势。当然，这就要求教师在课堂之余花大量时间备课，找出文化信息，进行文化背景介绍，了解文化内涵，准确无误地理解所听的材料。总之，听力不是一种孤立的、超然的语言能力，而是一种集阅读理解、阅读速度、词汇量、语法结构、语言文化知识、听力理解在内的各种文化综合能力。语言与文化是相互依存、相互交融的，我们在实施听力教学过程中不应该丢弃一方面而单纯地研究另一方面。以文化为中心实施外语听力教学就是把语言和文化结合起来，突出文化内容，培养学生高层次的语言分析和运用能力，可以说，听力教学离不开文化。

第二节 跨文化交际在英语口语教学中的实践研究

一、英语口语与文化

交际中语言的正确使用，不仅涉及语法规则，而且涉及语体知识、文化背景和风俗习惯，因此交际中语言使用的恰当性是十分突出的问题。语言学习不是一个孤立的学习过程，任何一种语言都是由生活在一定言语使用区域中的人们在一定的语境下通过口语或书面语形式相互交际而使用的。同时一种特定的语言总是和使用这种语言的民族或国家，及其历史、文化、社会背景等因素息息相关。语言和文化密不可分，语言的使用离不开社会生活环境，不同国家有着不同的语言和文化。在日常交际中，语言是交际的工具，交际的成功不仅受到语言规则本身的制约，而且受到社会文化规则约束。时间、地点、场景、人物身份、性别、文化习俗、个人爱好等一些非语言因素构成语言使用的社会规则。

语言与文化密切相连，语言既是文化的载体，又是文化的反映。有些学者在文化与语言的关系上更加激进，如美国语言学家 Wolff 认为语言不仅反映文化的形态，而且部分或全部地决定人们对于世界的看法。虽然这个假说有待进一步论证，但其提示我们在文化教学中，必须看重语言的意义。英语口语表达对把英语作为第二语言的中国学生来说，是一种语言和文化的双重反馈。在口语教学中，要经历语音、朗读和表达三个阶段。在语音阶段，教师应系统讲解语音知识，让学生在无意中显现其固有的带有地域性的发音习惯，并进行系统化的纠正。在朗读阶段，关键是培养学生对语调、重音、节奏感的把握，争取掌握地道的英语口语表达习惯。从文化视角来看，语音、语调以及与之相伴而行的高音、重音、语气、语速等副语言特征对语义的影响也是不可忽视的。这些发音特征显示了说话人的情感，其变化意味着传递的信息的变化。例如语音中升调、降调的变化，如同汉语表达中的反问语气一样，会表现出某种情绪。如“He hasn’t finished his homework yet.”和“He hasn’t finished his homework yet？”两句话的意思具有很大差异。前者是事实状态的陈述，不含个人评价；而后者类似于中国文化中的反问句，表达对其还没有完成作业的不满。在口语表达阶段，应首先解决口语表达的素材问题，这要求学生平时接触大量的口语表达方式。为适应跨文化交际需要，要求口语表达素材必须符合英美文化需要，并通过创设文化情境的练习进行巩固，达到口语交际的目的。在语言的文化教学中，我们应重点关注如下问题。

（一）词义与文化

一种语言的词汇可以看成是该语言群体所关注的所有的思想、兴趣和工作的总汇。由此可以看出，词汇具有丰富的文化意义。在中国和美国文化中，很多词汇本身蕴含着丰富的文化意味。例如汉语中的“松、竹、梅、菊”本身就蕴含着一种高雅文化，英语中的“thirteen”则意味着西方宗教特有的文化意义。“China”在西方词汇中指代瓷器，也代表中国，实际是因为中国盛产西方人喜爱的瓷器，因而瓷器“China”也成为中国的代名词。由于文化差异的不同，很多词汇有着不同的文化意义。如中国文化中的“龙”是华夏民族的图腾，在中国它总是与美好的事物相关联，而在西方文化中，“dragon”是一只巨大的蜥蜴，长着翅膀，身上有鳞，拖着一条长长的蛇尾，能够从嘴中喷火，是一只邪恶的怪兽，在西方文化中代表罪恶。基于如此巨大的文化差异，有人把中国文化中的龙译成“Chinese dragon”。再如红色在中国文化中多意味着吉祥、兴旺，结婚穿红色喜服，过年使用红色对联、红包；而在西方结婚礼服为白色，象征纯洁。在跨文化交际中，有些很常见的日常词汇的文化含义往往要借助于跨文化语言对比才能明确。Lado（1957）总结出词汇文化差异的三种情况：形式相同，意义不同；意义相同，形式不同；同型同义，分布不同。这一词汇文化差异的规律要求在词汇学习时，关键要记住这些词汇的文化意义和使用范围。例如西方人的晚餐往往是丰盛的，多带有葡萄酒；而中国人的晚餐则较为随意，正餐是午餐。在一个民族的词汇文化中，谚语和警句作为民族传统文化的沉淀，最能体现一个民族的价值观和生活方式。例如西方谚语中所说的“Don’t put all the eggs into a basket.”体现了西方文化中分散损失的价值理念。最后，在中西方文化中，有些词具有极强的文化象征意义，已成为一种文化现象的代名词。例如：“Shylock”（夏洛克）本是莎士比亚戏剧《威尼斯商人》中的一个人物，是高利贷商人，为获得暴利在发放贷款时附加违背人性的苛刻条件，现在在英语中被用来代指心肠狠毒、唯利是图的小人，具有专属性的文化意义；同样的英语中“Waterloo”（滑铁卢）本是比利时一个小地方的名字，因拿破仑在此地战败便具有了特殊的象征意义，英语中“to meet one’s Waterloo”被认为是遭到决定性失败的意思。综上，基于词汇的文化差异性，我们应加强文化语义学研究，促进词汇教学和文化教学的有机结合。

（二）言语使用与文化

在简单的、看似随意的程式化的言语使用中，体现着不同国家的民族文化的差异。问候语与道歉语能直接反映言语使用中的文化差异。

问候语：问候通常是见面寒暄交际行为的开始，或对他人存在行为的认可。在不同的场合、针对不同的交际对象，人们使用正式程度、语音不同的问候方式。在口语表达中言语问候按照问候者关注点的不同包括祝愿式问候、关心式问候、交谈式问候、称谓式问候、称赞式问候。问候本身体现着不同的文化观念。例如在汉语交谈式问候中，打招呼通常以对方正在干的事情为话题，借助提问打招呼，例如“打球呢？”；在英语国家中这种表达方式较少，经常是以打招呼、谈天气作为切入点。例如在中国文化中，大家见面打招呼的方式通常是“吃饭了吗？”，对方只需回答“吃了”或“还没呢”就行，“干什么去？”仅是双方见面寒暄找话题的方式，没有特定的意义，而有些西方人对此不理解。同样的在西方文化中，找话题、寒暄的方式可能是“今天天气怎么样？”回答“不错”类似的表达，其交流的并非天气本身，而是双方见面的问候语。这可能与文化交际中的对隐私问题的态度不同有关。在英语国家，工作、生活状况属于个人隐私话题，而天气是个中性话题，大家都可以谈。正式的问候语在不同文化中都有特定的表达方式。例如英语中“How are you？”回答“Fine，how are you？”极为常见，但一般适用于熟人之间，语气较正式。英语中的“How do you do？”对方回应“How do you do？”一般适用于正式场合熟人之间的寒暄。对于“Hello”“Hi”之类的非正式问候语，以同样的话语回答即可。问候具有相互性，对问候置之不理是不礼貌的行为。一般来说，问候语总是和人称代词及称谓语连用的。问候语的正式或随便应和称谓语前后一致。比如：

Hello，Jack. How are you doing？

（喂，杰克。你情况怎么样？）

How do you do，Professor Karl？ I am very glad to meet you.

（您好，卡尔教授！见到你很高兴。）

在英语中，问候形式受时间、地点、场合等因素的影响。“Good morning”是典型的例证，它用于早晨起床后至午饭前这段时间，在正式、非正式场合均可使用。但在文化含义上与汉语中的“早晨好”在时间上不对应，“早晨好”在汉语中多指起床后至早饭前这一短暂的时间内。英语中，“Good afternoon”（下午好）是一句较为正式的午后问候语，限定在午饭后至下午 6 点钟之前这段时间里，其在汉语中并没有相应的表达方式，可能在中国文化里“一日之计在于晨”，我们更重视清晨吧。在问候中，问候者和被问候者本身也是重要的影响因素。地位、身份或年龄的差异可能影响问候语的选择或者谁先开始问候。例如学生和老师见面通常是学生先用正式的问候语向老师问候。当然，这种问候的顺序也会因双方的需要适当改变。

道歉语：道歉是一种以保持或重新建立交际双方和谐关系为目的的言语行为，通常发生在一方做了他认为对对方产生不好影响的事情后，表示歉意、愿意承担责任的情况下。道歉语的使用与各民族的文化传统息息相关。在美国文化中，经常使用的“I am sorry”，经常被视为是自己行为给他人带来不便的一种解释，使用频率较高，“regret”才是我们中国文化中使用的道歉一词的含义。在西方国家中，说英语的澳大利亚人对道歉情有独钟，在社交活动中会不会经常表达歉意是一个人有无礼貌和教养的重要标志。在道歉方式上，中国文化在道歉上要求直截了当，不喜欢扭扭捏捏的表达方式，要求道歉的真诚，不可敷衍了事。在口头道歉中存在直接道歉和间接道歉的表达方式，直接道歉较为常见。由于中国传统文化顾及面子，有时在道歉问题上采用婉转的方式，甚至不用言语而用表情或行为表示歉意，这一点通常发生在长辈对晚辈等表达歉意的方式上。相比较而言，英语国家的间接道歉要相对少一些。在美国的道歉文化中，其经常强调事情起因的查明，而在真正的责任主体的承担上却很少谈及。而在日本文化中，日本人似乎更愿意抱歉，承担责任。

（三）语用规则与文化

在语言交际中，仅仅使用语音、语法、词汇是不够的，具体运用语言时，还需运用语用规则。例如在不同的文化中，人际交往的称谓语都是一个复杂的问题。在中国文化中，称谓随着社会生活的改变也在不断变动，并且存在一定的地域差异。在英语中社交的称谓较为稳定，但也区分正式场合和非正式场合。英语中的称谓大致有七类：通称、职务称谓、职业称谓、姓名称谓、亲属称谓、人称和不称，每种称谓都有其特有规则。英语中的通称，适用于社会各界人士。“Sir”（先生、阁下）和“Madam”（夫人、女士）是一组男女对应的敬称语。“Sir”和“Madam”一般不与姓氏连用，表达的人际关系不亲密。“Sir”是晚辈对长辈、下级对上级、士兵对长官、学生对老师、商店店员对男顾客的通称。“Madam”是对陌生女性的称呼，多见于商店店员对女顾客的称呼。在正式的公务信函中，对不熟悉的男士和女士的称呼也用此通称。通称中，“Mr.”（先生）和“Mrs.”（夫人）相对，这一组称谓可以和姓氏或姓名连用，但一般不和教名连用。“Mr.”（先生）多用于对无职称者或不了解其职称者的称呼，语气正式，适用于关系不密切人群间。“Mrs.”主要用于已婚女性的称谓，一般和其丈夫的姓氏连用。在英语国家中，伴随着女权运动，出现了“Ms.”（女士）这一词和男士“Mr.”相对应，回避了女性的婚姻状况，常用于社交和公务活动中。在英语表达中，如果交流对方有职称时，一般用职称和姓氏称呼对方。称呼学术界人士，用“先生”而不用职称称呼别人，意味着对学术地位的蔑视，在学术交流中很容易引起误解。在英语国家姓名称谓中用的最普遍的是首名或教名。以名相称是彼此熟悉、关系密切的体现。英语中的亲属称谓最能体现其与中国家庭文化的差异。英语中的亲属称谓主要用来称呼家庭或家族中亲属成员，用于非亲属成员间的情形较少。从文化差异角度看，中国文化中家庭居于核心地位，是一种大家庭或家族观念，亲属关系复杂，而在西方文化中，孩子成年后即独立生活，并建立以自己为核心的家庭。所以英语表达中“uncle”“aunt”含义较为简单，是对中国“叔叔 \ 大伯”“婶婶 \ 大姨 \ 小姨”等的概括体现。

（四）交际风格与文化

在人们表达思想时，不仅词汇在反映文化背景，表达方式、思维方式也在表现特定文化的特点。中国人的文化中经常说的“言不由衷”“行动胜于言语”，都在隐晦表达言语的缺陷；相比较中国人，美国人更重视言语的表达，美国人解决纠纷常用的谈判途径便体现了美国文化的这一特点。在说话风格上，美国人强调敢于表达自己的意见，如果出现谈话冷场局面，美国人会试图改变，而中国人的交际风格注重倾听别人意见，保持适当的沉默状态，喋喋不休在汉语文化中是贬义词，而美国人认为沉默是紧张、尴尬或有敌意，是表达不满。中国文化中打断别人讲话、帮别人接话是非常不礼貌的行为，而在美国文化中认为这是表达自己在认真听别人讲话，是对别人讲话的积极回应。中国人在讲话风格上很少咄咄逼人、直来直去，认为这是无礼的表现，主张采用中庸之道的委婉表达，而美国文化中认为在表达意见时应直言不讳，含蓄被视为是虚伪、思路不清、逻辑混乱的表现。美国在交流时更多地利用言语表达，中国人说话的表情、姿态是语言表达时经常需要特别关注的辅助手段。由于文化的差异，西方人在跟我们言语交流时，由于不习惯我们的交际风格，经常弄不清某些言语的意思。中西方在思维逻辑上也有很大的差异性。一般来说，我们中国文化习惯归纳思维，由个别到一般，因而在我们表达某种意见时文化的习惯思路是摆事实、讲道理，经常是先摆明事实显示自己以理服人。而西方文化多习惯演绎思维，由一般到个别，经常是直截了当的表明某种主张，然后用事实论证，而我们认为这样会造成一种对抗的氛围，实质上这仅是文化差异而已。

二、英语口语表达中跨文化交际障碍原因分析

跨文化交际中的误解产生的原因主要包括三方面内容。

（一）不同文化特质对环境和恰当行为的不同预期——认识上的误区

不同文化背景的人在交际过程中最易犯的一个毛病是误以为对方与自己没有什么区别，以己之心度人之心。一旦发现对方的行为与自己的预期相差很远，就会产生误解、困惑，造成跨文化交际的失败。

在文化交际中，任何交际主体对交际对象都有着不同的利益预期需求。在跨文化交际中面对的最大困难就是交际当事人对交际对象、过程、目的和结果有着不同的预期，交际目标期望值的差异会产生很多误解。在中国人传统的交际理念中，信奉的价值理念是“有朋自远方来，不亦乐乎”，中国人热情好客的传统决定了对待外国人殷勤、以外国人为中心的传统交际风格。例如，在邀请外国人的宴会上，很多外国人自己能做的事情我们要替他们做，比如替外国人夹菜，非常热心地劝酒等行为，殊不知由于美国文化信奉个人自由，个人是自身利益的最佳判断者，他们的文化预期是中国人的行为损害其个人自由和个人对宴会事务的自主决定权。问题反过来，当中国人参加美国人宴会时，美国饭桌文化由于美国人信奉的个人自由理念会显得较为冷清，美国人很少会劝客人多吃什么，少吃什么，由于文化差异会产生美国人自负、高傲的假象，会使中国人产生不对等的错觉，从而形成误解。实际上这些差异是由于各国文化传统的不同长期演变形成的，缺乏对异域文化的了解很容易产生交际的误解。又比如，一些高校举办了高校师资英语培训班，在讲课时，外教发现学生习惯于记笔记，特别是对陌生词汇、语法的记录，却少有人与其进行积极互动交流。起初，外教认为这是由于讲课内容、风格难以引起学生兴趣所致。后来发现学生习惯

在课间或课下通过电邮与之交流。最难以理解的是他发现他所积极收集推荐学生课后阅读的原版书学生很少涉及。为了沟通，外教邀请学生到其住所聊天，发现大家在聊天时很拘谨，有的学生不愿表达，竟在一边擅自翻阅他的私人物品消磨时光。这些经历，使其在教学上缺乏积极的自我效能感。其实，这个例子是源于文化差异导致的交际误解。外教作为美国人，认为课堂教学就应积极互动，课后老师指定的材料就应仔细阅读，即使外教邀请学生到家中做客，也应尊重其个人隐私，这是自己本民族文化的惯有思维。殊不知，中国人的课堂文化传统就是少提问、多记笔记，这是尊重教师权威的表现。在课后读英语原版材料，中国人由于资料缺乏很少去做，而且感觉这与习惯的课后练习不同。至于外教恼火的隐私，西方人认为个人的私人物品享有绝对的隐私权，而在中国人看来被邀请到其家中做客本身是交友的表现，没什么不能看的，隐私观念淡薄。中国人在日常交往中，无视自己的隐私，也不尊重他人的隐私，根源于中国传统文化。传统人际关系中，中国人信奉“君子坦荡荡，小人长戚戚”。

这种认识上的不同对文化交际会产生消极影响，需要积极应对。在跨文化交际的过程中，人们大致经历这样几个阶段：期望对方与自己一样，即会同等对待；实际情况并非如此，现实与预期差距很大，引起文化冲突；感到愤怒、恐惧；决定退缩回去。当然该学者展示的跨文化交际过程后果带有一定的消极性，但这种现象在跨文化交际过程中是客观存在的。为消除这种不良结果，我们在跨文化交际中，首先不要有这样的看法：期待别人与我们一样，因为文化差异是客观存在的。当在交际中感到不适时，我们应有一定的文化差异敏感度，思考这可能是因为文化误会产生的，并非事态发展的结果所展示的，从而及时调整认知与交际策略。

（二）在交际风格上，不同文化有不同的表达策略——克服刻板印象

交际风格体现着人们在传递表达信息时习惯采用的方式，文化的差异意味着不同文化有着不同的信息传递论证方式。例如在美国文化中美国人惯常采用直白、直线的表达方式提出交际的主题，认为这种表达方式意味着交流者的坦诚。即使因为这种直线表达方式双方发生语言冲突，一旦冲突解决也无碍双方关系，其认为是“就事论事”。反之在中国文化中，我们信奉和谐与中庸，在交流中更多采用迂回表达方式，注重语言表达的含蓄，减少直奔主题导致的正面冲突。在中国人的交流习惯中直线表达诉求往往给人以傲慢无礼的印象。在中美交际风格的差异中，存在一种有趣的现象。在群体性讨论中，美国文化更鼓励敢于表达自己的意见，在谈话中大家都是平等的，很少存在谈话的中心者角色，每个人都是交际的主角。反之，在我们中国文化背景下的讨论中，经常是有人扮演沉默的倾听者角色，而这也被认为是彬彬有礼的行为。

在文化交际中，刻板印象是对某些群体属性的信念形成定势思维。刻板印象是出于对事物的概括，但这种概括往往忽视个体差别，一旦形成就成为思维定式，形成固定看法。刻板印象使得在同另一种文化进行交际时，缺乏文化差异的敏感度，只认可思维定式中已

有的印象，对不同的方面则无法接受，因而不利于全面的文化交流。

（三）不同文化背景的人有着不同的话语表达方式

说话方式，主要指的是音调、重音、音高和节奏等副语言行为和其他一些言语行为。在英语的跨文化交流中，以英语为母语的英美人对语言本身的音调、重音等有特殊的语义表达的理解，不同的重音、音调可能意味着不同的情感趋向。而在把英语作为二语学习的中国人看来，可能缺乏对重音、音调的敏感度认识抑或缺乏对其意义重要性的理解，因而在语言交流中会产生众多的交际困惑。从文化角度来看，语音和语调的差异不仅反映说话人的社会文化背景，而且对不同语音和语调的态度还能折射表达者的一些政治倾向和价值观念。

三、跨文化交际与英语口语教学实践研究

（一）英语口语教学中跨文化交际研究现状

如在教学过程中不仅学生，甚至是教师都对跨文化交际的概念产生误会，即跨文化交际是排除在语言教学之外的独立课程，而实际上跨文化交际涉及多学科、多领域，语言研究只是跨文化交际研究的一部分，而语言交际只是实现有效交际、完成跨文化交际任务的途径。这种在现实教学中文化意识的缺失必然会导致课堂教学质量的恶化，更为严重的是抹杀了学生学习英语口语的积极性。问题之二是有些教师尽管在课堂上导入了文化知识，但并没有让学生将其转化为工具加以运用，导致文化与交际之间形成鸿沟。换句话说，跨文化能力不等于跨文化交际能力。跨文化交际能力是建立在跨文化能力和语言能力基础之上的综合能力。跨文化交际能力是英语语言学能力和跨文化能力的组合；跨文化交际能力包括交际能力和跨文化能力；跨文化交际能力是 20 世纪 90 年代针对外语教育与外语人才培养提出的一种新兴模式，它由交际能力和跨文化能力组成，强调学习者对文化差异的敏感性、宽容性和处理文化差异的灵活性。这里必须强调的是文化知识的获取不代表交际能力的形成。其三，目前的英语教学是语言先行为主，文化疲软现象严重，即先让学生掌握语音、语调、词汇、语法等语码信息，然后适当渗入文化元素。语言习得远远不能代表文化知识的获取。相对而言，我们强调语言与文化并行，无主次之分。从“跨文化交际学”的理论上讲“语言植根于文化，文化赋予语言存在的意义”。如果脱离文化而单独地进行语言教学，必然无法达到用语言交际的效果。

（二）英语口语教学中跨文化交际能力培养问题的解决思路

我们以英语口语课堂学生为研究对象，拟在课堂教学中运用如下策略以提高学生的实际语言交流能力（课堂之外加强对英语教师的文化培训也是必不可少的环节）：①语言输

入和文化导入并行，其中需要解决的主要问题之一是学生的语法恐慌，其二是学生的跨文化知识匮乏；②语言及文化输出及反馈，其中需要解决的主要问题之一是学生的语言输出心理障碍，二是学生的语用失误现象；③交际能力形成及应用。

在实际的英语口语教学中应重点着手解决如下问题。

1. 采取固定教材与补充资料相结合的办法，克服教材单一的不利因素

统一的口语固定教材在编排时较多强调传统的文化交际内容，在口语交际文化的变化上显示出一定的不协调性。口语教学任务要求学习任务和活动个人化，这意味着教材内容应与求学者的文化体验具有关联性，从而激发求学者的表达意愿。因材施教，口语表达材料的个性化需要教师辅助教学补充材料的帮助。

2. 更多关注交际规则的讲授

跨文化交际要求教师讲授两种规则，即语言规则（指语音规则、词汇规则和语法规则）和交际规则（指指导人们相互交往的行为准则），同时促进学生对两种规则进行灵活转化的能力。（毕继万，1998）语言规则的转化对于学生提高语言能力至关重要，对其讲授的重视有目共睹。但跨文化交际能力的培养很大程度上依赖文化交际能力。而文化交际知识的获得借助于文化体验，在很大程度上与求学者的个人意愿分不开。这要求在教学中应树立学习者为中心的意识，引导学习者通过教学反思等手段增强自主学习意识。运用人本主义教学理论，从各方面调动学习者的学习潜能。

3. 解决文化差异的敏感性问题是跨文化交际能力培养的关键

要提高文化差异的敏感性，需要接触多样化的文化种类，从而逐渐减少文化成见的消极影响。这要求教师在教学中搜集大量的典型信息，借助语境化的教学材料，将抽象文化与具体文化学习相结合，运用对比的方法，提高学生对文化差异认识的敏感性。

4. 频繁的口语演练增强学生在口语交际中对文化差异的适应和处理能力

对文化交际在口语教学中敏感度的把握需要频繁的文化体验。这些都要求学习活动和练习的多样化，多样化的练习能刺激求学者对文化差异的把握。当然，为增强求学者的自我效能感，在练习的难度上要遵循由易到难、从具体到抽象的原则。在英语口语练习中不断改变虚拟场景，组织学生进行双人或小组对话，在对话练习中观察体验学生的应急反应，并及时做出纠正。如假定初次见面场景让学生相互打招呼，学生如果缺乏对文化差异的敏感度，很容易把谈话主题切入到年龄、职业、婚否、收入等隐私话题，这时应及时对学生的表现做出总结，第一时间告知学生西方国家特别重视隐私权的保护，而宗教信仰更是敏感性话题，从而提高对学生文化差异敏感度的认识。

5. 鼓励学生利用多种渠道、多种手段，吸收、体验并积极地发现文化差异

影视欣赏是研究文化差异的有效手段。影视作为直观有效的信息载体，可以给学生带来震撼的感受。例如让学生欣赏电影《刮痧》，其讲述的故事能让学生更深刻认识到文化差异的深层次影响，强化学生掌握跨文化交际的动机，以减少文化误解。

6. 在口语训练中，利用听说结合的方法

在语言交际中，听说是相辅相成的，不存在只有孤立的说却没有听的场合。在口语实践中，若对对方的口语表达感觉听不懂，完全可以通过对方的解释而弄清楚。在语言教学中，听懂的内容稍加练习就会口头表达了。因此鼓励听力教学拓展为听说课，“说什么、怎么说”需要教师的引导，需要与听力材料有关，与学生的生活相关，从而增强参与性。

（三）英语口语教学方法与教学内容的拓展研究

在英语口语文化教学中，培养学生的跨文化意识和对语言现象的敏感度，运用元认知理论培养学生对异域文化的元认知认识。鼓励学生对口语教学中遇到的文化现象进行教学反思，体会文化特点与差异性，从而逐步培养口语表达的文化交际风格的敏感度。

在英语口语听说教学中，注重与文化教学的结合。口语交际中跨文化交际能力的提升，离不开文化交际教学的重视。在文化教学中，要保证教学内容和过程的情景化。只有真实的内容才能起到良好的导向作用，因此在听说材料的选择上，首先要保障选材的客观真实，真实反映英美文化或本土文化的侧面，反映真实的风土人情与人的思维方式。由于时间的限制，可能在英语口语教学中选取片段，这要求片段的编辑者必须择取代表性内容，同时通过课外扩展学习展示全面的文化，避免以点概面，一叶障目不见泰山的情形，产生文化认同的成见。同时，在文化交际内容的学习上，不仅要考虑学习者语言学习的需要，更要注重文化交际内容本身的系统性，不要片面迎合学习者需要。这要求在文化交际内容的系统学习上，应侧重文化教学的方方面面，涉及宗教、道德、法律等各方面内容。最后，英语口语交际中文化交际内容的学习涉及繁杂内容，需要运用现代多媒体教学手段，形成情景化的教学氛围，给求学者以身临其境的感觉，从情感上影响文化交际内容的学习。

在具体的英语口语教学中，为更好地把握文化差异，在教学内容上应注意以下教学内容的总结：针对英语口语教学而言涉及目的语国家的价值观和道德规范、历史、地理、传统习俗、生活方式等。因此，教学中应注意以下几个方面：

第一，禁忌语的文化差异。不同语言中的禁忌语常常可以反映出不同民族鲜明的文化特征。在一种文化中被列为禁忌的，在另一种中却不一定，反之亦然。英语和汉语的禁忌语反映在社会生活的方方面面。宗教和宗教信仰是禁忌语存在的一个重要领域。在信仰基督教的西方国家，上帝的名字“耶和华”便是最大的禁忌语，各种宗教词 God（上帝）、heaven（天堂）、hell（地狱）等词语只有在严肃的讲话场合使用才合适。违反用语的规定将受到人们的谴责或回避。除宗教用语外，种族歧视语也是语言禁忌的重要组成部分。在美国文化中，过去用来咒骂黑人或少数民族的种族歧视语在民族平等背景下成为完全禁忌语或半禁忌语。比如，nigger、niggard 或 niggruh（黑鬼）是侮辱性色彩强烈的完全禁忌语，Negro（黑人）则带有轻蔑性。如性别歧视语也是西方文化中的敏感词汇，对女性的蔑视语包括一些带有轻蔑色彩，专指中老年妇女的词汇，如 hen（爱管闲事的中年妇女）。英语文化中，咒骂语和猥亵语也是语言禁忌的一种，一般场合绝对不能滥用。这些词在英语

中多称为四字母词，因为其多由四个字母构成，如 shit（狗屎）、hell（混蛋）、damn（该死的）、fuck（他妈的）等。

第二，英汉词汇、习语的文化差异。在文化对语言的影响中，文化对词汇的影响最大。来自不同文化背景的人，带有不同的参考系统，在理解特定的词语时，往往以头脑中固有的参考系统为参照，因而在跨文化交际中，虽然使用同一词语，心里联想到的含义却不尽一致，因此使得词汇的文化内涵产生差异。

第三，价值观念与思维方式差异。这一问题在中西思维差异中已详细阐述。

第四，节日文化差异。每一个民族都有自己的节日，中西方节日的风俗习惯明显不同。如西方文化中重视圣诞节，我国则是春节。

第五，委婉语比较。委婉语指说话时迂回曲折，含蓄隐晦，不直陈某人某物，也能起到较好的语言交际效果。其出现和语言禁忌有着直接关系。委婉语一方面可以维持语言禁忌的功能，另一方面又可以用来保持良好的人际关系，促进言语交际的正常进行。例如西方文化中对死亡的委婉表达。“To go to another world”（到另一个世界去）“to pay one’s debt to nature”（向大自然还债了）等。死亡既然是禁忌，可以用比喻的手段委婉陈述，表达良好的愿望，例如“go to the heaven（要去天堂）”等。英语交际中，对于某些生理行为如大小便、怀孕等行为普遍有委婉语表达。如“厕所”在英语中经常有“powder room（化妆室）、toilet、gentleman、ladies”等之类的表达。对于“怀孕”经常有“to be expecting a baby，to be a mother”等表达。英语表达中，对于身材、长相也有委婉语表达。例如描述瘦人，一般用表达身材苗条的 slim 或 slender 而不用 skinny（瘦骨嶙峋）。描述某人长相丑陋，除非在文学语言中表达某种情绪，很少用 ugly，而使用 plain-looking（长相一般）表达。

（四）体验学习法对学生跨文化知识能力的提升

无论身处目的文化的环境中，还是在本族文化的环境中，只要有来自目的文化的群体，就可以利用参与观察式的文化学习方法，进行文化探索和跨文化实践。现在的高校，既有来自欧美国家的留学生，又有来自英美国家的外教。他们乐于与中国学生进行文化交流，这为学生利用参与观察式的文化学习方法提供了广阔的空间。基于文化差异的不同，为取得研究方法实施的积极效果，需要对学生进行适当的文化体验法的培训。

培训的重点在于教会学生如何与来自其他者文化的群体交流，如何利用自由式采访技巧，了解目的文化，反思本国文化特性，在文化异同比较中增强跨文化意识的培养。Damen（1987）总结了外语教学法应用参与观察法的七个步骤。①确定研究对象：可以是一个外国文化，也可以是自己的本族文化。②选择采访对象：愿意而且能够为研究者或学习者提供相关文化信息的人。③初步了解文化：通过相关书籍、杂志和手册等第二手资料，掌握一些文化的普遍知识和有关目的文化的具体知识。④采访：以访谈的形式，引导研究对象对研究者或学习者所关心的文化侧面作详尽描述。⑤分析资料，形成文化假设：对前面获得的第一手和第二手资料进行分析、综合，概括出关于不同文化主题的假设和描述。⑥对镜自照：反思自己的文化参考框架，比较目的文化和本族文化。⑦将理论与知识应用到工作中去：建议语言教师把以上文化学习的成果（具体文化知识和文化研究方法）纳入教材编写、教学计划和课堂活动中去。对于外语学习者而言，则是将这种认知和体验式学习相结合的产物应用到今后的文化学习和跨文化实践中去。

为培养高校学生的英语跨文化交际能力，教师应该尝试在英语口语教学中推广参与式观察法。首先在口语学习中为学习者布置文化学习任务，即让学习者选择自己感兴趣的文化学习内容。然后让学习者通过书籍、杂志、网络和手册等第二手资料，掌握一些有关文化的普遍知识和有关目的语文化的具体知识，并与自己所选择的文化学习主题内容相结合，进行总结归纳。接着在自己搜集整理资料的基础上，与本族文化中的相同元素进行对比，找出文化之间的异同，这样更能促进跨文化交际能力的提升。最后把这些文化差异分析结果运用于英语口语学习，从而促进英语口语交际能力的根本性提升。

第三节　大学英语阅读课程中跨文化交际能力的培养

一、文化与阅读理解

（一）文化背景知识对阅读理解的重要性

语言是文化的载体和折射，是文化的一个组成部分。大量的语言试验说明，英语阅读的障碍不仅仅存在于词汇和语法方面，语言所承载的背景知识和文化信息也是阅读理解的主要障碍之一，因为不同语言中某些词语的概念虽然基本相同，但其表达意义和社会文化含义却往往独具浓郁的民族特色，深深地被烙上民族历史、文化、习俗、政治的印痕。“它不仅包含着民族的历史和文化背景，而且还蕴藏着该民族对人生的看法、生活方式和思维方式。”奥苏贝尔（Ausubel）认为，文化背景知识同语言知识相辅相成，是阅读理解过程不可分割的两个方面。只有当学生将文化背景知识与语言负载的语言文字联系起来以后，意义才产生，理解才产生，阅读的交际功能才得以完成。英语阅读理解要做到理解透彻就必须要有足够的英语国家文化背景知识。

关于文化的定义各种各样，其中被认为最经典的是英国人类学家泰勒在 1871 年所提出的：“文化是一个复合整体，其中包括知识、信仰、艺术、法律、道德、风俗以及人作为社会成员而获得的其他的能力和习惯。”尔后，美国著名的文化学家克鲁伯和卡拉克洪在《文化：概念和定义的批判性回顾》（Culture：A Critical Review of Concepts and Definitions）中对泰勒所做的定义进行了较为深入的阐释：“文化包括各种外显和内隐的行为模式，它通过符号的运用使人们习得或被传授，并构成人类群体的出色成就，包括体现于人工制品中的成就。文化的基本核心包括传统观念，尤其是价值观念。”一般认为文化包括社会系统、思想意识系统、技术－经济系统和语言系统（social system，ideational system，techno-economic system，linguistic system）四大部分。社会系统主要包括社会制度、行政体系、教育体制、历史、风俗等方面；思想意识系统包括宗教、哲学、信仰、价值观等方面；技术－经济系统包括科学技术和经济诸领域的理论、运行模式等；语言系统则指语言、文字、语法、词汇、修辞规范等方面。

东西方社会是在不同文化的基础上形成和发展的，所以人们的思想、信仰、习俗等都有不同程度的差异。语言是一种特殊的社会文化现象，它是人们在长期的社会生活实践中约定俗成的。而思维方式是沟通文化和语言的桥梁，它既是文化心理特征的体现，又是语言生成和发展的深层机制。英语教学中的文化背景主要指英语国家的地理、历史、风土人情、传统习俗、社会生活、文学艺术、行为规范和价值观等。每个民族都有自己独特的风俗习惯和文化背景，人们总是根据自己的文化背景及语言习惯用自己固有的思维方式去理解别人所说的话，所以如果不熟悉英美国家的文化背景知识，不懂得用西方思维方式去理解英语语言，就会产生误会，造成交际障碍。下面仅从几个方面来分析文化背景知识对阅读理解的影响。

（二）文化背景知识对阅读理解影响的几个方面

1. 西方国家的传统风俗

以《大学英语》（上外版）课文 A Miserable，Merry Christmas 为例，在课文的开始部分有这样两句话“There ought to be something to fill your stocking with，and Santa Claus can’t put a pony into a stocking. That was true，and he couldn’t lead a pony down the chimney either”。若不了解西方过圣诞的传统，学生会搞不懂圣诞老人怎么会牵着一匹小马沿着烟囱来，因此教师们在讲解这一课时，要向学生介绍相关圣诞节的传统，告诉他们圣诞老人是通过烟囱把礼物送到小孩的长袜里去的。学生们了解了这一文化背景知识，理解上面两句话的意思就容易了很多。

2. 西方人的社会生活

以《大学英语》（上外版）课文 The Professor and the Yo-yo 为例，“Although he corresponded with many of the world’s most important people，his stationery carried only a watermark for Woolworth’s”。这句话的意思是：虽然他（爱因斯坦）与世界上的许多要人通信，他用的却是有 W 水印字母的信笺，水印字母 W 是五分钱商店伍尔沃思的缩写。Woolworth’s 是美国一家由 F.W.Woolworth 在 1879 年就已创立的迄今已有一百多年历史的只出售五美分商品的廉价连锁商店。如果不了解美国有 Woolworth’s 这样的特殊连锁店怎么能正确理解这句话的意思呢？这句话隐含的意思是，尽管爱因斯坦是一个举世闻名的科学家，但他在生活上非常节俭，从而形象地刻画出了爱因斯坦的人物性格。有一类词，它们具有更鲜明的文化内涵，只表达某种语言所独具的事物和现象，如“the United States has set up a loneliness industry”，此句中的“loneliness industry”指的是美国的一种福利事业。由于美国越来越多的子女不愿与老年父母居住在一起去照顾他们的生活，美国政府便下决心建立了“loneliness industry”，一种专门为孤寡老人服务的社会项目。

3. 西方文化中的典故

几乎所有人在说话写作时都引用历史、传说、文学或宗教中的人物或事件。这些人物或事件就是典故。许多英语典故涉及的人物和事件来自英国文学宝库，如希腊罗马神话和莎士比亚作品。比如，It was a Herculean task，but he managed to do it. 那是非常艰巨的任务，但他终于完成了。a Herculean task 指需要巨大的体力或智力才能完成的任务。海格力斯是希腊神话中的身材魁梧、力大无穷的英雄。他曾被罚去完成 12 项极为艰巨的任务，成功后，被封为神。再如，有的学生顾名思义将 John can be relied on. He eats no fish and plays the game. 翻译成：约翰能够被信赖，因为他既不吃鱼又喜欢玩游戏。其实，“to eat no fish”出自一个典故，在英国伊丽莎白女王时代，基督徒为了表示对政府的忠诚，拒绝遵守反政府的罗马天主教徒在星期五只吃鱼的习惯。因此，“to eat no fish”表示“忠诚”的意思。“to play the game”和“to play fair”同义，可以理解为“为人正直”。这句话的真正意思是：约翰既忠诚又为人正直，是个能够信赖的人。又如：The congress which assembled Monday for its last session is full of what they call “lame ducks”.（国会于星期一开最后一次会议时，有很多所谓的“跛鸭子”议员。）如果读者不知道“跛鸭子”的典故，就无法正确理解其含义。在美国总统选出之后，当选总统及官员春风得意，总统所在的党派扬眉吐气，趾高气扬，而前总统及其政府官员，他们即将卸任，心情沮丧。美国人称那些竞选失败、即将离任的官员为“跛鸭子”（lame ducks），指走路一瘸一拐的鸭子，再也飞不起来了。同样，英语中含有大量丰富的特定历史文化背景下产生或由历史典故形成的习语，这些习语在阅读中起着至关重要的作用。如：meet one’s Waterloo（一败涂地），Watergate scandal（水门事件），a Pandora’s box（潘多拉之盒），达摩克利斯之剑 sword of Damocles（随时可能发生的危险），特洛伊木马 the wooden horse of Troy（潜伏在内部的敌人），酸葡萄 sour grapes（得不到的东西便说成不好的）。

文化差异所导致的对词汇的意象和联想不同在阅读理解过程中也可能造成理解偏差。以龙为例，在中国，龙是吉祥物，我们都是龙的传人，皇帝的身体称为龙体，老百姓都望子成龙；而在西方，龙却是凶险邪恶的象征，是吐火伤人的怪物。由此可见，语言和文化是密不可分的，不了解英语的文化背景，就无法正确理解和运用英语。

因此，作为英语阅读教师，要有意识、有目的，并尽可能多地介绍和传授英语国家的文化背景知识以及比较中西文化之间的差异，努力提高学生对语言和文化差异的敏感性，使他们了解生活在不同社会背景中的人们的语言特征和文化习惯。在教授语言时，不应只局限于语言形式的讲解传授，还应该向学生传播英语国家的文化背景知识，要使学生通过课堂学习了解并熟悉与东方文化不同的一种西方文化，体会东西方文化的差异，避免由于缺乏文化背景知识而无法理解或误解一些典故和熟语，造成文化休克，最终影响对于课文中所传递的信息的准确理解。

（三）文化背景知识的教学方法

1. 通过课堂教授

文化是人类在社会历史发展过程中创造的精神财富和物质财富的总和。可以说，它是一门具有综合性的杂学，是反映不同历史时期不同国家、不同民族特点的一些基本常识。文化背景知识的传授应是一种密切结合语言实践的教学，一般应与阅读实践课同步进行，文化背景传授要为语言实践服务。换言之，传授文化背景知识的目的是为了使学生更深刻地理解英语，更恰当地使用英语。著名英语教育家胡文仲认为提高学生跨文化意识的途径多种多样，如开设课程、举行讲座、举办展览、开展课外活动等，但最有效的是结合日常的外语教学进行文化对比，并提出结合日常教学可以从各个层面进行，如词汇、语用、语篇等。

（1）利用词汇教学学习文化背景。词汇是语言的基础，是一个民族文化概念的指代方式，具有丰富的文化内涵。要使学生准确地理解把握英语词汇（包括单词和习语、成语等）的含义和用法，需要对英语国家文化深入了解。在讲解词汇时，介绍词汇的文化内涵，进行文化知识的渗透，避免从字面意义上做主观判断。如在中国，称中年以上的人为老，是尊敬的表示，而在西方，老却意味着衰朽残年。所以，美国的老人不喜欢别人称其为老人 elderly people，而用年长的公民 senior citizens 这一委婉语来代替老人。再例如汉语中有关狗的习语大多含有贬义，如狐朋狗友、狗急跳墙、狼心狗肺等。狗的贬义形象深植于汉语文化中。而在西方英语国家，人们通常将狗作为宠物来养，在牧羊区则用牧羊犬帮助管理羊群，狗被认为是人类最忠诚的朋友，因此西方人对于食狗肉十分反感。英语中有关狗的习语除了一部分受其他语言影响含有贬义外，大部分没有贬义：You are a lucky dog（你是一个幸运儿），Every dog has his day（凡人皆有得意日）等。又如，intellectual（知识分子）在中美各自的文化背景中含义大不相同。在汉语中，“知识分子”泛指“有一定文化科学知识的脑力劳动者。如科技工作者、文艺工作者、教师、医生等”（《辞海》1979 年版）。而在欧美，科技工作者、文艺工作者和医生当中可能会有一些 intellectual，但作为群体肯定不属于 intellectuals 的范畴，教师中也只有一部分可以称为 intellectuals。此外在美国，intellectual 并不总是褒义词，同时也含有只知探讨理论而对实际问题束手无策的意思。

由于文化背景和思维方式的不同，英语中几乎没有与汉语完全对等的词，即使有一些英文词汇概念意义和中文一致，也可能是表达不同的文化心理和文化内涵。因此教师在传授学生这方面词汇时应特别注意结合相关的文化背景知识，使学生充分理解这类词汇在英汉意义上的区别，避免日后实际应用时出错。

（2）利用翻译教学学习文化背景。大学英语教学中不可避免地会涉及英文句子或文章段落的翻译。翻译是两种语言的相互转化，也是不同文化之间的翻译，文化知识在翻译过程中占有很重要的位置。例如汉语中人们常用“挥金如土”比喻花钱大手大脚，但是在翻译成英语时，“土”变成了“水”（water）。因为英国是一个岛国，历史上航海业十分发达；而中国位于亚洲大陆，人们的生活离不开土地，因此正确的翻译应是“spend money like water”。

（3）利用课文讲解学习文化背景。讲解课文时，教师应充分挖掘文章蕴涵的英语国家文化知识，帮助学生深刻理解文章的思想内容。

以《新视野大学英语读写教程》第四册第二单元A课文为例，文章从事业和情感两方面简述Charlie Chaplin的生平。单纯从语言角度看，文章没有太难的语法知识，但要充分理解文章中一些句子的内涵，学生就必须了解Charlie Chaplin的一些生活经历和英国作家Dickens的相关著作。比如课文第一段提到“Dickens might have created Charlie Chaplin's childhood”（狄更斯或许会创作出查理·卓别林的童年故事）。这句话的翻译不难，但是学生理解时可能会出现偏差，狄更斯在卓别林出生时早已去世，怎么可能“创作出查理·卓别林的童年故事”？此时教师在讲解时应加入相关的文化背景知识介绍：卓别林一岁时父母分居，六岁时父亲去世，母亲发疯，很小就和同母异父的兄弟流落街头，生活凄惨，这些卓别林早年的生活经历与狄更斯小说《雾都孤儿》中的Oliver Twist很相似，因此才有了文章中的那句话。

再以《新视野大学英语读写教程》第二册第三单元B课文为例，课文主要讲述一个中国女孩带美国男朋友回家吃晚饭的故事。文中有一段描述母亲自谦自己的拿手好菜味道偏淡不好吃，“我”的美国男友信以为真，在菜里添加了不少酱油提升味道，结果却令母亲异常吃惊，由此而引起文化冲突（culture shock），是教师用来进行文化对比教学的优秀素材。自古以来，中国人视谦虚为美德，对于自己拿手的事情习惯采用“抑”的态度，给予否定评价，其真实含义往往是希望得到他人的称赞或认同；而西方人则比较直接，不会刻意贬低自己认为值得称赞的东西。这充分体现了中西方文化的显著差异。

在讲解类似的文章时，教师可以选取文化冲突比较明显的部分做特别说明，对比两者异同，从而引出更多的文化背景知识，在比较与对比中让学生学习了解不同国家的文化。

（4）通过多种渠道帮助学生感受体验异国风情与文化。我们可以通过邀请外籍教师做文化差异的讲座，涉猎各种形式的文学作品，阅读简易本的名著，观赏精彩的外国影视录像，欣赏格调高雅的外文歌曲等各种渠道给学生直观感受，使学生对英语有身临其境的真实感受来了解外国文化，努力培养学生对于文化差异的敏感性，使他们主动地、自觉地吸收并融入新的文化环境中。

在上课前，教师必须弄清楚要讲的课文中含有什么样的文化背景知识，并估计中国学生对该文化信息的了解程度如何，做到心中有数，有的放矢。若估计到学生们对文中所涉及的文化背景信息不太熟悉，教师就必须提前做好资料搜集工作，可在开始讲授课文之前给学生们系统地讲解一下该文的文化背景，或者可以组织学生们对西方的风俗习惯、风土人情进行讨论。由于不同的学生对同一文化背景知识了解的程度不同，讨论形式给学生们提供了集体活动气氛，激发了学生的表现欲望，也使学生们从别人的谈话中了解到自己以前所不知道的知识，使学生在轻松愉快的氛围中相互学习，获取知识。

2. 通过课外阅读

英语阅读教学并不仅仅限于课堂的讲授和学习，教师们应指导学生积极利用自己的业余时间进行课外阅读。在课外阅读过程中，教师可以有针对地给予指导，向学生们推荐一些文化含量较高的阅读材料。首先，可以让学生们读一些有关圣经、罗马神话、希腊神话方面的英语材料，因为它们是西方文化的支柱，英语中有很多习语、俗语来源于此，多阅读一些这方面的文章，对了解和熟悉西方文化有巨大的帮助，还可以扩大学生的词汇量，学到原汁原味的英语。其次，要鼓励学生进行广泛的阅读，多阅读一些英美国家的历史、社会、政治、经济、地理等各个方面的书籍，进行广泛的阅读可以使学生对整个西方文化有一个全面的了解。最后，有条件的话可以让学生们经常看一些英美国家近期的报纸、杂志，这样学生们可以贴近英美国家当今鲜活的现代文化。然而，对英美国家的文化背景知识的了解是一个漫长的、潜移默化的过程。在平时的英语教学中，要积极鼓励学生们通过各种渠道接触和了解外国文化，教师也应尽量多地为学生们创造一些文化学习的机会。比如，定期地举办一些英美文化知识的专题讲座，系统地给学生们介绍西方文化；利用多媒体教学，组织学生们观看外国影片，并提醒学生们注意西方人的生活细节，以及具体场合下所使用的语言；经常举办一些英语晚会，邀请外籍教师参加，使同学们多与外国人接触，切身体会外国人表达思想感情的方式和行为，直观地感受外国文化。

在课堂教学中，教师应当注意两个问题：第一，注重文化背景知识的教学并不表示忽略语言本身的教学。文化背景知识教学的目的在于加强和补充语言教学，因此教师不能厚此薄彼，要妥善处理好两者的关系。第二，学习外国文化的同时，应加强对本国文化的学习。爱德华·霍尔在《无声的语言》中指出："语言掩盖的远远多于它所展露的。说也奇怪，文化所掩盖的东西最能瞒过的竟是浸在这个文化里边的人。我认识到真正需要你的工作不是了解外国文化，而是了解自己的本国文化。"学习外国语言和文化可以深入地了解本国语言和文化，因此教师应加强自身双重文化的理解能力，具备用英语准确表达本民族文化的能力，这样才能在课堂教学中更好地启发、引导学生，调动学生的积极性，有效地组织以学生为中心的课堂教学，提高学生的人文素质。

总之，在大学英语教学中，教师必须注意语言教学与文化教学相结合，这样不仅可以激发学生学习英语的兴趣，而且能够使学生认识到学习和了解英语国家文化背景知识对于英语学习的重要意义，更有效地运用英语进行跨文化交际。

二、英语阅读教学中的文化教学

基于上述对文化背景与英语阅读中的一些关系的论述，结合自身教学实际，就英语阅读教学中文化教学的原则和方法进行讨论。

（一）文化知识、语言知识和语言中的文化因素三者并重

由于多种原因，传统的阅读教学常常把重点放在语言知识学习上，结果培养出的学生往往知其然而不知其所以然，在实际交往中，常令对方尴尬不已。尽管如今英语专业学生中类似“where are you going”式的路上问候，“I want to go”式的道别，“where，where”式的谦辞等经典笑话已很少出现，但这并不说明这种现象已不存在。鉴于传统教学的偏颇，如今必须同步教授语言中的文化因素已成定理，因为大家都已认识到：如果学生不了解一个词的文化含义，他就不能理解该词的意义（尽管他也能说出或译出这一词），有时这种无知会造成严重的后果。因此，只教给学生怎样说一个词是不够的，必须同时教给他们该词可以在何种情况下使用，在何种情况下应避免使用。语言表达不得体主要是由于缺乏语言语境或文化因素知识造成的，但别人往往会与说话者的道德修养连在一起，认为是缺乏修养所致。另一方面，如果一个人说话流利、语音标准、表达得体，但言之无物，缺乏思想深度，这种情况则与说话者的知识结构、文化水平连在一起，认为是没有文化所致。这两种情况都有悖于高等教育培养德才兼备人才的初衷。因此，在强调文化因素导入的重要性的同时，不能忽视文化知识对塑造学生总体能力的作用。虽然语言是使人类得以进行交际的工具，但它同时又具有非工具性质。

萨特曾说：“我就是语言。”此话有两层意思：①我作为语言而存在着，我的语言所达之处就是我的存在之所在；②我是我所说的话语，语言的内容就是我的本质。就是说，一方面，什么人说什么话；另一方面，语言的运用、表达和创新是说话人的独立思想和人格的反映。因此，一个人说什么，怎样说，为什么这么说体现的是一个人的全部知识以及才华，而要成为有知识、有文化、有创新、高素质的社会有用之才，唯有博览群书、兼收并蓄、集思广益，方能提高自身素质，符合时代发展的要求。

然而，文化知识浩如烟海，语言中的文化因素又遍及语言的各个角落，怎样在有限的教学时间内最大限度地使学生获取最多的知识？对此，我国学者就英语学习中文化的导入原则与方法提出了各自的观点。束定芳先生提出了“实用性、阶段性和适合性”三大原则（束定芳，1996）；鲍志坤先生提出了“层进、适度、主流、系统”的原则（鲍志坤，1997）。这些对我们的英语阅读教学都有很强的指导和借鉴意义。只是鲍先生的“主流”原则笔者认为还有待商榷。在当今文化多元化或文化全球化的语境中，文化交流的出发点是了解不同文化以及亚文化之间的差异，在对比中找出共性。如果我们只强调目的语国家的主流文化，忽视其中的亚文化，势必会将他国文化概念化、俗套化、成规化（stereotyped），

得出类似美国人都很富有，不拘礼节，讲究实利，而且过于友善；意大利人都易动感情，情绪外露；英国人都含蓄、礼貌，并爱喝茶；德国人都很固执、勤劳、井井有条，且爱喝啤酒；东方人都含蓄、礼貌、机敏、诡诈，并不可思议之类的套话来，造成因缺乏了解带来盲目误读，结果将自己套上遭人解构的枷锁。例如，像美国这样一个“大熔炉”，如果不了解其非主流文化中的族裔文化，如：非裔、亚裔、犹太裔文化，很难说能真正了解美国社会，因为这些族裔文化本身就构成了与美国主流文化的强烈反差。就拿美国人权来说，如果不了解诸如“李文和事件”“辛辛那提白人警察暴行”“中美撞机事件”等背后的实质性因素，就无法了解美国人权的双重性。我们中国有句老话：兼听则明，偏听则暗，在当今“从边缘走向中心”“解构中心”的话语潮流中，只有“兼听”才能明辨是非。

由于文化同样也是一种建构，体现在读者与文本的互相作用中，因此，教学中还应从读者参与文本建设的角度，提供本族读者对文本的解读，以及作为外国读者对文本的反映，使学生在对不同文化的读者反映的对比中培养自己独特的思维能力。

（二）知识和能力并重

知识和能力的并重在阅读中体现在三个方面：语言知识与语言能力、阅读知识与阅读能力、文化知识与文化能力。语言知识指的是包括语音、词汇、语法的知识；语言能力指的是对该语言的运用能力。阅读知识指的是在阅读中获取的文本知识；阅读能力指的是包括阅读速度、阅读策略、阅读效率在内以及获取文本隐含意义的综合能力。文化知识包括学生的文化知识面；文化能力指的是总体分析问题、解决问题的能力，即我们所说的文化创造力。我们主张三者中知识与能力的并重，因为一方面，知识是能力发展的基础，是前提。没有知识，能力的发展如无本之木、无源之水，不久就会枯萎、干涸。另一方面，能力的发展离不开知识这个基础。能力是获取知识的目的，如果不以发展能力作为目的，知识就像一堆枯木、一潭死水，无用武之地。因此，阅读教育中对这三个能力的培养构成了跨文化交际能力的三大重要组成部分。语言运用能力是衡量学生语言有没有学到家的主要标准，体现在跨文化交际中语言运用的得体性、规范性、准确性。阅读能力是反映学生能不能掌握阅读方法、阅读技巧、辨认作者态度、挖掘文本“复调”的关键，体现在跨文化交际中对他者话语的认识判断能力上。文化能力是在语言能力和阅读能力的基础上发展起来的高层次的体现个体整体素质的综合能力。如果语言能力和阅读能力强调的是认知的话，那么文化能力则侧重行为，具体体现在跨文化交际中建构自身独特意义的创造力中，即我们前面所说的“人乎其内，出乎其外”的能力。

（三）加强母文化教育

如果没有本国文化，学生往往无法对本国文化和异国文化做出对比，也就难辨优缺伪劣，结果导致照搬照抄、全盘吸收他者文化，背上“假洋鬼子”的恶名。我们常听人说英语专业的学生没有专业，除了能基本应付日常生活中的语言障碍之外，其他的大多概莫能为，心有余而力不足。尽管此话有些偏执，但令人深思。我们可曾想过：有多少外国人真正了解中国文化？读过《红楼梦》《三国演义》《西游记》？又有多少人知道上到老子、庄子，下到鲁迅、老舍、沈从文？难道是由于我国文化思想的匮乏？回答非也。可如果我们对自己的文化都知之甚少或一知半解。谈什么向外国展示？我们常有这样或那样的尴尬：学中文的人不通英文，而学英文的人又不通中文。像林语堂、冯友兰那样自幼熟读《四书》《五经》，通晓古今，学贯中西的中西文化学者毕竟太少。因此，祖国优秀文化的承继、传播需要靠大家共同的努力，而英语专业的学生应首当其冲。然而使我们深感遗憾的是英语阅读中全是清一色的外国文化，这不能不说是我们英语教学的漏洞。

（四）以学习者为中心的阅读教学模式

回顾我国阅读教学所走过的路程，它已经走过了从 20 世纪 70 年代前以教师输入为主，强调词义辨认、结构分析、难句翻译，到 20 世纪七八十年代以预习—讲解—练习为主，再到 20 世纪 90 年代至今运用多种灵活方法，强调学生认知活动的重大转变。这种转变深受西方认知理论和阅读理论的影响，是语文学到认知学的一个飞跃。众多理论表明，阅读过程中，教师的作用是辅助性的，学生才是主体、中心。有外国学者指出：“教师的职责是选择学生感兴趣的、语言程度适宜的教材，提供具体的指导，并计划辅助活动以鼓励学生阅读。”（Chastain，1976）这也就是我们所说的选材、上课、辅导这三个教学环节。三个环节互动互联，缺一不可，哪个环节做不好，教学就会面临失败。

1. 选材

包括课上阅读材料和课外阅读材料。由于阅读是读者与文本之间的互相作用，所以，选择什么样的教材既要考虑到学习者的因素，如现有的语言能力、阅读能力、阅读水平、阅读兴趣、阅读目的、知识结构、认知结构等，又要考虑到文本的因素，如语言的难易程度、词汇的覆盖面、文字表述、句子篇章结构、文化内涵、思想内涵、时代特色、文本类型等。尽管目前各种阅读教材很多，但是可以说，没有也不可能有哪本是万能的，能适合满足所有不同层次学生的需求。有些学校仍在用使用了十几年乃至几十年的老教材，这些教材的某些篇章在内容、语言、练习上已显陈旧，既不能体现时代特色，语言与文化又脱节。这不符合培养学生跨文化交际能力的教育目标，当然也激不起学生的学习兴趣。如今修订或新编的精读、泛读教材在原来的基础上已有很大的改进，由原来比较单一的文学作品转向多学科、多题材、多体裁、短小精悍、时代感强、交际性强的精品美文，基本上能体现大纲教材的要求。

鉴于阅读教材的某些不足，普遍的做法是：课上不足课外补。因而，课外阅读的选材显得极为重要。当然，由于教学本来就是一个灵活多样的过程，会受学生水平、学生兴趣、教学侧重、教学目的等多方面的影响，选材的角度、标准也会因人、因材而异。一般来说，我们可以围绕课本课文的某一方面，如思想内涵、文本题材、词汇典型、写作方法等提供类似的课外阅读材料，这样既可以帮助学生巩固所学的语言文化知识，又可以激发学生的学习兴趣，扩大知识面，培养文化创造力。我们还可以扩展文章的思路，以文化间的交流、冲突为主题，给学生介绍、推荐阅读观看当今流行的小说、影视作品，之后组织讨论。有条件的话，我们还可以就课文内容邀请各国学生参与有关“他者眼光与阅读”的讨论，了解异文化间产生理解以及误解的机制与根源，以加深对他者以及对自身的了解，培养文化创造力。

2. 提供具体指导，主要指课上指导

由于教师的职责是帮助学生进行阅读，因此，课堂教学中的师生关系不是教与学、输入与接受的过程，而是调动学生一系列思维、认识、判断、理解等活动，使学生的“总的前结构”“认知结构”充分参与阅读过程以及文本意义的建设，引导学生朝高层次的鉴赏性和批评性阅读方向发展。由于教师个体的差异、课型的不同、文本类型的不同以及学生总体水平的高低，阅读教学见仁见智，没有千篇一律的方法，许多老师提出的文化导入方法值得我们借鉴。

3. 有计划地辅导以鼓励学生阅读

计划辅导主要是指围绕阅读教学展开的一系列激发学生学习兴趣、培养学生良好的学习习惯、鼓励学生扩大知识面、提高自身素质、正确了解社会人生的课外辅助教学活动。它是阅读教学中不可或缺的一个重要组成部分，分两个方面：一是针对课堂教学，具体体现在检查作业、了解学习情况、询问学习效果、回答学生疑问等方面。其作用在于对教师它是一种教学效果的信息反馈，是日后调整教学、改进教学的一个途径；对学生它是一种及时了解自己的学习情况、认识自我的必要补充。二是针对学生的整体素质，目的是培养学生个体能力，发展学生各自的潜力，平衡发展德智体三个方面，形成积极向上的世界观、人生观。具体体现在辅助学生课后阅读、与学生交流谈心、参与学生活动、帮助学生处理个人问题、引导学生健康成长等方面。通俗地说，就是既教书又育人。

不难看出，在提出上述“以学习者为中心，加强母文化教育，知识与能力并重，文化知识、语言知识和语言中的文化因素三者兼顾”教学原则的同时，其实也在向英语阅读教师提出要求。信息爆炸时代文化知识变化发展的多样性、广泛性对信息量很大的英语阅读课教师提出了挑战：既要精通各英语国家的语言与文化，又要熟悉自己的本国文化；既是恰当的文化内容的传授者和获取文化背景知识的促进者，又是挖掘和发展学生跨文化交际能力的组织者和执行者。当然，一位优秀教师还应具备多种能力，如不凡的语言能力、教学经验、人格魅力、表演才能、洞察力、敬业精神等。看来，英语阅读教师除了“传道、授业、解惑”以外，还得不断丰富、更新自己的知识结构，不断地追求，“上下求索”，方能使学生打心眼里感到“听君一席话，胜读十年书”。

三、大学英语阅读课程中跨文化交际能力的培养

在全球化浪潮的冲击下，大学英语教学在习得英语语言的基础之上，已经将跨文化交

际能力培养作为一个重要的要求和目标。仅仅将语言看成一种符号系统，把阅读课的教学局限于语音、语法和词汇三个部分已经不能满足目前大学英语阅读课堂的需要。语言和文化密不可分，语言是文化的载体和表达符号，文化是语言的基石和内容。目前许多大学英语教材中课文题材广泛，信息含量大；若没有充足的西方文化知识的支撑，学生在阅读英文文章时往往出现理解的偏差，无法准确地领会作者的表达意图，从而产生跨文化阅读的交流障碍。

（一）在大学英语阅读课堂上提高跨文化交际能力的必要性

培养学生的阅读能力是大学英语教学大纲所规定的主要任务之一。阅读理解是读者对读物所进行的一种积极的思维过程，可以大致包括既互相联系又互相区别的两个层次：浅层次理解（字面理解 literal comprehension）和深层次理解（推理理解 inferential comprehension）。对于字面理解层次来说，其主要依赖于阅读者的词汇水平和语法能力；而对于推论理解层次来说，其常常涉及了解文章的文化背景（cultural context）和情景（situational context）、把握文章的深层次语义结构，甚至篇章的总结构。深入研究语言的社会文化因素，培养学生对所学语言的文化意识（cultural awareness）对提高学生的推论理解能力起着重要的作用。而且，阅读是具有交际性和创造性的一种活动。阅读也是一种交际过程。英语阅读过程是学习者通过阅读文字材料与作者之间进行的一种跨文化交流，不同的文化背景就可能使这种跨文化交际产生障碍，从而影响英语阅读教学的顺利进行。文本的作者在写作过程中，是在有意识地同他心目中的读者进行着一种间接的交际，是一种制码（encoding）的过程，作者试图通过他笔下的文字反映出他希望输出的讯息（message）。当读者来自不同的语言和文化背景时，作者和读者的这种交流就是跨文化交际的过程。然而，文书作者试图表达的讯息是否能够被接收者（receiver）即文本的读者准确地接收并按照原意解读（decoding），则不仅取决于读者在词汇、语法方面的语言功底，而且取决于他们对于作者所处的文化的了解。理解课文的能力不仅取决于读者的语言知识，还取决于他们的一般常识，以及在阅读的思维过程中这些常识在多大程度上被调动起来。这里的一般常识包括英语国家的价值观念、思维模式、社会习俗、宗教信仰、历史典故、风土人情、历史背景等方面。若没有对这些“一般常识”的了解，即使学习者在阅读文章之前把所有的生词和语法知识都通过查词典等方式掌握了，对整篇文章或者部分段落仍可能是一头雾水，不知所云，或者自以为读懂了作者的意图，实际却曲解了文章的意思。这便是由于读者的知识体系中虽然具备了语言知识，却缺少了文化知识作为支撑。

传授文化背景知识，同时可以扩大学生的知识面，激发学生的学习兴趣和求知欲，调动学生的学习积极性。近年来，各高校所使用的大学英语阅读课本虽然不尽相同，但是选材思路有共同之处：课文题材广泛，涉及西方社会生活的多个方面，而且文章题材形式多样，在思想内容方面也具有一定的深度，此类教材为教师介绍西方社会文化知识提供了条件。在学生方面，大学英语课程面对的学生已经基本具备了一定的语法知识和词汇储备，因而对老师授课方式以及内容方面的要求也可能与之前有所不同。一般来说，大学英语课堂上的学生希望在巩固英语基本功的同时，扩充知识面，学习其他国家的历史、文化、风俗。若教师的讲授仍然只停留在对阅读文本里词汇和语法的分析讲解上，学生就会感到上课过程枯燥无味，丧失学习的积极性，从而影响学习的效果。同时，大学生的英语已经达到可以听懂教师使用英语介绍文化背景知识的水平，并使他们有能力通过互联网、工具书对相关话题进行调研和学习。因此，在大学英语课堂上适当引入对于英语国家文化知识的介绍，会增加学生学习的积极性，提高他们的学习效率。

（二）阅读课教学中的跨文化交际能力培养

阅读理解能力不仅包含阅读技能，也包含对目的语文化背景知识的掌握。因此，在阅读教学中，教师肩负着传授正确语言形式和社会文化知识的双重任务。语言词汇、语言结构的教学应与文化知识的传授有机结合起来，才能引导学生观察、学习不同语言的文化差异，减少他们对另一种文化的陌生感，从而避免人们常说的“文化冲击”（culture shock）。

1. 加强阅读中的词汇教学，注重诠释词汇的文化内涵

语言结构知识和尽可能大的词汇量是掌握任何一门语言的必备条件。然而，当学生不具备相关的背景知识，或对所读文章的上下文理解不充分时，就会造成理解上的困难。那么阅读理解与词汇的关系怎样？阅读理解与背景知识及上下文相关的知识又怎样？在教学中如何处理好语言知识和相关知识之间的关系？这些都是教学中面临并亟待解决的问题。在这里我们不妨了解一下美国外语阅读理论发展的三个阶段，并从中总结出一些有益的东西，来指导我们的教学。美国现代外语阅读理论的发展大约经历了三个重要的阶段，这三个阶段的研究始终是围绕着阅读理解与词汇之间的联系而展开的。第一阶段是 20 世纪 60 年代中期以前，称为“古典阶段”，也是注重词汇的阶段。“古典阶段”的理论强调，词汇是理解的基础，外语阅读是在弄懂词汇的基础上达到理解，词汇不通就无法理解。第二阶段是 20 世纪 60 年代中期至 80 年代中期，称为“认知论阶段”，此阶段强调在阅读理解过程中，背景知识的作用大于语言知识的作用“认识论”的逻辑是：如果不具备相关的背景知识，就会造成理解上的困难；语言知识的欠缺在很大程度上可以由背景知识来弥补。第三阶段是 20 世纪 80 年代中期以后，称为“对认知论的反思阶段”。这一阶段重新强调了词汇在阅读中的作用与地位。从表面上看，这三个阶段似乎形成了循环。但实际上，对认知论的反思阶段不是对古典阶段的单纯重复，也不是对认知阶段的片面否定，而是在两个认识阶段基础上的进步与发展。

在外语阅读课教学中，如果遵循“古典阅读”理论，片面强调词汇在阅读理解中的作用，而忽视了阅读过程中其他因素的作用，教学的重点势必落在词汇讲解和词汇训练上。试想，一篇好端端的文章在穿插了大量的词汇讲解和词汇认知训练之后，就会被分割得支离破碎，面目全非。学生充其量只是记住了几个单词或只言片语的内容，至于文章的整体

内容、主题思想、内部联系、引申意义等就根本谈不到了。

在指导阅读的过程中，应注重“认知论”同阅读课教学的实际结合。在认知论的指导下，每着手讲述一篇阅读文章时，都应向学生提供相关的背景知识，以便他们能很好地理解文章。大量的教学实践结果表明，学生在了解了相关的背景知识之后，他们对文章的理解并没有明显的进展。这是因为文章中的生词造成了他们阅读过程中的障碍，由于不知道词汇所要传达的准确信息，他们只好对文章的内容胡乱地猜测，使理解陷入盲目与混乱。同样一个词，尽管在两种语言中的指示意义、概念意义完全相同，但往往却因民族文化的差异而产生不同的或相反的文化内涵，即发生不同的联想意义。例如，在英语中有些表示动物的词汇就是由于其深刻的联想意义而失去或淡化了概念意义的。中国人认为布谷鸟（cuckoo）是春天的使者，它的叫声是在催人播种；而俄罗斯人认为此鸟是哀愁的象征，用于形容单身妇女；美国俚语中却表示“疯狂的、愚蠢的”。英语中的 owl（猫头鹰）是表示智慧的鸟，而在汉语中，由于猫头鹰在夜间活动，叫声凄厉，因此人们把它的叫声常与死人相联系，称它为“叫孝”，非常恐怖。在中国，“牛”（ox）常与那些勤勤恳恳、任劳任怨的人建立起联系。鲁迅先生的著名诗句“俯首甘为孺子牛”，即赞誉那些无私奉献、默默无闻、甘当人民老黄牛的人；而在英美文化中“horse（马）”才是吃苦耐劳的象征，而“ox（牛）”则很少干活。有了这些文化背景知识，我们就会理解 to work like a horse（埋头苦干），to eat like a horse（饭量很大），a willing horse（积极工作）的内涵了。显然，引导学生正确地理解词汇的文化内涵，以达到正确无误地理解阅读内容是阅读课的重要内容之一。

2. 帮助学生正确把握阅读中涉及的交际文化信息

人类的交际过程是一个十分复杂的过程。交际的成功与否取决于交际双方对有关交际文化因素的考虑与取舍。有一篇文章讲述了这样的故事：一位美国人，30 年前与一位丹麦姑娘相爱了。当他回到美国筹款准备结婚时，给她寄了一封信，里面只有一张纸条，上面定着约会的地点和日期“12/11/13”。但由于丹麦与其他欧洲国家的日期表示法的差异，结果导致了他们约会交际的失败。文章的末尾，作者解开了 He didn’t keep the date because of a misunderstanding 之谜。通过阅读课上的讲授，学生们避免了混淆日期信号的语用失误，正确理解了 The different ways of writing the same date are different in different countries. The normal way of writing a date in America is to write the month first，then the day，and then the year. Take the example in the text：the date December 11，1913. To abbreviate the date，one would write it as 12/11/13. But in the European countries，the day comes first，then the month and then the year. So December11，1913 would be abbreviated 11/12/13. In China the year comes first，then the month，then the day. It would be 13/12/11.

上述事例表明，通过阅读帮助学生了解不同民族，不同文化的差异是外语教师教学中应注意的一个重要方面。

3. 通过阅读吸收社会文化知识

由于语言是文化的载体和结晶，他们必然会烙上民族政治、历史、文化、宗教、习俗的印痕。要掌握好一门外语就必须有足够的该语言的国情知识，这样才能增强对该语言的理解和使用能力。在一篇文章中有这样一个情景：当康纳雷民防广播电台宣布“没有敌方的导弹，紧急状态正式解除”的广播后，韦斯太太含着泪，轻声哭泣道“Thank God. Oh，thank God”。这是因为在英美国家大多数人信奉基督教，一阵危险过后总要说“Thank God”。意为“上帝”帮助他们渡过难关。再如，孩子出生时要“洗礼”，举行婚礼时要进礼堂，临死时要向神父忏悔，打喷嚏时要说“God bless you”，甚至于美国总统就职时也要手按圣经宣誓等。可见，宗教与人民的生活密切相关。

再如 The Young and the Old 一文，作者生动、具体地描述了 All people are the same，but they are different in their customs and their values. In Korea，old people are honored and respected when they are too old to live alone，they live with a son，daughter，or other relatives... When they become sixty one years old，it is a very happy and important event. So everyone looks forward to this time. In the United State，it is quite different for old people. Most old people do not live with their children or relatives... If they are not healthy and strong enough to live alone，they live in special homes for old people. For many North Americans，old age is not a happy time. Most North Americans want to stay young...Old age can be sad and lonely for them.

通过上述阅读讲解，教师可以帮助学生学习，掌握不同的民族文化的巨大差异，从而培养他们跨文化交际的重要性认识。

由此可见，背景知识、相关知识同语言知识同样重要，在阅读的过程中，两者都是帮助学生完成阅读理解的必不可少的条件，是阅读过程中不可分割的两个方面。处理好两者之间的关系，是搞好阅读课的关键。在阅读的过程中有两种活动同时双向地进行，并贯穿始终：这就是根据对阅读文章背景知识及相关知识的了解，对文章提供的文字信息及其含义进行选择、推测，达到理解；根据文字所反馈的信息对理解进行核实。外语教学应该围绕着一定规律而展开。

4. 在西方文化输入的同时，结合中国国情进行中西文化对比

跨文化交际能力包括三个方面：文化差异的敏感性、对文化差异的宽容性、处理跨文化差异的灵活性（叶明珠，2013）。在课堂上向学生介绍“他者”文化的同时，教师应该结合我国自身的文化进行对比，即在有意识地培养学生对于不同文化差异的敏感性。由于不同文化背景下的人们所处的环境不同，包括历史影响、政治制度、风俗宗教、家庭模式等的不同，造成他们从饮食起居到生活方式等各方面的差异。能够意识到这种差异，是进行跨文化良好沟通的前提。因此教师在介绍“他者”文化的同时可以联系我国本土文化，将介绍与对比相结合，在潜移默化中增强学生跨文化交际的敏感性。

另一点教师需要在阅读课堂上有意识培养的是学生对不同文化的包容性。一切文化都是独特的、互不相同的，并无优劣高低之分，“刻板印象”（stereotype）和“文化中心主义”（ethnocentrism）是跨文化交际的两大主要障碍。如果学生习惯于用本我文化作为评判标准，去衡量他者文化，并带着对其他者文化或歧视负面，或过度抬高的刻板印象去观察和阅读，那么难免会出现片面甚至错误解读的跨文化交流障碍。这就要求我们在传授文化背景知识的时候，引导学生比较中西文化之间存在的差异，用对比的眼光和角度去看待一种文化、理解一种文明、阅读一种语言，以求更加全面、透彻地理解西方文化和中国文化，在此基础上培养、增强民族文化平等意识，有利于养成在文化交流中对他者文化的开放、包容的态度和情怀。

只有阅读者具备了较高的跨文化敏感性，并用一种包容的心态去了解和体会文化的差异，才能在阅读文章时体会跨文化现象的存在，并能够用客观、理性、平和的态度去进一步学习他者文化的背景知识，从而灵活地处理，正确地解读。

由于语言和文化密不可分的天系，在跨文化交际中，发生碰撞的不仅是两种语言，还有语言所反映的文化差异，以及理解和表述现实世界的方式。大学英语授课面对的挑战是要让母语为汉语的非英语专业学生在母语文化背景下习得英语、了解英语文化，在此基础上只有从容斡旋于两种语言和两种文字之间，才能真正领会原作者的交际意图，从而实现跨文化有效交际。在大学英语阅读的课堂上，阅读理解的主要障碍已经不仅仅存在于语言本身，也存在于对英语国家社会文化知识了解的程度，文化背景知识成了影响学生阅读理解的一个重要因素。因此，要完成教学大纲中所提出的任务，作为教师，我们应该在阅读课上通过不同的教学方式，多方位地进行英语国家相关社会文化知识的导入，提高学生们的阅读理解能力，同时增强他们的文化差异敏感度，增强他们处理跨文化交际障碍的灵活性，培养高水平的跨文化交际人才。

第四节　大学英语写作教学与跨文化交际能力的培养

一、英语写作教学中的跨文化交际

（一）语言层面的跨文化交际

1. 从汉语的同义反复到英语的言简意赅

汉语在表述同一事物时，往往会采用意义重复的词语来表达，以求加强语气或避免歧义。或者因为汉语讲究音律和对仗，很多时候操汉语者会为了追求音律和谐、形式工整而不惜使用重复的辞藻。然而，英语在这方面是截然不同的。英语强调语言的逻辑性，讲究用词清晰明确、言简意赅，忌讳同义反复。美国语言学家 Wilson Follett 曾经把英语的这一行文特点定义为反冗赘原则（the maxim against redundancy），即在英语的同一句子或同一语篇中同一意思是不能重复出现的。在这一点上，英国作家 R.Graves 和 A. Hodge 也曾表达过对重复冗赘信息的强烈反对，他们认为除非为了起修辞上的强调作用或者回顾要点，在同一篇章中任何思想都不应重复，重复被认为是言语匮乏、思维迟钝的表现。

由此可见，汉语用词上同义重复的习惯是有悖英语措辞简明扼要的原则的，是为英美人士所不容的。对于英语的这一特点，中国学生使用英语时应给予足够的关注，比如在翻译下面这些中文意思时，就应该避免写出括号中那样同义并列的英文词语，而只要在两个同义词中选择一个来表达就足够了。例如，“观点和意见（views and opinions）”，“煽动和怂恿（stir and incite）”，“谨慎小心（prudent and cautious）”，“坚定不移（firm and resolute）”，“对……要特别注意、切不可忽视（not neglect and pay close attention……）”，还有，像“不切实际的幻想（impractical illusion）”，“每个人都一致认为……（Everyone thinks unanimously……）”诸如此类的汉语表述在译成英语时，也该有意识地简化为“illusion”和“Everyone thinks...”。

2. 从汉语的突出主题到英语的突出主语

赵元任先生曾说：“在汉语中主语和谓语间的语法关系与其说是施事与动作关系，不如说是话题和说明的关系。”正因为如此，汉语省略主语或没有主语的句子很常见，因为汉语是重主题（topic-prominent）的语言，任何句子都会突出主题，在有的句子里是否交代动作的发出者并非关键所在，如“今天不想去看戏”，“在学校没看见他”等。与之相反的是，英语是形式上很严谨的语言，陈述句都必须交代谓语动作的发出者（主语），在结构上是不允许省略主语的，即便在主语不明的情况下，也要补上形式主语“it”，如“It’s raining（下雨了）”。

因此，中国学生在进行英语写作时必须重视汉语与英语在构句上的这一差别，不要让汉语的主题式构句思维影响英语句子的主谓完整性。比如下面这些使用状语做主题式主语的汉语句子就不能直译成括号中那样的中式英语，而要在英语中为原句补充恰当的动作施事（主语）。例如，“今年将生产更多的钢材。（This year will produce more steel than last year.）”和“下课后进行了一场讨论。（After the class had held a discussion.）”的英语翻译中都应补入主语“we”或使用英文的被动句。而像“他的英语说得很好。（His English speaks well.）”这样的汉语句子在转换成英语时也该把原句这个实为实语的主题式主语“他的英语”替换成真正的动作施行人“他”，译为“He speaks English well.”

3. 从汉语的人称句到英语的物称句

受中国文化里“天人合一”的哲学思想影响，汉民族的思维讲究主客体相互融合，习惯以“人”为中心，认为只有人才能做出有意识的动作。因此汉民族一般对思维意识的主体和客体不加区分。汉民族的这种主体意识思维在语言上表现为：汉语习惯于人称化的表达，主语常常是能施行动作或有生命的物体，且多采用主动语态。而受西方“神凡二元”“主客二元”的哲学思想影响，英语民族的思维注重客观事物对人的作用和影响，对主体和客体有着严格的区分。在语言使用上，英语重物称，常常选择不能施行动作或无生命名词做主语，多采用被动语态。正式的英语书面语总是惯用非生命名词做主语的被动语态，也常用到“it”这样的形式主语，尤其不会用“I”“you”“we”等来直接指称作者和读者。

基于英语的这一思维方式，大学生在英语写作中应该特别注意由汉语的人称句到英语物称句的转换，比如“大家都知道……”和“大火几乎使这家有名的旅馆全部烧毁。”这样的汉语句子转换成英语就更适合用物称句来表达，译作“It is generally known that...”和“The famous hotel had been completely destroyed by the big fire。”另外，比较一下下面两个中文句子的两种英语翻译，也不难发现使用翻译 2 的物称句要比翻译 1 的人称句更为地道。

例 1：不同的人对退休持不同的态度。

翻译 1：Different people have different attitudes towards retirement.

翻译 2：Attitudes towards retirement vary from person to person.

例 2：我永远不会忘记这个教训。

翻译 1：I will never forget this lesson.

翻译 2：This lesson will never be forgotten in my mind.

4. 从汉语的偏爱动词到英语的偏爱动词

汉语讲究形象思维，英语讲究抽象思维。这种思维差异在语言上的表现是：汉语句子多量现动态，即好用动词。而英语句子多量现静态，即偏爱名词，特别是抽象名词。根据这一差异，我们不难发现许多汉语里常用动词表达的意思在英语里用名词表达就显得更地道。比如，学生在英语写作时如果要表达类似下面例句中的中文动词意义时就不妨采用名词概念来表达，更能体现英语抽象思维的特点。

一看到那条河，我便想起了我的童年。

The sight of the river always reminds me of my childhood.

他从事故中生还，大家都很惊讶。

His survival of the accident surprised everyone.

那些移民到西部去淘金。

The emigrants went to the West in search/quest of gold.

你仔细检查一下，就会发现屋顶的漏隙。

A careful look/inspection will show you the leak in the roof.

5. 从汉语的谓语动词到英语的非谓语动词

在动词的使用上，汉语和英语有着显著的差异。汉语的动词一般充当谓语，并且连续出现，形成排比铺陈之势；英语中如果多个动词并存，则有的充当谓语，有的充当非谓语，所以在英语中常见到现在分词、过去分词以及动词不定式来充当句子其他成分的情形。中国学生往往容易忽视汉语与英语的这一差异，在英语写作时总是大量使用谓语动词，要么在一个单句里堆砌谓语动词，要么让多个主谓结构的短小单句排比林立，使语言显得松散拖沓。

其实，在英语写作中应该试着习惯把汉语里的谓语动词转换成英语里的非谓语动词，这样可以使意思更加连贯、紧凑，语言形式更加灵活多样。比如，用英语表述下面的中文意思时，就不必一个谓语动词对应一个英文单句，而可以把汉语句子里有的谓语动词转换成英语的非谓语动词，只用一个单句来表达原意。请看对下面例句的翻译，其中 b 句巧妙地使用了非谓语动词，从而更好地体现了英语的表达习惯。

他花光了所有的钱，决定回家叫爸爸给他一份工作。

a.He had spent all his money. He decided to go home and ask his father for a job.

b.Having spent all his money，he decided to go home and ask his father for a job.

狮子发现笼子的门开着，又没看见饲养员的踪影，便走出了笼子，慢慢地朝动物园的大门走去。

a.The lion found his cage door open. He saw no sign of his keeper. He left the cage and walked slowly towards the zoo entrance.

b.Finding his cage door open and seeing no sign of his keeper，the lion left the cage and a.walked slowly towards the zoo entrance.

工作把他折腾得筋疲力尽，他一头栽倒在床上。

•He was exhausted by his work. He threw himself on his bed.

•Exhausted by his work，He threw himself on his bed.

（二）语篇层面的跨文化交际

1. 从汉语的意合到英语的形合

英语语法是硬的，没有弹性的，中国语法是软的，富有弹性的。唯其是硬的，所以英语语法有许多呆板的要求，事实上，汉语和英语的本质区别在于汉语重意合，结构松散，语句的逻辑关系是暗藏、隐晦的；英语重形合，结构紧凑，语句的逻辑关系是明显外露的。语言学家们认为英语采用的是“竹节句法”（潘文国，1997），即英语的句内成分或者各个独立的单句都是依靠各种表达特定逻辑关系的连接词衔接起来的，宛如节节相连的竹子；而汉语采用的是“流水句法”，所谓“流水”是指汉语句子内部或者句与句之间都极少乃至不用连接词来明示某种逻辑关系，但是文字在意义表达上仍是流畅自然的。例如下面这段中文其文字言简意赅，流畅自然。

“中国政府将继续坚定不移地奉行独立自主的和平外交政策，同世界各国建立和发展友好关系，反对霸权主义和强权政治，维护世界和平，促进人类进步。”

但如果按照汉语的行文特点将其直译过来便成了：The Chinese government will

unswervingly pursue its independent foreign policy of peace, establish and develop friendly relations with other countries, oppose hegemonism and power policies, safeguard world peace and promote progress of mankind progress of mankind.

这样的英文读起来就显得结构松散，逻辑混乱。但如果按照英文重形合的行文特点，加入某些形式化的逻辑功能词如“by”“so as to”，将其英译过来就巧妙地把中文句里的意合变成了英文句里的形合。

如：The Chinese government will unswervingly pursue its independent foreign policy of peace by establishing and developing friendly relations with other countries and opposing hegemonism and power policies so as to safeguard world peace and promote progress of mankind.

这样的英文就充分体现了其结构紧凑，逻辑清晰的特点，读上去就地道多了。

2. 从汉语篇章的暗示主题到英语篇章的明示主题

中西方在布局谋篇上的一个显著差异是：汉语篇章重铺陈和烘托，不喜欢把主题直白明了地说出来，讲究从旁映射，完全让读者自己去体味、参悟，或者直到文章末了才含蓄点题，在汉民族看来这是一种有深度的表现；相反，英语篇章重事实和逻辑，喜欢明明白白地交代主题，让读者一目了然。

在这方面，中国学生受议语负迁移的影响是很明显的，他们的英语作文总是表现出主题不鲜明、观点模糊不清的问题，在对包括英语专业和非英语专业在内的 200 名中国人民大学的学生进行作文测试，结果发现 59% 的作文没有主题思想。而众多外教老师在分析了中国学生的英语作文后也得出结论：中国人看问题往往从事物的正反两方面出发，采取不偏不倚的“中庸之道”。所以写文章时爱搞平衡，既说优点，又说缺点；既指出好的一面，也指出坏的一面。何去何从要由读者自己做出选择，而不明确提出自己的观点。其实，英语老师们应该帮助学生理解汉语和英语在主题明示与暗示与否问题上的两种价值取向的差异，它们并没有优劣之分，只是为了达到跨文化交流的目的，我们应该尊重他们的价值观，试着从个人立场出发来叙事抒情，明示主题，有结构、有层次地论证主题，才不至于使外国人看得一头雾水。

3. 从汉语篇章的螺旋式结构到英语篇章的直线式结构

汉语语篇与英语语篇在阐述主题的方式上也存在差异：汉语语篇的主题往往不是通过直截了当的方式，面是通过曲折起伏、隐喻含蓄、断续离合、迂回间接的方式来阐述；英语语篇则总是以主题段或主题句的方式使篇章显得重点突出，结构紧凑，层次分明，逻辑严谨。正如美国学者 Robert Kaplan（1966）所说：英语思维是直线式的（linear）；汉语思维是螺旋式的（circular/spiral），也就是说，中国人在写文章时，思路是一环扣一环，螺旋式发展的，通过在主题外围做许多铺垫来一步步接近主题，而英语语篇一般按照一条直线展开，往往开头点明主题，接着分点说明，层层深入，最后概括总结，重申强化主题。

由此可见，英语教师应该特别提醒学生在对英语作文谋篇布局时应该有意识地把汉语螺旋式的论述方式转换为英语直线式的论述方式，从而让读者更明确地把握作者的写作意图。

以上所讨论的在英语写作由汉语表达习惯转换到英语表达习惯的具体策略对大学英语写作教学具有十分重要的意义。这些策略既可以是老师向学生输入语言知识的基本知道方略；也可以是学生在英语写作中必须遵守的基本原则；还可以是英语作文的基本评改标准。大学英语教师们在平时带领学生阅读英语精读课文或向学生讲解特定写作练习的英语范文时应该从跨文化视角出发，引入以上语言比较模式，着重为学生讲解汉语与英语的差别，强调英美民族的思维模式和思维特点，提醒他们在自己的英语习作里有意识地避免汉语思维，留心模仿英美人士的行文习惯，在语言输入的环节上就帮助他们树立深刻的跨文化交际意识。这种意识一旦形成，学生自己对他们英语文字中不合英语表达习惯的汉语思维痕迹就会有所觉察，并且会重视它们对语言交际功能的危害，从而在下笔前就防患于未然或者在下笔后自觉修改，不给中式英语留下任何生存空间。再者，目前的大学英语写作教学面临学生多老师精力有限的困境，老师无法把每位同学的作文都批改得细致入微，只能从大方向上把握评改的原则。那么，以上所探讨的中英语言间的差异就可以作为老师评改英语作文的重点。同时，有了作文评改的基本标准，同学之间也可以互评互改，共同提高跨文化交际意识。

二、大学英语写作教学与跨文化交际能力的培养

和口语一样，写作属于语言四项技能中的输出环节。它在语言交际中起着非常重要的作用，是四项基本技能里综合性最强、也是最难提高的一项技能。要提高写作水平，加强交际能力的培养，就必须增强对写作结构的认识，加大必要的语言输入。

（一）增强对写作结构的认识

1. 重视分析英汉句子结构的基本特征

一种语言中的词组组合并不同于另一种语言，一种语言中的意思黏合也不同于另一种语言。英汉两种语言组词造句的不同，源于这两种语言中句子结构的差异。英汉两种语言之间的句子差异，最大的莫过于英语造句主要采用形合法，而汉语造句则主要采用意合法。

所谓形合，指的是句中的词语或分句之间用语言形式手段连接起来，表达语法意义和逻辑关系。英语重形合，是指英语语言符号以及语法之间依靠较强的逻辑关系来连接，句子中关联词语使用较多，单句的句子成分排列紧凑，任何复杂的长句分析起来都会线索清楚，脉络清晰，犹如参天大树，枝叶横生，繁而不乱。英语句中的连接手段和形式不仅数量大，种类也多，主要有关系词、连接词、介词等，如：

When I try to understand what it is that prevents so many Americans from being as happy as one might expect，it seems to me there are two causes，of which one goes deeper than the other.

可以看出，英语句子多使用各种关系词或连接词将表达的各层意思有机地连接起来，形成复合句。英语造句几乎离不开这些关系词和连接词，汉语则少用甚至不用这类词。

The many colors of the rainbow range from red on the outside to violet on the inside. 显示了英语里介词是最活跃的词类之一，是连接词语或从句的重要手段。英语造句离不开介词，而汉语则常常不用或省略介词。

所谓意合，指的是词语或分句之间不用语言形式连接，句中的语法意义和逻辑关系通过词语或分句的含义表达。汉语重意合，句子由字词的意义连接起来，句子简短，富于变化，较少使用关联词语，言简意赅，直接明快。在单句中，句子的基本成分和修饰成分交叉排列，因而句子结构显得较为松散。如：

（1）她不老实，我不能信任她。

（2）说是说了，没有结果。

以上两句是典型的汉语句子，它们都不直接表达句子意义的逻辑关系，事实上，例（1）表示了因果关系，而例（2）则是转折关系。如果用英语，则应表达为：

（1）As she is not honest，I cannot trust her.（2）Proposals had been made，but they proved futile.

英汉句子的形合、意合差异，给许多学生在用英文写作时造成了困难。他们用汉语思维来写英语句子，不懂得在句子中的各个成分之间使用一定的关联词，而是靠意思把词语和分句简单地连接起来。英汉句子的另一重大差异表现在人称与物称上的区别。一般而言，按西方传统的思维方式，人们在使用英语来表达思想时往往比较强调客观性，注重物对人的思维和行为的影响。因此，常常突出主语（subject prominent）。主语以“物称”形式出现，以客观事物或抽象名词的形式加以表达。正因为如此，英语常用物称（impersonal）做主语，着重强调物对人的作用，对人的思维和行为的影响及其产生的结果。

毫无疑问，英语用非人称作主语，注重客观如实地反映一个句子的意思，明显地使句子的表达更生动、亲切、形象和逼真，也使叙述更正式、客观和公正。与西方传统思维方式不同，汉语则根据中国人的传统思维方式，在语言使用中较注重主题（topic prominent）。这种思维模式往往从自我出发来叙述客观事实，着重强调人对事、对物或对人本身的作用和影响，认为所有的行为或事情都是由人这个行为主体来完成的。所以，汉语的句子表达常常以人称词做主语。很明显，句子在用汉语表达时，是根据中国人的习惯性思维表达方式，注重思维的主体性，首先强调的是人——“我”对事物的影响，因此，常常用人称词做主语。受此差异的影响，学生们在写作中常常习惯用人称代词做主语，I、We 等人称代词出现频率颇高，爱用 I think 等句式。同时，由于主语的物称化与人称化的差异，导致英汉句子在语态使用上差异显著。英文句式在语态上多采用被动形式，尤其是经常使用“it”做主语的非人称被动式；如 it is believed，it is felt，it is thought 等。而汉语由于主语的人称化，多采用主动式。因此，学生在写英语作文时，常常采用汉语的人称表达法，无法说出确定的人称，也会采用泛指人称。以上表明，在教学中引导学生写作时注意英汉句子间的差异，尤其是形合与意合，物称与人称，被动与主动等的使用差异，对避免中式英语，使文章的语句表达更符合英文习惯是非常有益的。

2. 注重英汉语篇的对比

语言学研究领域中的语篇这个术语，对于不同的语言学家，其含义会各不相同。但一般认为语篇是指一段有意义、传达一个完整信息、逻辑连贯、语言衔接、具有一定交际目的和功能的语言单位或交际事件。在同一主题下，英语和汉语的语篇及其语篇模式有许多相似之处。比如说，大多数语篇都由单词短语、句子、段落等构成；要求内容一致、意义连贯、语句衔接；要求具备完整的语义信息和交际功能；要求遵循一定的组合规律等。但两者也存在着巨大的差异。大体说来，与英语思维模式相对应的语篇的组织和扩展，呈“直线型”结构；也就是说，英语语篇的展开模式常是以一个主题句开头，直截了当地点明这一段落的中心思想，然后分类陈述。分类陈述的目的是对主题句的展开，并为中心思想在以后句子中的发展做好准备。所以整个过程往往以明晰的如同路标似的连接手段衔接起来（如表示因果、对比、附加、强调、让步、举例结论顺序和对照等手段），这些路标会把你直接引向作者的意图。与此不同的是，汉语句子成分之间、句际之间则没有使用像英语里那么多的粘合剂，或缺乏如同路标似的衔接手段。汉语的语篇是以反复而又发展的螺旋形式对一种意思加以展开，即语篇的主题往往不是通过直截了当的方式，而是采用汉语里常用的种种方式来加以阐述。

（二）加大语言输入，培养和增强语感

母语对二语写作造成干扰是二语习得过程中正常的现象，这种现象通常会随着对二语的掌握程度加深而消失。在教学中可以发现学生在英语写作时由于受汉语干扰而所常犯低层次错误，这种情况一旦持续到高年级阶段，就会导致学生在英语作文中总是无法消除汉语干扰的痕迹。究其原因还是语言输入量严重不足所致。而背诵则是保证足够的语言输入的一条重要途径。

1. 背诵有利于强化语言输入，克服汉语负迁移，对语言输出起监控作用

中国学生英语学习过程中普遍存在着母语负迁移的现象，其根源在于目的语输入不足。学生大脑中所储备的语言信息极为有限，惯用词汇、句型及表达积累太少，以至于不得不用汉语的思维、英语的词汇、依靠语法编造句子。学生在没有足够的语言输入情况下，必然产生大量不规范的语言输入，从而严重影响了语言输出的质量。而背诵有利于积累语言知识，可为比较地道的英语语言输出——写作打下坚实的基础。

根据 Krashen 的监控假说，语言习得者有意识学到的语言知识，能起到监控和编辑的作用，它能被用来检查和修正习得的输出。背诵是一种有意识的语言输入活动。通过背诵输入，学生可以逐步积累交际中所必需的语言知识和篇章构建技巧，在此基础上可加强对

其英语使用过程中的母语负迁移进行监控和修正，从而排除母语干扰，更好地运用英语进行写作。

2. 背诵可以培养和增强语感，促进语言习得，从而提高学生的英语写作能力

加拿大语言学家 Bialystok 在第二语言学习的理论模式中，将外语习得者的语言知识分为显性语言知识和隐性语言知识两种。显性语言知识指学习者意识层中的所有目标语的语言知识，包括语音、语法、词汇等知识。这些知识存在于学习者的意识层中，隐性语言知识指那些内化了的语言知识，它们存在于学习者的潜意识层中，学习者不一定能清晰地表达出来，但能不假思索、流利地使用语言，这便是人们常说的语感。

Bialystok 的语言学习模式给了我们启示：一个人的隐性语言知识越多，他熟练使用目标语的程度就越高。为此，教师在平时教学中应设法将学生已有的显性语言知识转化为隐性语言知识，并尽可能扩展学生的隐性语言知识。

背诵输入由于加强了对学生语言知识的积累和巩固，因而能将原本是显性的语言知识转化为隐性的语言知识，学生的语感也因此而形成，这势必促进其语言习得。随着背诵输入的不断增加，学生目标语语言现象的敏感度会不断增强，隐性语言知识将不断得到扩展，语感也将不断增强。学生的隐性语言知识不断得到扩展、语感不断增强，标志着他们已具有许多目标语的语言形式和规则的知识，这将有助于学生摆脱母语干扰，克服母语对目标语写作的负迁移，促进学生写作水平的提高。

参考文献

[1] 戴晓东 . 跨文化交际理论 [M]. 上海：上海外语教育出版社，2011.

[2] 胡文仲 . 文化与交际 [M]. 外语教学与研究出版社，1994.

[3] 胡文仲 . 跨文化交际教学与研究 [M]. 北京：外语教学与研究出版社，2015.

[4] 毕继万 . 跨文化交际理论研究与应用 [M]. 北京：北京语言大学出版社，2014.

[5] 马晓莹 . 跨文化交际理论与实践研究 [M]. 石家庄：河北科学技术出版社，2013.

[6] 奥梯，富兰克林 . 跨文化互动跨文化交际的多学科研究 [M] 英文 . 北京：外语教学与研究出版社，2010.

[7] 严明 . 大学英语跨文化交际能力培养研究 [M]. 哈尔滨：黑龙江人民出版社，2006.

[8] 张红玲 . 跨文化外语教学 [M]. 上海：上海外语教育出版社，2007.

[9] 隋虹 . 跨文化交际与文化习俗 [M]. 武汉：武汉大学出版社，2016.

[10] 杨宏 . 跨文化交际与外语教学 [M]. 咸阳：西北农林科技大学出版社，2005.

[11] 吴进业，王超明 . 跨文化交际与外语教学 [M]. 开封：河南大学出版社，2005.

[12] 刘艳秋 . 跨文化交际与外语教学 [M]. 北京：中国科学技术出版社，2007.

[13] 汪火焰 . 跨文化交际与英语语言教学实践与展望 [M]. 武汉：武汉大学出版社，2016.

[14] 李庆本 . 中外文化比较与跨文化交际 [M]. 北京：北京语言大学出版社，2014.

[15] 姚丽，姚烨 . 英汉文化差异下的英语教学探究 [M]. 北京：中国书籍出版社，2014.

[16] 葛瑞红 . 大学英语教学中跨文化交际意识培养分析 [J]. 安徽文学，2016（6）：145-146.

[17] 石英 . 大学英语跨文化交际教学研究 [J]. 南阳师范学院学报，2015（11）：72-75.

[18] 张树光 . 大学英语教学和文化背景知识输入 [J]. 赤峰学院学报，2014（19）：212-213.

[19] 马春花 . 大学英语教学中的跨文化素养培养 [J]. 英语广场，2015（12）：108-109.

[20] 吴为善，严慧仙 . 跨文化交际概论 [M]. 北京：商务印书馆，2009.

[21] 王小金 . 试析跨文化交际视野下的英语文化教学 [J]. 佳木斯职业学院学报，2018（1）：367.

[22] 谭爱军 . 大学英语教学中跨文化交际能力培养研究 [J]. 海外英语，2018（6）：89-90 .

[23] 夏颖 . 跨文化视角下的大学英语教育探索 [M]. 哈尔滨：哈尔滨工程大学出版社，2014.08.

[24] 冯改 . 大学英语教学模式问题与对策研究 [M]. 北京：中国商务出版社，2017.

[25]Fantini. A Central Concern ： Developing Intercultural Competence[Z]. Brattleboro，VT ： School of International Training, 2006（Unpublished）.

[26]Reynolds，Sana，Valentine，et al. Guide to Cross-cultural Communication[M]. Beijing Pearson Education Asia Limited and Tsinghua University Press. 2004.

[27]Dahl，Stephan. An Overview of Intercultural Research：The Society for Intercultural Training and Research[R].2004.

[28]Davis，Linell. Doing Culture ： Cross-Cultural Communication in Action[M].Beijing ：Foreign Language Teaching and Research Press，2001.

[29] 陈国明 . 跨文化交际学 [M]. 上海：华东师范大学出版社，2009.

[30] 杨勇萍 . 跨文化交际与英语文化教学 [M]. 太原：山西人民出版社，2012.12.

[31] 彭春菊，黄宝燕，林娜，等. 大学英语教学中跨文化交际能力培养研究 [J]. 海外英语，2015（3）：50-51.

[32] 李晓琴. 以跨文化交际为基点创新大学英语教学模式 [J]. 牡丹江教育学院学报，2016（1）：90-91.

[33]Lustig Myron Ⅳ，Koester，Jolene. Intercultural Competence-Interpersonal Communication across Cultures[M]. 4th ed.Boston ： Pearson Education，Inc. 2003.

[34] 王珊，马玉红 . 大学英语教学的跨文化教育及教学模式研究 [M]. 武汉：武汉大学出版社，2018.

[35] 邓竹君 . 跨文化视角下的高校英语翻译教学研究 [J]. 发现，2018（6）：41.

[36] 单红梅 . 跨文化交际视角下的大学英语文化教学 [J]. 黑龙江科学，2016（7）：84-85.

[37] 邵帅 . 跨文化交际视角下的大学英语教学研究 [J]. 海外英语，2016（17）：41-42，44.

[38] 王晓玲，曹佳学 . 跨文化大学英语教学理论与实践 [M]. 成都：西南交通大学出版社，2015.

[39] 李莉文 . 大学英语教学与跨文化能力培养研究 [M]. 北京：外语教学与研究出版社，2017.